革命老区赣南区域研究丛书

新时代赣南老区
高质量创新发展研究

黄恩华　周利生◎主　编

刘善庆　杜怡怡　石小茹◎著

RESEARCH ON HIGH-QUALITY AND
INNOVATIVE DEVELOPMENT OF GANZHOU IN
JIANGXI PROVINCE IN THE NEW ERA

经济管理出版社
ECONOMY & MANAGEMENT PUBLISHING HOUSE

图书在版编目（CIP）数据

新时代赣南老区高质量创新发展研究/黄恩华，周利生主编；刘善庆，杜怡怡，石小茹著 . —北京：经济管理出版社，2022. 7
ISBN 978-7-5096-8580-8

Ⅰ. ①新… Ⅱ. ①黄… ②周… ③刘… ④杜… ⑤石… Ⅲ. ①区域经济发展—研究—江西 Ⅳ. ①F127. 56

中国版本图书馆 CIP 数据核字（2022）第 120208 号

组稿编辑：丁慧敏
责任编辑：张广花　姜玉满
责任印制：张莉琼
责任校对：蔡晓臻

出版发行：经济管理出版社
　　　　　（北京市海淀区北蜂窝 8 号中雅大厦 A 座 11 层　　100038）
网　　　址：www. E-mp. com. cn
电　　　话：（010）51915602
印　　　刷：唐山玺诚印务有限公司
经　　　销：新华书店
开　　　本：720mm×1000mm/16
印　　　张：12. 25
字　　　数：220 千字
版　　　次：2022 年 8 月第 1 版　　　2022 年 8 月第 1 次印刷
书　　　号：ISBN 978-7-5096-8580-8
定　　　价：88. 00 元

前　言

　　江西省第十五次党代会提出了全面建设"六个江西"的奋斗目标，其中，全面建设创新江西居首位。创新江西建设是一项复杂的系统工程，需要整合各方力量、确保整体推进，尤其要以科技创新为核心，聚焦创新空间布局、创新平台建设、创新主体支撑、创新成果转化等关键问题，让科技创新成为江西高质量跨越式发展的"最大增量"。2022年4月11日，赣州市委副书记、市长深入中国科学院赣江创新研究院调研，并主持召开座谈会，听取相关工作汇报，协调并解决具体困难。会议强调，赣州市上下要树立"支持赣江创新研究院就是支持赣州发展"的理念，感恩奋进，倍加珍惜，站在打造人才高地、增强城市核心竞争力的高度，全力推进赣江创新研究院建设，为加快建设革命老区高质量发展示范区提供强有力支撑。

　　赣州市作为江西省重点打造的省域副中心城市，坚持以习近平新时代中国特色社会主义思想为指导，从更高层次贯彻落实习近平对江西和赣州工作的重要要求，坚持新发展理念，大力实施创新发展战略。中华人民共和国成立70多年来，特别是党的十八大以来，赣州市以开放思路打开"湾区思维"，打造对接融入粤港澳大湾区桥头堡，打造"内联"＋"外通"开放格局，依托科技平台，打造"科创硅谷"，促进数字经济和区块链技术发展，强化基础设施，优化营商环境，用机制创新、科技创新带动大众创业、万众创新，赣州新能源汽车科技城初步形成"整车+零部件+研发+检测+汽车文化"的完整产业链；青峰药谷建成国家高层次人才产业园，集药材种植加工、药品研发制造、医药健康旅游于一体的大健康产业集群规模初显；赣粤电子信息产业带五县（区）协同融合，智能终端、智能光电、软件服务等新兴电子信息产业集群加速壮大；纺织服装产业链不断延伸，汇集了众多知名服装企业，等等。

　　本书围绕赣南老区创新高质量发展，对赣南苏区培育发展新动能进行思考，梳理了赣南老区创新机制，剖析了典型创新案例，总结了赣南老区创新创业经验，希望能够为我国其他革命老区创新发展提供借鉴。

目　　录

第一章　绪论

第一节　研究背景、目的与意义

一、研究背景

创新是人类社会生存和发展的客观需要，更是实现中华民族伟大复兴的必由之路。创新的核心是思维创新，其结果既包括物质的，也包括新思想、新思维、新观念等非物质的。党的十八大以来，习近平总书记高度重视创新发展，在多次讲话和论述中反复强调"创新"，把创新摆在国家发展全局的核心位置。《国务院关于支持赣南等原中央苏区振兴发展的若干意见》明确要求赣南苏区"改革创新，开放合作。进一步解放思想，开拓创新，深化重点领域和关键环节改革，鼓励先行先试，增强发展动力和活力；加强区域合作，构筑开放平台，提高对内对外开放水平"。赣南苏区要坚持以改革开放促振兴发展，积极探索、开拓创新，着力构建有利于加快发展、转型发展的体制机制，有序承接产业转移，推动开放合作，打造内陆开放型经济新格局。

2021 年出台实施的《国务院关于新时代支持革命老区振兴发展的意见》再一次明确支持"加快完善革命老区基础设施，发展特色产业体系，提升创新能力，培育革命老区振兴发展新动能，提高经济质量效益和核心竞争力"。

由此可见，创新是赣南老区实现振兴发展的主要路径。基于此，江西师范大学苏区振兴研究院组织研究人员对赣南老区的开放、创新、创业等问题进行专门研究，本书为相关研究成果。

二、研究目的、意义

　　赣南是著名的革命老区，是中央苏区的主体，是苏区精神的主要发源地。在习近平新时代中国特色社会主义思想指引下，赣南老区人民锐意改革创新，振兴发展取得重大成效。以 2020 年为例，全年国内生产总值（GDP）增长 4.2%，城镇、农村居民人均可支配收入分别增长 6.3%、9.2%，增幅为江西省第一；财政总收入增长 1.1%，一般公共预算收入增长 1.9%，社会消费品零售总额增长 2.8%，规上工业增加值增长 4.6%，实际利用外资增长 7.7%，固定资产投资增长 9.2%，出口增长 24.3%。① "十三五" 时期，赣州经济社会发展取得显著成效。一是较好地实现了《国务院关于支持赣南等原中央苏区振兴发展的若干意见》目标。累计获得中央和省支持政策 1062 项、重大项目 332 个、各类资金 3162 亿元。② 二是综合实力跃上新台阶。GDP 增幅连续五年居江西省第一，总量从 1974 亿元增至 3645 亿元，跃居全国百强城市第 66 位；第三产业占 GDP 比重突破 50%；连续四年获江西省高质量发展考评第一名。三是老区面貌发生深刻变化。开通昌赣高铁和国际航线，高速公路通车里程增长 40%，供电能力提升 60%，实现村村通客车、通动力电、连 4G 网，组组通水泥路；中心城区建成区面积从 141 平方千米扩大到 202 平方千米，城市人口从 130 万增加到近 200 万。四是人民生活明显改善。提前三年实现城乡居民人均可支配收入比 2010 年翻一番，提前两年全域通过国家义务教育基本均衡发展评估认定，每千人病床数从 4.2 张增至 5.6 张，每千名老年人养老床位数从 36 张增至 46 张，55.7 万困难群众住房问题得到解决。③

　　"十三五" 时期的五年累累硕果，满载着党中央对赣南老区的深切关怀；五年砥砺奋进，成就了赣南人民全面建成小康社会的百年梦想；五年艰苦奋斗，奠定了赣州全面建设社会主义现代化的坚实基础。这些成绩来之不易，是习近平新时代中国特色社会主义思想科学指引的结果，是江西省委、省政府和赣州市委坚强领导的结果，是赣州市上下团结拼搏的结果。因此，本书研究意义重大。一方面，分析赣南老区在创新之路上的主要举措，总结其成功的经验，在学术上进一步充实和丰富甚至深化对创新理论的研究；另一方面，通过系统深入的研究，将赣南老区的创新举措和经验进行推广，供其他革命老区借鉴参考。

①②③ 2021 年政府工作报告——2021 年 2 月 19 日在赣州市第五届人民代表大会第六次会议［EB/OL］. https://www.ganzhou.gov.cn/zfxxgk/c100072/202102/6d6647f64bec46ea87cced14c33a6a13.shtml，2021-02-24.

第二节 研究内容与研究方法

一、研究内容

本书共分五章。其中，刘善庆撰写了第一章，石小茹撰写了第二章、第三章第二节；杜怡怡撰写了第三章第一节、第四章和第五章第一节、第三节；周小觉撰写了第五章第二节，全书由刘善庆统稿。

第一章为绪论。主要介绍本书的研究背景、研究目的与意义、研究方法、研究内容。

第二章为以开放引领新时代赣南老区高质量发展。第一节分析了赣南老区思想大解放，主要阐述思想大解放运动的背景、开展情况；第二节具体研究了思想大解放运动开展情况——"老区思维"向"湾区思维"的转变，主要介绍"老区思维"如何转变为"湾区思维"，以及赣州各地的具体做法；第三节分析了赣南老区思想解放的成效——打造"内联"+"外通"开放格局，着重分析赣州市开放发展的两条路径：对内联动、对外融通。

第三章为以创新推动新时代赣南老区高质量发展。第一节分析了赣南老区的系列创新机制；第二节以赣南老区科技创新研究为主要内容，主要研究了赣南老区科技创新的政策和举措；第三节分析了赣南老区科技创新平台建设现状，总结了相关经验做法。

第四章为以创业促进新时代赣南老区高质量发展。第一节主要研究了赣南老区推动创业的现实需要和相关政策；第二节研究了赣南老区如何强化基础设施以便更好推动创业发展；第三节主要研究了赣南老区优化营商环境、服务企业主体的举措；第四节主要研究了赣南老区强化人才支撑、助推企业发展的举措；第五节主要对赣南老区产业高质量发展的案例进行了分析。

第五章为新时代赣南老区高质量创新发展的成效分析。第一节分析了赣南老区高质量开放发展成效；第二节分析了赣南老区高质量创新发展成效；第三节分析了赣南老区高质量创业发展成效。

二、研究方法

（一）主要研究方法

本书从政治学、经济学、社会学、管理学和历史学等多个学科出发，综合运用多种研究方法，其中最主要的有文献研究法和案例分析法。

文献研究法是指搜集文献、鉴别文献、整理文献，并通过对文献的研究，形成对事实科学认识的方法。它指通过对收集到的某方面的文献资料进行研究，以探明研究对象的性质和状况，并从中引出自己观点的分析方法。文献分析法是一项经济且有效的信息收集方法，它通过对与工作相关的现有文献进行系统性的分析来获取工作信息。在本书的撰写过程中，研究者收集了多种多样的文献资料，包括期刊文献、学术论文、政府工作报告等，通过对这些资料进行整理、分析，最后加以运用。由此，研究者通过分析资料佐证了研究观点，形成研究结论。

案例分析法是指把实际工作中出现的问题作为案例，交给研究者研究分析，培养研究者的分析能力、判断能力、解决问题及执行业务能力的研究方法。它是根据某些普遍原理，对社会生活中的典型事件或社会实践的典型范例进行研究和剖析，以寻求解决有关领域同类问题的思路、方法和模式，提出新的问题，探索一般规律，检验某些结论的一种社会科学研究方法。赣南老区的创新高质量发展受到了来自国家、江西省、赣州市各级的支持，在创新高质量发展的过程中，涌现了不少优秀案例，例如，以瑞兴于"3+2"经济振兴试验区为代表的创新发展区，以赣州国际企业中心为代表的创新园区，以南康家具、赣南脐橙为代表的创新产业，等等。研究者通过系统的研究分析，挖掘出其中有价值的东西，从而达到研究目的。

（二）资料收集方法

本书的资料收集方法主要有两种：网络查找资料和机构提供资料。

网络查找资料。在如今这个大数据时代，网络发达，信息丰富，资料繁多。研究人员通过电脑和互联网查找了研究所需的大部分资料，弥补了不能实地调研的遗憾。本书中相当一部分资料来自赣南老区市县政府官网、各大新闻网站、学术网站等。

机构提供资料。机构提供的资料是本次研究资料的有益补充，且真实度高、可靠性强。在研究过程中，研究人员查找了大量资料，但是部分材料空缺，需要询问相关机构，例如，在研究科技创新这一部分时，即向相关机构求助，从而补充了有关资料。

第二章　以开放引领新时代
赣南老区高质量发展

第一节　赣南老区要解放思想

一、以思想大解放推动事业大发展

赣州东接福建省三明市和龙岩市，南至广东省梅州市、河源市、韶关市，西靠湖南省郴州市，赣州地势崎岖、起伏不定，全域内多为低山、丘陵地貌。因长期受偏远地理环境的影响，早期赣州与外部区域形成了一种半开放半隔绝的状态，新兴思潮难以涌入赣州或涌入后难以激起有效反响。

解放思想是发展进步的永恒主题。江西省要以更大的政治勇气和智慧，进一步解放思想、解放和发展社会生产力、增强社会创新活力。江西省有关领导在赣州市考察调研时强调，要进一步解放思想、转变观念、开阔视野、创新发展。赣州市委四届七次全会也明确提出，努力实现与全国同步全面建成小康社会，"解放思想、内外兼修、北上南下"是实践路径。解放思想就是要着眼全局、站高望远，着力破除陈旧观念，革除体制机制弊端，创新发展理念、思路、方法与工作方式，在更高层次、更大格局、更广领域谋划赣州发展，以思想大解放推动事业大发展。

以思想大解放推动事业大发展，既是对发展规律的深刻总结，也是对赣州基本市情的科学把握。回顾赣州发展，从 20 世纪末"山上再造一个赣南"发展脐橙产业,到21世纪初全民招商办工业园;从"无中生有"发展家具产业,到推进苏区振兴、走工业强市道路,思路的每次深化、工作的每次突破、发展的每次提速,无一不是解放思想的结果。实践反复证明,思想一旦落伍,行动必然迟疑;不打破路径依赖和思维定式,就无法走出新路。赣州与发达地区的差距最根本原因在于思想还不够解放。只有深入开展解放思想主题教育活动,切实解决当前干部队伍中存在的精神状态不佳、工作作风不实、担当意识不够、创新意识不强、能力水平不足等突出问题,推动赣州广大干部、群众解放思想、振奋精神、务实担当,才能确保赣州市与全国同步全面建成小康社会。

形势决定任务,思想引领行动。历史和现实一再证明,一个地方的发展,关键处往往就那么几步。只有思想解放了,才能抓住机遇,才能走对路子,蕴藏的潜力才能充分迸发,发展的局面才会焕然一新。

二、观念更新,千帆竞发

(一)思路决定出路

思想解放的程度决定经济发展的速度。江西是革命老区,没有沿海的区位优势,没有雄厚的工业基础,但地理位置不是绝对的,客观条件不是绝对的,关键在人,关键在思想。江西省各地强化"入流"意识,以开放的胸怀洞开山门。赣州市提出"对接长珠闽三角洲、建设新赣州",倾力构筑生产力要素聚集的洼地,把解放思想的要求转化为十分具体的发展,转化成每个干部群众的自觉行动,真正形成了"上下同心谋发展、左右协力干事业、异口同声创辉煌"的创业局面。赣南老区的最大变化,莫过于干部群众思想观念的变化。各地解放思想为先导,大胆学习借鉴广东、浙江及其他发达地区的先进理念,提出实施"崛起"战略,努力、踏实地建设沿海产业梯度转移基地、劳动力基地、农产品基地和经济发达省份的"后花园",以工业化为核心,以大开放为主战略,以体制创新为强动力,"调整农业、主攻工业、扩张城市",实现从以抓农业为主向以抓工业为主的大转变,呈现出"特色在农、变化在城、后劲在园"这一新的发展格局。

(二)开发开放异军突起

以大开放促进大开发,以大开发引领大发展。首先是大手笔建设工业园区。把建设发展工业园区作为发展工业、培植新经济增长点、提升产业水平和承载招商引资的重要平台,通过高起点的规划与高速度的建设,倾力打造具有强大辐射力的工业园区,通过资本的有效集聚,拉动城市建设,促进区域经济的飞速发展。许多东莞的外商也纷纷前来洽谈选址，呈现一派兴旺景象。无论是园区规划布局、道路建设还是路灯设置、绿化和美化等都堪称一流。更重要的是园区不是停留在"规划面积"上，而是干一片、成一片，工作落实较好。同时，大力推进项目开发，在推动发展上出实招。没有项目就没有经济，抓项目就是抓关键、抓大事、抓发展，一切围绕项目、一切服务项目，形成"人人争当招商功臣、完不成任务绝不收兵"的浓厚氛围。

赣州市扎扎实实在建设"沿海产业梯度转移基地"方面下功夫。他们不是把眼光放在本地资源的利用上，而是把工作重点放在改善投资的软环境和硬环境上，利用土地、劳动力、水电以及多方面的低成本优势，构筑投资"地"确立了"低门槛进入、低成本发展""你发财、我发展"的"双低双赢"工业园区建设宗旨，有力地吸引了沿海地区大企业的转移。

第二节　变"老区思维"为"湾区思维"

一、从"老区思维"向"湾区思维"转变

中共赣州市委五届九次全体（扩大）会议审议通过了《关于打造对接融入粤港澳大湾区桥头堡的意见》，要求全市上下深入解放思想，掀起新一轮"头脑风暴"，推动各级干部由"老区思维"向"湾区思维"转变。

（一）"老区思维"如何转变为"湾区思维"

（1）转变思维，核心在于思想共融。思想是总开关、总闸门。中共赣州市委五届九次全体（扩大）会议指出，对接融入粤港澳大湾区，要把解放思想作为先导，在赣州市掀起新一轮"头脑风暴"。如赣州经济技术开发区，持续开展好解放思想大讨论活动，统一认识，以思想的解放推动行动的突围。增强自我革命的勇气，打破路径依赖、思维定式和条条框框限制，借鉴粤港澳大湾区的好经验、好做法，在产业发展、体制机制、工作模式等方面先行先试、大胆探索，率先在各个层面与粤港澳大湾区接轨。树立抢抓机遇的意识，面对打造对接融入粤港澳大湾区桥头堡、打造"一带一路"重要节点城市、省域副中心城市建设等重大历史机遇，增强危机感和紧迫感，不等不靠、主动出击，扎扎实实办好办成几件大事实事。拿出勇争一流的魄力，大力弘扬井冈山精神、长征精神、苏区精

神和苏区干部好作风，打响经济技术开发区"创新、担当、争先、求实"作风品牌，向广州经济技术开发区学习，对标对表、拉高标杆，在全国国家级经济技术开发区、江西省经济技术开发区综合考评中实现排名不断前移，早日进入全国国家级经济技术开发区"50强方阵"。

（2）转变思维，基础在于基建互联。对接融入粤港澳大湾区，基础设施建设必须先行，把赣州到粤港澳大湾区的空间优势转变为时间优势。赣州市委五届九次全体（扩大）会议指出，要打通对接融入的大通道，形成内联外通的现代交通网络。作为赣州市高铁枢纽、航空枢纽的所在地，赣州经济技术开发区充分发挥优势，为赣州打造全国性综合交通枢纽做出应有的贡献。积极配合推进赣深高铁、赣广高铁、赣州北站、赣粤运河、黄金机场T3航站楼等重大项目的规划建设，打造与粤港澳大湾区"水陆空"互通的立体式交通网络。抢抓"新基建"政策机遇，大力建设区块链、5G、大数据等新一代信息基础设施，推进与粤港澳大湾区互联宽带扩容，打通对接融入的信息"大动脉"。引进粤港澳大湾区大型物流企业落户，推动传化南北公路港等区内物流企业与粤港澳大湾区物流企业加强合作，常态化运行"赣港直通车"，积极发展保税物流等新业态，有效降低物流成本。

（3）转变思维，重点在于产业协作。对接融入粤港澳大湾区，落脚点还是产业和项目。赣州市委五届九次全体（扩大）会议指出，要突出产业对接合作，深入融入粤港澳大湾区的产业链、供应链。按照建平台、强招商、抓创新的思路，努力打造与粤港澳大湾区产业集群联动发展的高端产业转移集聚区。加快推进新能源汽车科技城、电子信息产业园、赣州综合保税区三大工业承接平台提档升级，大力实施工业标准厂房"梧桐树"计划，提升产业承接能力。深入推进"粤企入赣"工程，聚焦新能源汽车和电子信息双首位产业，聚焦12个行业46个门类细分领域，扎实开展系列招商活动，力争2020年新增双首位产业企业100家以上。与广州经济技术开发区、深圳龙华区等地探索开展"飞地经济"合作模式，共建汽车零部件、电子信息智能设备等生产基地，实现优势互补、产业联动、利益共享。积极融入粤港澳大湾区产学研创新联盟，引进粤港澳大湾区科研院所在经济技术开发区设立分支机构，鼓励区内企业与粤港澳大湾区科研院所共建研发平台，推动更多粤港澳大湾区原创科研成果在赣州经济技术开发区实现成果转化和产业化发展，不断提升科技创新水平。

（4）转变思维，关键在于资源共享。粤港澳大湾区的优势在于资本、技术、人才密集，赣州的优势在于政策集中、土地充裕、市场前景广阔。只有双方优势互补、资源共享，才能实现互利共赢、长远发展。赣州经济技术开发区将牢固树立共赢理念，推动对接融入走深走实。积极推动政策资源共享，全面复制推广广东自贸区改革创新经验，实施营商环境综合改革，深化商事制度、投资项目审批等体制机制改革创新，尽快成立并实质性运作区行政审批局，打造与粤港澳大湾区无差别的营商环境。积极推动旅游资源共享，敢于以资源换项目，引进粤港澳大湾区大型文旅企业、战略投资者在北部农旅产业园开发农旅康养项目，建设服务粤港澳大湾区生态康养旅游的后花园。积极推动人才资源共享，借鉴粤港澳大湾区吸引高端人才经验做法，完善现行人才引进政策。引进粤港澳大湾区优势高校在经济技术开发区设立分校，鼓励更多粤港澳大湾区优秀人才到赣州经济技术开发区就业创业，选派更多干部到粤港澳大湾区挂职锻炼，以"湾区之石"成"老区之玉"。

（二）赣南老区思维转变的主要特点

1. 转变处在百年未有之大变局时期

世界面临百年未有之大变局，我国发展仍处于并将长期处于重要战略机遇期，这是习近平同志对世界发展大势和中国自身发展做出的重大判断。

百年未有之大变局包括思维模式的转变。世界范围的商品大流通、贸易大繁荣、投资大便利、技术大发展、人员大流动、信息大传播不断深入发展，深刻影响着当今世界的发展模式、交往模式、思维模式和治理模式。赣州推动"老区思维"向"湾区思维"的转变，正是在全球化百年之变影响下思维模式转变的生动写照。

2. 转变处在《国务院关于支持赣南等原中央苏区振兴发展的若干意见》升级版出台之际

《国务院关于新时代支持革命老区振兴发展的意见》是《国务院关于支持赣南等原中央苏区振兴发展的若干意见》的升级版，标志着革命老区建设向高质量发展的过渡。路径变了，思维也要跟着变。高质量发展的"湾区思维"，就是对接粤港澳大湾区，引进强劲的经济发展能量，促进赣州经济发展。赣州作为江西对接融入粤港澳大湾区的桥头堡，要在思想认识上、思维方式上对接，赣州已经整体脱贫，要谋求高质量发展，要由过去的"肚子思维"向"大脑思维"过渡，由过去的"老区思维"向"湾区思维"转变。

3. 转变处在建设革命老区高质量发展示范区之时

2019年7月5日，赣州市委理论学习中心组召开学习（扩大）会。会议强调，要以学习宣传贯彻好习近平视察江西和赣州重要讲话精神为强大动力，永远铭记习近平总书记对赣南革命老区的关怀，深入思考和谋划推进各项工作，着力建设革命老区高质量发展示范区。

建设革命老区高质量发展示范区，一是要高质量推进产业发展。提高"两城两谷一带"、现代农业、现代服务业等特色优势产业的竞争力和话语权，推动稀土、家具、脐橙、油茶、富硒蔬菜、红色旅游等产业发展上台阶，打造在国际、国内有影响力的产业集群。二是要高质量推进乡村振兴。以实施乡村振兴战略为总抓手，深入开展农村人居环境整治，编制农村发展规划，大力发展农业特色产业，加快农业农村现代化步伐。三是要高质量推进生态建设。打好污染防治攻坚战，提高环保基础设施建设水平，探索山水林田湖草生态保护修复"赣州模式"，大力发展生态经济，争当美丽中国"江西样板"中的样板，筑牢我国南方地区重要生态屏障。四是要高质量深化改革开放。进一步抓好高铁、机场等交通基础设施建设，下大力气优化营商环境，打造"一带一路"重要节点城市和对接粤港澳大湾区的桥头堡。五要高质量改善民生，让老区人民共享高质量发展成果。实施好城乡学校建设等六个"三年行动计划"，有效解决老百姓身边的急难事、麻烦事、烦心事，把一件一件民生实事做好，更好地满足人民群众美好生活需要。

在建设革命老区高质量发展示范区这个重要时期，赣州坚持推进"老区"变"湾区"，"老区思维"转变为"湾区思维"，就是要以更高、更严格的标准要求自己，为更早、更快、更高效建设示范区蓄力。

二、打造对接融入粤港澳大湾区桥头堡

(一) 赣州：打造桥头堡

赣州市全面贯彻落实江西省委精神，全力打造对接融入粤港澳大湾区桥头堡，推动革命老区高质量发展示范区建设取得新成效。

赣州是江西的"南大门"，是江西对接融入粤港澳大湾区的最前沿，也是大湾区联动内陆发展的直接腹地。赣州坚持北上南下、改革开放，取得一批重大成果。深赣港产城一体化合作区启动建设，格力电器（赣州）智能制造基地、中车产业园、"一带一路"进境粮谷产业园、上海证券交易所资本市场服务江西基地落户赣州，外资外贸逆势增长，越来越多的大企业看好赣州，越来越多的大项目落户赣州。

随着新一轮支持苏区振兴发展和对接融入粤港澳大湾区、省级副中心城市建设等政策的实施，赣州的综合竞争优势更加明显。赣州树立科学对接理念，全方

位对接融入粤港澳大湾区，动员全市上下统一思想认识，掀起新一轮"头脑风暴"，推动各级干部由"老区思维"向"湾区思维"转变，把对接融入粤港澳大湾区作为重要战略机遇、重点突破方向，举赣州市之力打造桥头堡。围绕打造对接融入粤港澳大湾区桥头堡，建设革命老区与粤港澳大湾区合作样板区、内陆与粤港澳大湾区双向开放先行区、承接粤港澳大湾区产业转移创新区、粤港澳大湾区生态康养旅游后花园（"三区一园"）的目标定位，加快建成区域性金融中心、商贸物流中心、文化旅游中心、科技创新中心、医疗养老中心和教育中心。

为加快融入粤港澳大湾区，在基础设施方面，赣州加密高速、国道和省道等陆路通道，打通高铁和水路通道，拓展空中通道，深度融入粤港澳大湾区经济圈。在产业方面，加快推进深赣港产城一体化合作区建设，尽快启动赣粤产业合作试验区"三南"片区建设，打造粤港澳大湾区优质农产品供应基地。在开放合作方面，赣州常态化运行铁海联运班列，深化口岸"三同"试点，运营好汽车整车、进口肉类等指定口岸，提升赣州国际陆港建设水平。加强航空口岸合作，争取赣州黄金机场与粤港澳机场的合作。在体制机制方面，赣州对标粤港澳大湾区一流营商环境，在行政审批、要素市场、公共服务等方面有效对接。同时，建立强有力的推进机制，推动建立江西与广东两省的协商机制和牵头部门落实机制，定期研究推进重大合作事项。此外，赣州还成立粤港澳大湾区桥头堡建设领导小组，加强组织领导和统筹协调，强化对接融入的共识共为，及时研究解决重大问题。

（二）章贡：打造桥头堡核心区

中共赣州市委五届九次全体（扩大）会议吹响了打造对接融入粤港澳大湾区桥头堡的集结号。作为主城区，章贡区抢抓机遇，主动作为，奋力打造对接融入粤港澳大湾区桥头堡核心区，在赣州建设革命老区高质量发展示范区中走在前列。主要体现在以下五个方面：

（1）聚力优势互补，推动重点产业协同发展。坚持育龙头、补链条、建平台、保要素、强集群，加快构建现代产业体系。拓展青峰药业承载空间，完善产业链条，加快推进青峰药业百亿元生产基地和中国威高集团南方制造基地建设，主动参与"广州—深圳—珠海"经济圈生物医药领域产业分工，打造与粤港澳大湾区联动发展的生物医药、医疗器械、大健康产业合作基地。大力发展数字经济，围绕信息安全、人工智能、工业互联网、物联网等重点方向，加快推进华宝智谷、永通信创大厦、软件产业园等平台建设，积极引进粤港澳大湾区数字经济企业在章贡区布局产业基地、创新中心和运营中心，鼓励引导超跃、金顺、秋田微等电子信息企业将总部迁至章贡区。

（2）聚力创新驱动，推动区域科技协同创新。积极融入广深港澳科技创新走廊建设，加强与粤港澳大湾区高校、龙头企业、科研院所合作，探索建设离岸科创平台、科创飞地。大力实施高新技术企业研发平台全覆盖，推动研发设计、检验检测等公共服务平台共建共享，促进与粤港澳大湾区在研发创新平台建设、科技成果转移转化等方面协同合作。加快推进赣州国家高层次人才科创园二期建设，建立人才双向互动交流机制，柔性引进粤港澳大湾区高层次人才，鼓励使用兼职型"候鸟人才"，选派优秀干部到深圳、广州等发达地区跟班学习，着力打造与粤港澳大湾区人才合作示范区。

（3）聚力双向开放，推动金融商贸深度合作。强化金融创新合作，建设章贡金融大厦，着力吸引粤港澳大湾区金融（服务）机构在章贡区设立分支机构，积极推动互联网金融、第三方支付、供应链金融、绿色金融等新业态发展。强化与粤港澳大湾区投融资平台合作，探索共建赣州苏区振兴并购基金园，深化与广东股权交易中心、前海股权交易中心合作。做强商贸物流平台，积极发展跨境电商，推进国际快件分拣中心、赣州冷链物流中心建设，打造产业链和生态链完整的商贸物流产业基地。在粤港澳大湾区设立招商办事机构，积极对接粤港澳大湾区商会、协会和行业龙头企业，大力开展"三请三回"和"粤企入赣"活动。

（4）聚力内外兼修，推动文化旅游深度融合。深入推进全域旅游行动计划，提升"吃住行游购娱"六要素，加快推进江南宋城历史文化旅游区、方特东方欲晓、七鲤古镇、阳明文化公园等项目建设，着力打造红色文化初心之旅、江南宋城穿越之旅、阳明文化修心之旅、客家文化体验之旅等精品线路。用好中共华南分局扩大会议暨叶剑英住地旧址等文化旅游资源，拓展功能配套，打造对接融入大湾区的红色培训基地。大力发展康养产业，加快推进新时代康养城建设，着力打造互换式、候鸟式、旅居式高端康养综合体，吸引粤港澳大湾区游客前来休闲旅游、康养度假。

（5）聚力为民惠民，推动公共服务深度对接。在教育方面，推动粤港澳大湾区优质学校在章贡区设立分校，加强与粤港澳大湾区职业院校、大型企业合作，推动设立学生实训基地和就业基地。在医疗方面，深化广东省人民医院托管赣州市立医院成果，做优做强做特市立医院医疗集团，加快打造区域性心血管、肾脏、胃肠、肿瘤、脑卒中等特色医学中心，让群众在家门口就能享受沿海地区最优质的医疗服务。在社会治理方面，大力推进智慧城市建设，提升城市治理精细化、信息化管理水平，加快推进市域社会治理现代化。在营商环境方面，深入开展"思想大解放、作风大转变、效率大提升"活动，打造与粤港澳大湾区"无差别"的营商生态。

（三）安远：打造桥头堡先行区

打造对接融入粤港澳大湾区桥头堡，是建设革命老区高质量发展示范区的重要路径。安远县境内的三百山是对我国香港同胞具有饮水思源意义的旅游胜地，对接融入粤港澳大湾区具有先天优势。安远县以思想大解放推进改革大突破，以高水平开放推动高质量发展，打造对接融入粤港澳大湾区桥头堡先行区，在打造革命老区高质量发展示范区安远样板上取得新突破。

持续推进自我革新，从思想层面对接粤港澳大湾区。对于安远县来说，对接融入粤港澳大湾区，关键在于自我革新，破除思想保守、小富即安的陈旧思维。一方面，坚持"走出去"与"请进来"相结合。有针对性地组织干部前往粤港澳大湾区城市考察调研，积极参与粤港澳大湾区举办的各种交流会，学习粤港澳大湾区的先进理念和创新举措。不定期举办行业发展高峰论坛，邀请粤港澳大湾区的知名专家学者和企业家来安远指导。依托"饮水思源·香港青少年国民教育基地"，定期邀请深圳与香港地区的青少年开展研学交流、科创展示、寻踪探源等活动，把三百山打造成为深圳与香港地区的饮水思源国民教育基地。另一方面，坚持"派下去"与"引回来"相结合。探索建立与粤港澳大湾区特别是广州黄埔临港经济区的结对帮扶机制，通过挂职锻炼、跟班学习、脱岗培训等方式，开阔干部眼界；采取项目合作、技术咨询、课题攻关等方式，引进现代经营管理人才。

主动承接外溢效应，将产业链条联结粤港澳大湾区。没有产业的大融入，就没有经济的大发展。安远县工业基础扎实，农业优势明显，旅游资源独特，深度融入粤港澳大湾区产业链、供应链的优势得天独厚。在工业方面，全力打造粤港澳大湾区产业转移承接基地。以"总部+基地""研发+生产""创新+孵化"等模式，推动粤港澳大湾区电子信息优质企业向安远县功能性转移；深化与广州黄埔临港经济区的战略合作，推动共建产业园，打造"山海协作"典型样板。在农业方面，全力打造粤港澳大湾区富硒农副产品供应基地。建设一批以状元娃娃、天华现代农业为龙头的富硒农产品直采直供示范基地，打造一批富硒红薯、富硒蔬菜等富硒农业品牌。加快推进进出口水果产业园项目建设，创建进境水果指定口岸，打造赣南水果供应粤港澳大湾区的集散地。在旅游上，全力打造文旅康养休闲"后花园"。加快建设三百山创国家 AAAAA 级景区进程，完善以三百山为核心的"两天半"旅游圈。引进粤港澳大湾区企业共同开发特色文化旅游资源，联合打造一批优质景点，推出一批特色旅游产品，策划一批精品旅游线路。依托生态、温泉等优势资源，引进养老联合体、高端养老综合体，建立与粤港澳大湾区相关医疗机构共建共享机制，培育服务粤港澳大湾区的康养产业。

不断完善软硬配套，以优越环境吸引粤港澳大湾区企业。安远县像抓项目一样狠抓环境优化，在江西省率先完成学校、医院、敬老院标准化建设，"四好农村路"成为全国典范，处处呈现蓝天白云、青山绿水、白墙黛瓦、绿色产业、"四好公路"交相辉映的美丽画卷，对粤港澳大湾区企业的吸引力、竞争力也不断增强。安远县将持续优化环境，着力打造成为粤港澳大湾区企业的"投资洼地""发展高地"。一是在对接通道上互联互通。推动瑞梅铁路早日开工建设，加快推进赣州南至版石高速公路项目，争取赣梅高铁、赣龙厦高铁新通道、三百山至寻乌南桥高速公路纳入国家"十四五"规划，打通新的出境、出海通道。二是在营商环境上实现无差别。出台与粤港澳大湾区无缝对接的相关政策，学习借鉴深圳"秒批"即办等政务服务特色做法。健全"联企双促"驻企服务和企业投资项目政府代办机制，探索"企业吹哨、部门报到"服务模式，全面提升企业服务水平。三是在生态环境上共建共享。纵深开展"三禁""三停""三转"，加快推进重点生态项目建设，全力打造山水林田湖草生命共同体示范区。积极推动会寻安生态经济区与粤港澳大湾区共建绿色生态走廊，联合开展东江源公益环保行动，携手打造跨区域生态保护合作示范样板。

（四）龙南：打造桥头堡前沿阵地

2020年7月26日，龙南举行撤县设市后首个重大项目集中签约仪式，多个来自粤港澳大湾区的项目落户该市。龙南加快步伐对接融入粤港澳大湾区，并取得不俗成果：龙南隧道顺利贯通，距赣深高铁通车更近一步；赣州首批粤港澳大湾区蔬菜直通车从龙南驶出，6小时后便直达香港市场；广州沃泰集团积极投资发展健康产业项目，计划将龙南市虔心小镇打造成全球康养旅居目的地；龙南跨境电商首单业务的商品通过香港特别行政区直接入境，运抵龙南保税物流中心。

作为赣州对接粤港澳大湾区的前沿阵地，近年来，龙南高频次、大密度、全方位开展双向交流，主动加快向南融入粤港澳大湾区一小时经济圈步伐，通过提前并轨、全面对标、精准对接等方式，把握先机、抢占市场，吸引粤港澳大湾区城市的产业及客源，着力建设粤港澳大湾区产业协同发展示范地、科技成果转化示范地、优质农产品供应示范地和宜居宜业宜游的优质生活圈后花园，努力当好对接融入粤港澳大湾区的"排头兵"。

为抢抓粤港澳大湾区产业转移"窗口期"机遇，在省、市统一调度下，龙南立足龙南国家级经济技术开发区，整合"三南"工业园区资源和力量，探索"一区多园"模式，推动"三南"园区一体化进程，为提前并轨粤港澳大湾区打造对接平台。龙南经济技术开发区牵头成立了"三南"发投公司，推动贯通三地的"三南"快线开工建设，加快推进"三南"粤港澳大湾区产业合作示范园建设。从2017年起，"三南"每年合作举办粤港澳大湾区产业推介会，抱团推进，不断凸显"三南"对接融入粤港澳大湾区的产业优势和平台优势。如今，"三南"片区已被纳入赣粤共建产业合作试验区范畴，正致力推进产业组团式承接和集群式发展，打造赣粤合作的龙头和典范。

推进电子信息首位产业快速发展，是龙南加速对接融入粤港澳大湾区的重要抓手。利用粤港澳大湾区电子信息产业外迁的契机，龙南与深圳市电子信息产业联合会、中国科技开发研究院投资促进中心签订三方协议，共建赣州电子信息产业科技城，抢先建好基础设施和配套产业，打造粤港澳大湾区电子信息产业转移最佳承接地，吸引电子信息企业投资落户。

全方位对标对表粤港澳先进工业园区，是龙南主动融入粤港澳大湾区的探索实践。广州增城经济技术开发区是珠三角东岸广深科技创新走廊成果产业化基地和广州经济发展的三大主引擎之一，龙南选派精干力量到该经济技术开发区挂职交流，并制订对标对表方案，细化了五大类13项具体对标任务，明确了牵头单位、责任单位和完成时限，全面学习借鉴招商安商、产业转型升级、园区平台建设、科技创新、优化环境等方面的先进经验和发展理念。如在招商安商方面，龙南实行重大产业项目"代办制""领办制"，为企业提供全过程"保姆式"服务。通过对标对表，龙南紧跟粤港澳先进工业园区的发展节奏和步伐，探索共建"飞地产业园"，快速对接粤港澳大湾区产业延伸和功能拓展，深度参与粤港澳大湾区产业链分工和产业间协作配套。

在加快融入粤港澳大湾区的过程中，龙南明确战略定位，实施精准对接。龙南聘请政策研究专家对粤港澳大湾区政策进行深入研究和解析，寻找政策契合点，在此基础上制定龙南全面融入粤港澳大湾区的各项举措。近年来，龙南每年组建十个以上招商团，分别定点联系粤港澳大湾区重点城市和主攻产业，高频次、多渠道举办产业招商推介会。该市引进国内最大的蔬菜出口专业物流企业东莞市润丰果菜有限公司，投资30亿元建设粤港澳大湾区农副产品配送中心，打造赣粤两地农副产品直通车。同时，抓住赣深高铁在龙南设站的机遇，以打造粤港澳大湾区休闲旅游首选地和后花园为目标，龙南大力发展全域旅游，建设了南武当、关西新围、虔心小镇等一批重点旅游景区，邀请百家粤港澳旅行社到龙南踩线考察，力推龙南"旅游高铁"直达粤港澳大湾区。

第三节　打造"内联"+"外通"开放格局

一、"内联"——引领协调型对内发展趋势

（一）瑞兴于"3+2"经济振兴试验区

1. 瑞兴于"3+2"经济振兴试验区的发展条件和突出优势

设立瑞（金）兴（国）于（都）经济振兴试验区（以下简称瑞兴于经济振兴试验区）是《国务院关于支持赣南等原中央苏区振兴发展的若干意见》赋予赣南苏区的重要支撑政策，其意义特殊、责任重大。2012 年 6 月，在《国务院关于支持赣南等原中央苏区振兴发展的若干意见》中，提出了研究设立瑞兴于经济振兴试验区。2012 年 7 月，赣州市正式启动了规划编制工作，先后易稿 30 余次，设想是将瑞兴于试验区建成"老区中的经济特区""特区中的试验区"。2015 年，《瑞兴于经济振兴试验区发展总体规划》得到国家发展改革委、江西省政府正式批复，随后赣州市陆续出台了《关于支持瑞兴于经济振兴试验区建设若干政策的意见》等政策措施，大力支持瑞兴于经济振兴试验区建设。

瑞兴于经济振兴试验区覆盖瑞金、兴国、于都三县（市）。试验区位于江西省东南部，处于南方丘陵地带，为发展现代农业提供了良好的基础，也便于推进生态文明建设。历史上瑞金、兴国、于都三县（市）是赣南等原中央苏区的重要组成部分，当地人民为中国革命事业做出了巨大奉献和牺牲。中华人民共和国成立以来，由于种种原因，瑞金、兴国、于都三县（市）经济社会发展相对滞后。为了振兴赣南苏区，国家赋予其重要支持政策；宁都、石城两县也被纳入瑞兴于经济振兴试验区的政策辐射范围，形成了瑞兴于"3+2"经济试验区产业一体化的发展格局。这有利于培育创新驱动发展新引擎，推动瑞兴于经济振兴试验区经济结构战略性调整，促进资源节约和环境保护，增强可持续发展能力，全面推动瑞金、兴国、于都三县（市）协同发展，为实现弯道取直、后发赶超、决胜同步小康等美好愿景带来了强大的推动力。

大力建设瑞兴于经济振兴试验区，应具备以下六个条件：

（1）经济。自 2016 年设立以来，瑞兴于经济振兴试验区取得了重大突破，经济运行稳中向好，实现了国内生产总值的提升，产业转型升级速度加快，有利于经济发展方式的转变。

（2）环境。瑞兴于经济振兴试验区的建设贯彻绿色发展理念，自然环境优美，便于建设生态宜居的美丽乡镇，提升城市文明程度。

（3）旅游。瑞兴于经济振兴试验区发展旅游产业有以下优势：一是自然风光独好，拥有赣江源、绵江河和古城河滨水生态休闲带以及叶坪田坞片区等绿色生态旅游带；二是人文资源丰富，红色天街，马克思映像小镇、将军园等都是值得参观的红色经典景区。

（4）人口。瑞兴于经济振兴试验区常住人口多，为区域的基础建设和产业发展提供了充足的劳动力。

（5）自然条件。瑞兴于经济振兴试验区地处华中气候区与华南气候区的过渡带，属亚热带季风气候，气候湿润，热量丰富，雨量充沛，光照充足，四季分明，宜人宜物。

（6）交通。瑞兴于经济振兴试验区公路密布，通车里程长，基本形成了以县城为中心，以国道、省道为主骨架，以县道为支架，以乡村道为延伸的公路运输网络。部分区域开通了铁路干线，紧邻广州、深圳、汕头、厦门等港口城市，为对外交流和农作物及产品的运输提供了便利。各种良好的区位条件相互影响和作用，为瑞兴于经济振兴试验区发展奠定了基础、提供了条件。

瑞兴于经济振兴试验区的突出优势主要体现在资源、文化和营商环境三个方面：

（1）资源优势。瑞兴于经济振兴试验区拥有丰富的自然资源，资源优势突出。森林覆盖率高，物种丰富。森林覆盖率达 70% 以上，林地面积大，空气质量好。植物种类众多，拥有 200 多种野生药用植物。动物资源丰富，有国家一级保护动物 5 种、国家二级保护动物 37 种、省级重点保护动物 57 种。水资源丰富。区内河网密布，水流量大，略高于全国、江西省平均水平。区内降水充沛，地表水及地下水资源丰富。水质较好，符合国家生活饮用水标准。江河水能蕴藏量大，可开发能量为 7.6 万千瓦，年发电量可达 2.5 亿千瓦时。[①]

（2）文化优势。瑞兴于经济振兴试验区是中央苏区的核心区域，是中央红

---

① 刘善庆．赣南苏区振兴发展报告（2019）［M］．北京：社会科学文献出版社，2020.

军长征的重要出发地。试验区人民在创建和保卫中央苏区的斗争中做出了重大贡献和牺牲，毛泽东、朱德、周恩来、陈毅等老一辈无产阶级革命家都曾在这里工作和斗争过。光荣的苏区革命史为瑞兴于经济振兴试验区留下了众多独特的革命旧居旧址和精神遗产。不光是红色文化，试验区的客家文化也别树一帜。试验区是客家族迁徙的重要中转站，是客家民系的重要发源地，也是中华客家文化的重要发祥地。浓郁的客家文化衍生出一系列民间文艺：兴国山歌、兴国端戏、地方曲艺、客家傩戏、竹篙火龙、桥帮灯、采茶戏等，其中，客家傩戏、竹篙火龙、桥帮灯、采茶戏等入选江西省非物质文化遗产名录。这些丰富的文化资源，吸引了来自国内外的众多游客，促进了试验区的经济发展和基础设施的完善。

（3）营商环境优势。瑞兴于经济振兴试验区是实施乡村振兴战略的重要战场，获得了国家给予的较多政策支持。始终坚持解放思想、内外兼修、北上南下，以打造优质营商环境为突破口，加快推进政策落实、产业发展、重大项目建设等重点工作，推动试验区建设取得新成效。政策支持深化行政审批制度改革，在试验区全面推开相对集中行政许可权改革试点，推动行政审批和公共服务事项集中办理，加强试验区五县（市）政务中心建设，实现"一枚印章管审批"和群众"只进一扇门，办成所有事"。制定并实施社会资本进入垄断行业和特许经营领域管理办法。建立动态涉企收费目录清单，推动瑞金经济技术开发区"一区五园"实行行政事业"零收费"政策。建立职能转移目录清单和购买公共服务目录清单，进一步提升市场服务能力。营造公平公正、诚实守信的法治环境，健全营商环境法治体系。建立并完善知识产权保护机制，加大知识产权行政执法和市场监管力度，加强诚信政府建设，出台政府诚信评估管理办法，严格兑现政府依法做出的经济社会发展规划、行政许可决定、招商引资承诺。

2. 瑞兴于经济振兴试验区设立的意义

建设瑞兴于经济振兴试验区，是深入贯彻落实党中央对赣南苏区振兴发展重要批示精神的体现，对于革命老区来说，在探索加快发展新路径、示范带动赣南等原中央苏区振兴发展方面具有重要意义。

（1）在经济上。坚持以供给侧结构性改革为主线，有利于加快产业结构调整和优化，加速各类要素集中集聚，培育壮大发展动能，努力推动更高质量、更有效率、更可持续的发展，建立瑞兴于经济振兴试验区首位产业、龙头企业和产业链专业化分工的协作体系，培育产业集群，做大产业规模，探索革命老区加快发展新路径，示范带动赣南等原中央苏区经济振兴发展。

（2）在文化传承上。支持红色文化创意产业发展，建设红色影视基地、重大革命历史题材创作生产基地、苏区文化创意园、红色文化创意产业园等文化产业发展平台,抢修红色景点,有利于加快建设全国红色文化传承创新引领区,推动赣南革命老区红色旅游与乡村文化重建、客家乡村社区重建,扩大红色文化的影响力,创作一批中央苏区题材的文艺精品,进一步弘扬苏区精神,发挥赣南苏区红色文化引领作用。

(3)在红色旅游上。围绕瑞兴于经济振兴试验区红色旅游资源,规划提出瑞金打造中国红都、于都打造万里长征第一渡、兴国重点培育苏区干部好作风和模范兴国体验地、石城建设阻击战纪念园、宁都建设反围剿战争纪念馆等红色旅游品牌,打造红色故都旅游经济圈和不忘初心原中央苏区红色培训集聚区,建立快速干道万里长征著名景点景区和旅游线路,提高各旅游景点景区的连接度。

(4)在生态环境上。设立瑞兴于经济振兴试验区,有利于改造低质低效林,加强流域的综合治理,建设水源涵养林和乡村生态风景林,全面提升森林资源质量,打造生态文明建设示范区。

3. 瑞兴于经济振兴试验区的战略定位、发展目标与工作重点

(1)战略定位。

1)全国红色文化传承创新的引领区。要加大旅游投入,不断完善旅游基础设施和配套设施。要整合优化试验区红色旅游资源,打响红军长征出发地、模范兴国等红色旅游品牌,打造赣南苏区红色核心旅游圈,建设全国著名的红色旅游目的地。要扩大红色文化影响力,将试验区打造成全国最大的革命传统教育基地、爱国主义教育基地和干部培训教育基地。要大力发展全域旅游业,推动红色旅游和生态旅游、休闲旅游、乡村旅游、历史文化旅游、体育旅游等融合发展,打造复合型旅游新产品,丰富红色旅游产业结构和展现方式。

2)欠发达地区统筹城乡发展的创新区。要加快赣州次中心城市建设进度,统一试验区城市规划布局,开展"多规合一"试点,促进瑞金、兴国、于都、石城、宁都一体化发展,提升试验区的综合竞争力及其对周边区域的服务辐射能力,将试验区打造成赣州市经济社会发展的重要增长极。要加快推动机场、铁路、高速公路等基础设施建设,确保区内基础设施互联互通。要加强试验区新农村规划布局指导,积极推进特色小镇和美丽乡村建设。

3)南方丘陵地区生态文明建设的示范区。要从资金、项目、政策等多方面,大力支持试验区开展山水林田湖生态保护和修复。要牢固树立"生态+"理念,发展生态旅游、生态农业、林下经济、循环经济等绿色生态产业,支持试验区工业园区积极申报国家生态工业示范园区和循环化改造试点园区,构建绿色生态产

业体系。要倡导绿色低碳生活方式，实施全面绿色行动，创建生态文明示范县，推动形成绿色发展方式和生活方式。

（2）发展目标。瑞兴于经济振兴试验区要按照"省协调、市统筹、县为主、全域覆盖、重点突破"的原则，以新发展理念为引领、以政策试验为核心、以重大项目为抓手、以改革创新为动力、以区域一体化为重点，构建"3+2"区域发展新格局，形成优惠政策的洼地、制度创新的高地，打造老区中的特区，努力走出一条实现经济振兴的新路。2020 年，瑞兴于经济振兴试验区的区域竞争力和综合实力显著提升，人均主要经济指标接近全国平均水平，特色优势产业集聚联系更加紧密，现代产业体系基础建设基本完善，基础设施和公共服务设施逐渐建成，生态文明建设不断加强，人民生活水平显著提高。

（3）工作重点。瑞兴于经济振兴试验区的工作重点主要体现在以下三个方面：

1）聚焦招大引强。牢固树立"抓大项目就是抓大发展"的理念，把优化项目投资环境作为重中之重，紧紧抓住国家相关部委对口支援机遇，主动寻求与世界 500 强企业、国内 500 强企业、央企、大型民企、行业龙头企业和其他有投资意向的龙头企业的战略合作，重点引进一批高成长性、带动性强的龙头项目及"高、精、专"产业链配套项目。加强对招大引强的考核和奖励，每年对试验区各县（市）招大引强工作进行考核，对招进大项目、大企业的县（市）给予奖励；对连续两年没有招进大项目、大企业的县（市）给予通报批评。

2）聚焦特色产业。第一，建设现代农业"示范区"。坚持"把蔬菜产业打造成农业支柱富民产业，把试验区打造成华南地区重要的蔬菜集散地"的产业定位，建设面向沿海地区和国外的蔬菜供应基地，把蔬菜产业做大做强。推进脐橙产业发展升级，加快建设以宁都、瑞金为中心的中熟脐橙产业带。推进油茶种植适当连片、适度规模，发展壮大试验区油茶产业。因地制宜培育发展黄鸡、灰鹅、茶叶、白莲、梾木果油、咸鸭蛋等区域特色产业。大力抓好试验区现代农业示范创建，力争每个县（市）都有 1~2 个省级现代农业示范园。

第二，建设大工业"集聚区"。以瑞金经济技术开发区"一区五园"为载体，围绕电线电缆、机电制造、现代轻纺、绿色食品等首位产业，引导关联企业集中布局，建成一批各具特色的产业集群和集聚区。大力培育发展新动能，重大技术和产业项目优先在试验区布局，相关政策措施优先向试验区倾斜，推动试验区建设成为赣州市乃至江西省培育新动能的示范区。用足用好 IPO 政策，打造IPO 上市企业集聚区。加快园区道路、宽带和排污等基础设施建设，实现区域集中供水、供电。加快推进瑞金经济技术开发区"一区五园"扩区调区。对园区闲置用地进行合理配置、规划，提升集聚区的投入产出率、资源利用率，提高集约化水平。

第三，建设服务业"创新区"。大力推进瑞兴于经济振兴试验区物流业发展，围绕铁路、公路、航空等交通枢纽和重点产业，加大物流站场、货场建设力度，加强与交通基础设施的配套衔接，逐步将赣州市服务业的功能转移到瑞兴于经济振兴试验区，做大市场。加快瑞兴于经济振兴试验区电子商务的发展，推动电子商务与实体、产业等融合发展。积极建设电子商务农村综合示范试点，发展具有农村特色的电子商务产业。推动电子商务与物流快递协同发展，解决电子商务物流配送"最后一公里"问题。充分发挥绿水青山、自然风光等自然资源优势，整合利用试验区基础设施、社会医疗、交通、文化旅游等条件，促进健康养老与旅游、休闲娱乐、医疗、社会服务等产业融合发展。在试验区内，加快建设一批高端健康养老与休闲旅游相结合的综合产业，建设国内知名的养生养老示范基地、中部地区健康服务业中心，带动瑞兴于经济振兴试验区发展。四是建设红色旅游"凸显区"。充分发掘、整合、优化试验区红色旅游资源，编制试验区红色旅游一体化发展总体规划。打响红军长征出发地、模范兴国等品牌，打造赣南苏区红色核心旅游圈。加大试验区重点景区资金投入力度，高标准打造提升一批富有感染力、震撼力的红色旅游经典景区。大力推动全域旅游，支持试验区建设红色文化创意产业园、全国性红色影视基地、重大革命历史题材创作生产基地、红军长征体验园等一批红色文化产业重大项目。大力推介试验区红色旅游资源，加强与文化和旅游部、江西省旅游发展委员会对接，成立中国红色旅游推广联盟，帮助试验区加强红色旅游宣传推广。加强与延安、遵义、井冈山、长汀、上杭等地红色旅游景区的开发合作，联合发起红色旅游大型主题系列活动，共同打造红色旅游精品线路。

3）聚焦改革创新的"试验区"。第一，着力营造一流营商环境。全面深化"放管服"改革，认真落实《中共赣州市委　赣州市人民政府关于深化改革开放进一步优化发展环境的实施意见》和赣州市人民政府办公厅《关于支持瑞兴于"3+2"经济振兴试验区打造一流营商环境的若干政策》，重点推动试验区在全市率先开展相对集中行政许可权改革试点，将试验区打造成为"政策最优、成本最低、服务最好、办事最快"的营商环境一流地区。

第二，着力打造先行先试区。试验区各县（市）要把解放思想作为着力点和突破口，大力弘扬敢为人先精神，敢闯敢试、敢想敢干，充分利用国家相关部委对口支援和市直部门及市属国有企业对口支援优势，用好用活先行先试权，争取各级试点示范优先布局在试验区，将试验区作为先行先试"试验田"，尽快形成更多可复制、可推广的经验成果，为其他地区的发展提供样板。要将瑞兴于经济振兴试验区打造成破解经济社会发展包括作风建设难题的试验区，市直有关部门凡是要试验、要攻坚克难的，就放在试验区试验、放在试验区攻坚。

4. 瑞兴于经济振兴试验区的发展成效

（1）"一区五园"建设取得实质性进展。

1）实现了数据并表。赣州市印发《瑞金经济技术开发区"一区五园"发展管理试行办法》，成功争取江西省统计局自2018年起将兴国、于都、宁都、石城四园区主要经济指标数据纳入瑞金经济技术开发区统计，推动"一区五园"实质化运作，真正实现品牌共用、政策共享、规划共编、园区共建、数据并表。

2）实现了统一招商。积极开展试验区统一招商，成功举办瑞兴于"3+2"经济振兴试验区（东莞）产业合作推介会，签约多个重大产业项目。

3）同步推进基础设施建设。按照"缺什么、补什么"的原则，同步推进园区基础设施建设、标准厂房建设、入园项目建设。园区平整土地19740亩，完成路网改造87.1千米，铺设供水管网38.9千米、污水管网74.2千米，建成供电线路83.438千米。新建标准厂房233.15万平方米，入驻企业99家，标准厂房使用率高达90%。[①] 瑞金食品产业园、于都合力泰、宁都领丰电子等项目加快推进，兴国汇晨电子、泾线电子、宁都赣锋锂业、蒙山乳业等6个亿元项目顺利投产。

4）营商环境有所改善。为试验区量身定制出台《关于支持瑞兴于"3+2"经济振兴试验区打造一流营商环境的若干政策》，启动三个"一窗办"改革，大力推广"容缺受理"和延时政务服务。试验区共有1460个事项实现了"最多跑一次"，平均时限和办事环节缩短了40%。药品零售经营许可、企业用地预审等379项市级经济社会管理权限实现县内审批，企业成本进一步降低，经济社会发展活力明显增强。大力支持民营经济发展，放宽企业准入限制。截至2018年12月，试验区新登记注册各类市场主体5.56万户，注册资本金达451.33亿元。[②]

5）推进试点示范呈现新亮点。积极争取江西省政府赋予瑞兴于经济振兴试验区5个先行先试项目。截至目前，试验区共争取国家、江西省批复的各类重大试点示范平台60个，其中，在国家级、省级会议上做经验介绍5次，召开国家

级现场会2次、省级现场会3次，多次被《人民日报》、新华社、《江西日报》等主流媒体报道。[①]

6）园区工业项目建设取得重大突破。2018年，试验区亿元以上重大工业项目共76个，投资额为410.58亿元，开工率达97.4%，已竣工16个项目。园区实现主营业务收入587.05亿元，同比增长14.85%；实现利润总额34.47亿元，同比增长21.72%。[②]

（2）综合实力显著增强。2018年，试验区经济运行保持稳中向好态势，主要经济指标增速加快，多项经济指标与2017年同期相比实现位次前移。2018年，试验区五县（市）国内生产总值（GDP）达816.13亿元，同比增长9.2%。全年财政总收入为85.03亿元，同比增长10.7%，瑞金市、兴国县、石城县税收占国内生产总值（GDP）比重进入全市第一方阵，其中，兴国县税收占国内生产总值（GDP）比重居赣州市首位。试验区五县（市）国内生产总值（GDP）、财政总收入增幅分别高出江西省平均水平0.5个百分点、0.6个百分点。固定资产投资保持平稳增长，同比增长10.8%，于都县、石城县进入赣州市第一方阵，其中石城县固定资产投资增速位列赣州市第一。工业投资同比增长20.6%，高于赣州市平均水平。社会消费品零售总额为203.33亿元，同比增长10.4%。限额以上消费品零售额为41.7亿元，同比增长16.2%，高于赣州市5个百分点。[③]

在经济增长的同时，瑞兴于经济振兴试验区注重产业体系建设，实现了产业结构转型升级，尤其是在工业、现代农业和现代服务业上取得了重大进展。

1）工业发展势头良好。转型升级加快。针对五县（市）工业龙头企业不强、国家级工业平台政策优势没有充分释放和利用的问题，2017年10月，瑞兴于经济振兴试验区对瑞金、兴国、于都、宁都、石城工业园区各方面进行整合，瑞金国家级经济技术开发区还实施"一区五园"的管理模式，统一挂牌，规划管理，实现了品牌共用、政策共享、规划共编、园区共建、数据并表。到2018年，"一园三区"基础设施建设基本完善，完成园区路网19千米的布局，上欧工业小区"四纵六横"路网全面拉开。自"一区五园"运行以来，试验区按照"制造崛起、延伸两端"的思路，筑巢引凤，招大引强，降低企业综合生产成本5%以上，企业用工、用地、上市以及厂房租赁便利化程度明显上升，解决了一批企业的融资难题，引导企业实施技术改造、转型升级，激发了大批企业的科技创新热情，积极研发核心技术，掀起了标准厂房建设热潮。通过转型升级，强化

---

①②③　刘善庆．赣南苏区振兴发展报告（2019）［M］．北京：社会科学文献出版社，2020．

科技、人才输送等要素支撑，企业亩产显著提升。2018 年，试验区规模以上企业新增 58 家，总数达 416 家；规模以上工业企业主营业务收入达 662.55 亿元。"一区五园"实现主营业务收入、利润总额分别比上年增长 16.03%、26.03%。试验区加快工业转型升级，新增高新技术企业 21 家。① 首位产业加速集聚。试验区坚持以构建产业新体系为抓手，大力推进首位产业发展，逐步形成了以纺织服装、电子信息、绿色食品、电线电缆等为主的首位产业体系。截至 2018 年 12 月，试验区首批产业规模以上企业共 148 家，占规模以上工业企业总数的 28%。瑞金市获批江西省首个电线电缆产业基地，拥有省级以上研发中心 3 个，引进了总投资 100 亿元的长江食品科技产业园。江西省电线电缆产品质量检验中心（瑞金）建设进展顺利。于都县纺织服装产业集群被江西省工业和信息化委员会（以下简称江西省工信委）认定为"省级重点工业产业集群"，工业园区被中国纺织工业联合会认定为"全国纺织产业转移示范园区"。于都县、石城县分别获批筹建江西省纺织服装产品质量监督检验中心和江西省鞋类产品质量监督检验中心。宁都县长胜锂电新材料产业基地被江西省工信委授予省级产业基地。

2) 现代农业快速发展。积极建设现代农业示范园区。试验区遵循创新、协调、绿色、开放、共享新发展理念，坚持以工业化理念发展现代农业，以建设工业园区的力度建设现代农业示范园区，推动传统农业向现代农业转变。把农业示范园区建设作为加快现代农业发展的重要载体，新建规模更大、科技含量更高、产业链更全的现代农业产业园，建成省级现代农业示范园区 10 个。石城县获评全省农业农村工作综合先进县。突出抓好特色产业。坚持以市场为导向、以科技为手段，加快转变农业发展方式，大力发展高产、高效、高附加值种养业，突出抓好蔬菜、脐橙、油茶、烟叶、肉牛、灰鹅、红鲤鱼等特色产业。其中，瑞金市成为赣南脐橙、油茶、蔬菜、白莲主产区。瑞金咸鸭蛋获批国家地理标志保护产品，"瑞金茶油"注册为国家地理标志证明商标。蔬菜产业强力推进，25.53 万亩高标准农田建设全面启动，2018 年新建蔬菜基地 143 个，其中，千亩基地 7 个；新增钢架大棚 3.24 万亩，其中，于都县获评江西省高标准农田建设县。实施高产油茶培育工程，"七统一分"模式得到江西省、赣州市领导高度肯定并向赣州市推广。2018 年新造油茶林 4.51 万亩，低改 3.41 万亩，进行高产油茶林抚育 12.5 万亩，实现了每个县（市）改造低产油茶林和新造高产油茶林的目标。茶叶、白莲产业平稳发展，建成茶园面积 21.45 万亩，白莲种植面积为 13.8 万

① 刘善庆．赣南苏区振兴发展报告（2019）［M］．北京：社会科学文献出版社，2020.

亩。稳步推进脐橙产业发展，促进脐橙产业发展升级，加快建设标准化生态脐橙基地，2018 年试验区种植面积达 59.60 万亩，年产 34.43 万吨，产值为 24.4 亿元。加快黄鸡、灰鹅、白莲、烟叶等域内特色产业发展。现代农业发展成效显著。试验区坚持以农民增收为核心，以深化农村改革为动力，以现代农业建设为主线。引进农业龙头企业，2018 年新增农业龙头企业 19 家。完成近 20 万亩高标准农田建设，"一村一品"合作社带动 4 万余户农户积极参与产业发展，健全"农户+合作社""农户+公司"等利益联结机制，带动 1 万余户农户获土地流转收入亩均 500 元以上，1 万余户农户务工人均年增收近 2 万元。①

3）现代服务业加速崛起。试验区现代服务业呈现加速发展态势。现代服务业成为经济转型发展的重要动力。2018 年，试验区列入市级重点调度项目 65 个。大力发展现代金融业，试验区现有银行业金融机构 65 家，存款、贷款余额分别达 1337.74 亿元、904.16 亿元。全面推进电商进农村试点工作，建成 7 个县级电子商务产业园（孵化园）并投入运营，入驻 548 家电商企业，2018 年电商销售额突破 202.55 亿元。② 旅游业整体水平和发展质量稳步提升。全域旅游三年行动计划深入推进。试验区作为红、古、绿交相辉映的区域，以优质旅游、全域旅游为方向，对旅游业实行供给侧结构性改革，转变发展方式，优化产业结构，加快业态融合，夯实旅游基础，全面提升旅游业整体水平和发展质量。试验区不仅成为红色旅游基地，乡村旅游质量也稳步提升，建成杰村含田、埠头田庄上、龙口睦埠、高兴高多等乡村旅游示范区。丹霞地质公园获得省级地质公园建设资格。旅游业创新发展模式，提升了区域旅游新形象，促进了区域的发展。2018 年共接待游客 3020.83 万人次，旅游总收入达 176.5 亿元。瑞金市新增 2 个国家 AAA 级景区，石城县获批江西省全域旅游示范区。③

（3）民生领域突出问题进一步解决，群众获得感显著增强。试验区围绕群众反映强烈的民生领域突出问题，不断加大督导落实工作力度，扎实督促解决各类突出问题。改造农村危旧土坯房，整治拆除"空心房"，加大对试验区棚户区改造资金投入，上级棚户区改造专项补助资金向试验区倾斜，对试验区符合条件的棚户区改造项目给予贷款贴息，大力推进瑞金市"一江两岸"棚户区改造返迁房、兴国县棚户区改造及教育园区返迁房、于都县老城区棚户区改造等项目建设。牢固树立以人民为中心的发展思想，紧盯群众需求，认真落实就业政策，深入推进大众创业、万众创新，持续扩大社会保险覆盖面，城镇职工基本养老保

①②③　刘善庆.赣南苏区振兴发展报告（2019）［M］.北京：社会科学文献出版社，2020.

险、城乡居民基本养老保险、医疗保险、工伤保险、生育保险、失业保险人数达123万人次，参保率和待遇水平不断提高。切实关注低收入及特殊困难群体。深入实施农村饮水安全巩固提升工程，发展规模化集中供水，扶持城镇供水管网向农村延伸。支持全面推进县乡道改造、通行政村路面拓宽改造、25户以上人口自然村通水泥（油）路、危桥改造和连通工程，提高试验区农村公路等级标准，拓展通达深度。公共服务能力进一步增强，社会事业稳步发展。围绕打造基本公共服务均等化示范区，全面提升试验区教育、医疗、文体服务水平。加大试验区敬老院、光荣福利院维护改造力度。支持赣州市教育综合改革试验有关项目向试验区倾斜，重点实施城区义务教育扩容、优质高中扩充、学前教育服务提升、中职教育能力建设"四大工程"，推行试验区域内"强校带弱校""名校+分校""名校托新校"等集团化办学模式。支持试验区大力扩充医疗卫生资源，实施瑞金、兴国、于都三地人民医院、妇幼保健院、中医院迁建（改扩建）工程，推动三地人民医院创建三级综合医院，建设省级临床重点专科，加快精神病院、疾控中心建设，建成瑞金区域性食品药品检验检测中心。支持试验区发挥优势，提升文体服务水平，大力改造完善文化艺术中心、图书馆、文化馆、博物馆、科技馆，加快实施瑞金国家级历史文化名城、兴国堪舆文化名地、于都长征文化名城等文化项目建设，充分释放赣南苏区振兴政策红利，持续加大争资争项力度，加强与人力资源和社会保障部、水利部、自然资源部等国家相关部委和江西省直厅局的对接。

（4）文化传承激发新活力。试验区坚持以红色经典文化为基础，始终将优秀文化贯穿旅游业，加快建设瑞兴于红色文化廊道，形成红色文化旅游集聚区。

1）推进红色旅游项目建设。在保护修缮革命旧址的基础上，利用声、光、电等高科技手段，再现中央苏区革命场景，增强游客现场体验感，最大限度地还原旧址面貌，使游客更加深刻地感受苏区革命的情形，增强震撼力。加快推进瑞金市云石山重走长征路体验园、瑞金市城市形象提升、瑞金市红色实景演艺、于都县长征源小镇、兴国县"苏区干部好作风"红色文化教育基地等一批红色旅游项目建设，在厦门举办了红色旅游项目专场招商推介会，"雩都古城"等重大旅游项目落户试验区。

2）推出红色旅游精品线路。整合试验区红色旅游资源，精心打造以"寻访红色足迹，传承红色基因""追随伟人足迹，传承长征精神"为主题的系列研学旅行产品，推出以瑞金、兴国、于都为核心，延伸龙岩、井冈山为主线的红色教育培训精品游线路。逐渐把试验区五县（市）建成红色经典革命区和爱国主义教育基地、"两学一做"学习教育的红色教育大讲堂，提升历史文化价值和教育意义。

3）推动红色旅游融合发展。着力打造《长征组歌》《八子参军》《老镜子》等一批红色经典演绎节目，摄制发行电影《八子》，积极推动红色旅游与生态旅游、休闲旅游、特色旅游等融合发展。策划和串联"红色+生态""红色+客家""红色+乡村"等复合旅游产品，以 VR 体验、文化展览、民俗表演、客家美食、民宿酒店等多种形式开发客家围屋旅游产品，打造客家古城、古镇、古村落，扩大了红色旅游市场影响力。同时，借助国家相关部委的力量开展寻根之旅，大力修缮保护革命遗址，创造性地走出了一条集培训、参与、体验于一体的红色教育培训和红色研学旅行之路。宁都县小布镇打造成为集红色文化、茶文化和乡村休闲于一体的旅游风情小镇。瑞金市在沙洲坝打造红色实景演艺项目，并推出了红绿结合的罗汉岩景区。

（5）统筹城乡发展，社会治理体系不断完善。统筹城乡发展，基础设施建设提速。昌赣客专开展全线联调联试，于 2019 年 12 月 26 日通车运营。广吉高速宁都段建成通车，兴泉铁路、兴赣高速公路北延、瑞兴于快速交通走廊、瑞金机场建设全力推进。兴国县洋池口水库建设加快推进。江西省天然气管网赣州段试验区 4 条支线全部开工。2018 年，试验区坚持交通基础设施先行，实施国省道改造 459.205 千米、县乡道改造 555.86 千米，建成农村公路 3904.7 千米。新型城镇化建设步伐加快，城区面积达到 119.95 万平方千米，城市人口达到 109.6 万，城镇化率达到 40%以上。美丽乡村建设取得重大进展。农村生活垃圾治理通过国家级验收，得到有效分类和处理，农村"空心房"整治基本完成，"空心房"数量大幅减少，拆除"空心房"约 2577.39 万平方米，改厕 48188 户，铺设污水管网 337.69 千米。特色小镇建设取得一定进展，入选国家级特色小镇 2 个、省级特色小镇 3 个。① 石城县大畲温泉特色小镇以县旅游公司为平台，引入知名企业投资开发九寨温泉、花海温泉、田园乡村、音乐小镇等，形成了投资主体多元化的格局。瑞金市以开发武阳龙门温泉项目为基点，致力于把武阳打造成集养生、养老、休闲、旅游、度假于一体的以温泉为特色的休闲养生小镇。

1）不断完善城乡社会治理体系。试验区按照中共江西省委十四届六次全体（扩大）会议的部署要求，传承弘扬新时代"枫桥经验"，坚持以人民为中心，围绕综治中心实体化建设，强化自治、法治、德治，将三者有机结合在一起，推

---

① 刘善庆．赣南苏区振兴发展报告（2019）［M］．北京：社会科学文献出版社，2020．

动民安、民生深度融合，逐渐形成共建、共治、共享的社会治理格局，切实维护试验区的安全和稳定。

2）基层社会治理基础得到夯实。瑞兴于经济振兴试验区从源头开始治理，对隐患和漏洞及时堵塞，查缺补漏，社会大局持续稳定。社会治安管理的信息化、智能化水平全面提升，社会治安秩序持续好转，行业监管更加严格。在安全生产隐患方面，试验区经常性地进行检查，食品药品、特种设备安全监管大力度推进，群众安全得到切实保障。在交通治理方面，试验区加大对超限超载车辆的整治力度，使超限超载率稳定控制在 1% 以内，社会公众安全感不断提升。全民文明意识显著增强，城市文明内涵全面提升。整洁有序、文明和谐的城市气氛加快呈现，得到广大市民的衷心点赞。干群携手抓"创文"，推动城市环境与品质"双提升"。乡风文明加快推进，大操大办、薄养厚葬等陋习得到治理，绿色祭扫、文明卫生等新风尚蔚然成风，社会治理得到加强。

（6）生态文明建设稳步推进，可持续发展能力不断增强。瑞兴于经济振兴试验区生态建设的各项措施实施成效比较明显，坚持生态优先、绿色发展的方向符合生态经济区的实际，能在很大程度上促进生态文明建设，增强可持续发展的能力。试验区环境保护工作成效明显，生态环境得到进一步改善。污染防治工作稳步推进，各项环境保护治理工程及技术改造工作顺利进行，污染防治工作取得了一定成效。

1）绿色发展步伐加快。将绿色发展理念融入经济社会生活各领域。在林木方面，加大对试验区范围内自然保护区、森林公园、地质公园、湿地公园等建设力度，支持试验区改造低质低效林，完成废弃矿山生态环境修复 56 公顷，改造低质低效林 30 余万亩，全面提升了森林资源质量。在水域方面，开展贡江、梅江、平江、绵江等主要流域综合治理，水土流失综合治理面积达 63 平方千米。[①]加强赣江源自然保护区等水源涵养区和饮用水源区保护，塘背水土保持科技示范园获评国家级水土保持科技示范园区。江西省政府批复石城县设立赣江源镇，加快推动赣江源头环境保护与生态建设。严格落实"河长制"，中小河流治理任务全面完成，出境水断面水质达到Ⅱ类以上标准。大力开展森林城市创建。试验区五县（市）均成功创建"江西省森林城市"，试验区森林覆盖率达到 70%，远高于江西省平均水平。节地水平和产出效益进一步提升，盘活利用存量土地12507.12 亩，严格处置闲置土地 749.88 亩。[②] 加大废弃矿山生态修复治理力度，

①②　刘善庆．赣南苏区振兴发展报告（2019）［M］．北京：社会科学文献出版社，2020.

盘古山钨矿成功申报为全市首批国家矿山公园。

2）全力打好污染防治攻坚战。推进试验区五县（市）工业园区企业循环式生产、产业循环式组合、园区循环式改造，创建国家新能源示范城市。加强土地集约利用，推进工矿废弃地复垦利用，支持推广节地技术和模式。坚决抓好中央环保督察与"回头看"以及江西省环保督察反馈问题整改。全面落实"河长制""湖长制""林长制"，实施山水林田湖草生态保护修复、农业面源污染治理、饮用水源地保护等重点生态工程，开展城市污水管网等专项治理，全面深化"四尘三烟三气"专项整治，在国家级和省级湿地公园保护区范围内全面禁止河道采砂，对小布镇石材开采及加工企业全面关停，坚决打好"蓝天、碧水、净土"保卫战。推进重点流域污染治理，中央专项资金支持的贡江流域中下游水污染防治项目开工建设，瑞金市劣类水断面水质达到Ⅳ类以上水质标准。支持实施全民节能行动，积极引导居民绿色消费、绿色出行、绿色家居，推进政府绿色采购，推动生活方式向勤俭节约、绿色低碳、文明健康转变。瑞金市生活垃圾焚烧发电设施基本建成，空气质量稳定在国家二级标准。大力推进自然资源资产负债表编制，兴国县、于都县被列入自然资源资产负债表编制试点。

（7）"五型"政府建设扎实推进，政府运转更加高效有序。中共江西省委十四届六次全体（扩大）会议提出"二十四字"工作方针和"六大突破、三大提升"重点工作。建设"五型"政府，就是要从更高层次贯彻落实好习近平同志对江西工作重要要求的实际行动，是全面落实中共江西省委十四届六次全体（扩大）会议精神的必然要求，是推进政府治理体系和治理能力现代化的有效举措。瑞兴于经济振兴试验区坚决把纪律和规矩挺在前面，深入推进"两学一做"学习教育常态化、制度化，严格执行中央八项规定及其实施细则，认真落实赣州市委提出的改作风工作，扎实推进"五型"政府建设。

1）全面加强政府自身建设，扎实推进依法从严行政。瑞兴于经济振兴试验区法治政府建设扎实推进，执法规范化建设进一步加强，重大行政决策合法性审查机制不断健全，"双随机、一公开"监管机制全面推行。深入实施"阳光政务"，全面推进决策、执行、管理、服务、结果"五公开"，使群众可以更好地履行知情权、参与权和监督权。瞄准重点领域，加强廉政风险防控，进一步扎紧制度笼子。强化监督执纪问责，严厉查处各类违法违纪案件，坚决纠正惩处损害群众利益的行为，无禁区、全覆盖、零容忍惩治腐败。大力整治"怕、慢、假、庸、散"等作风顽疾，政府工作效能不断提升。认真落实党风廉政建设和意识形态工作主体责任，试验区政府系统党风廉政建设不断向纵深发展。

2）简政放权，向服务型政府转变。瑞兴于经济振兴试验区深入推进"放管服"改革，优化审批流程，开启错时延时预约政务服务新模式，极大地方便了企业和群众办事。"互联网+政务"服务、"多证合一、一照一码"登记和"容缺后补"制度全面推行，公共资源交易平台整合规范，"12345"政府热线开通运行，推动网上政务大厅和实体政务大厅融合发展，让群众办事更加便捷。切实加强政府效能建设，弘扬"马上就办、真抓实干"作风，进一步压缩会议、精简文件、减少应酬，以"踏石留印、抓铁有痕"的执行力推动各项工作。认真落实"三项机制"，完善目标责任考核，强化督促检查、考核问责、正向激励，坚决向"思想之尘、作风之弊、行为之垢"开刀，激励广大干部把心思和精力集中在想干事、敢干事、会干事、干成事上。

（二）"五区一体化"发展

2019年1月，赣州市人民政府办公室印发《推进市中心城区五区一体化实施方案》，围绕建设省域副中心城市、赣粤闽湘四省通衢区域性中心城市、"一带一路"重要节点城市的发展目标，加快推进市中心城区五区一体化。

坚持积极稳妥、系统推进；坚持互联互通、共建共享；坚持重点突破、均衡发展。以实现市、区两级合力发展，整体上形成五区联动一体化发展和市中心城区强心提质的良好局面，促进省域副中心城市各项工作更加协调有序，不断增强人民群众的获得感、幸福感、安全感为目标。重点任务有以下三个方面：

1. 优化市区两级统筹协调机制

加强城市规划统筹引领。坚持规划引领五区联动一体化发展，市城市规划区内实行集中统一管理。市城乡规划主管部门具体负责城市规划区范围内的规划编制、规划调整、规划审批、监督检查等方面工作。

（1）完善城市项目建设机制。建立"统一规划、统一建设、分级负担"的城市建设机制。为加强公共资源的共建共享、避免重复建设，市级统筹市中心城区项目建设标准及重大项目建设计划，统一编报年度城建项目计划，发挥好城市工作联席会议和市中心城区城建指挥部作用。

（2）优化城市管理机制。市级以行业统筹规划、示范指导、监督考核为主，重在制定标准、导则，强化监督考评，同时兼顾跨区事项及重点区域的城市管理。各区负责属地环境卫生、市政设施、园林绿化等具体的城市管理，落实市级城市管理制定的要求、标准。

（3）深入推进城市综合执法体制改革。按照中央、江西省深化综合行政执法体制改革有关工作部署，遵循"设区市与市辖区原则上只设一个执法层级"

的规定和要求，统筹配置执法职能和执法资源，推动五区城市管理领域跨部门综合执法改革。

（4）加快推进城市公交一体化。进一步拓展和优化公交线路，实现五区公交线路互联互通，开通五区之间"大站快线"公交，加大公交线路网密度。

2. 加快推进基础设施互联互通和共建共享

加快区域性城市道路建设。建立完善的骨干路网体系，三年内各功能区之间形成不少于两条交通干道的连接互通。重点推进"三横五纵"快速路网和"五横七纵"交通性主干路网建设。

（1）保障城市供水安全。组织实施赣州市中心城区供水总体方案，推进城市供水水源和供水主干管的建设。新增龙华江取水口和赣县洋塘取水口，新（续）建龙华高地水厂和赣县区第二水厂（洋塘）、扩建南康区二水厂和赣州市二水厂。

（2）推进污水处理设施建设。加快城市生活污水收集处理系统"提质增效"，推动城市建成区污水管网全覆盖、全收集、全处理。

（3）加快电力基础设施建设。加快形成网状供电格局，提高供电可靠性。加快赣州西500千伏变电站建设，新建横岭变、和乐变等3座220千伏变电站。新（扩）一批110千伏变电站，优化供电设施服务半径。

（4）推进燃气管网建设。加快形成市中心城区西二线、西三线双管输气源格局。加快扩建南康镜坝门站，形成西二线大回路供气格局；加快实施赣县区西三线对接门站和调压站，于都分输站至赣县接收站西三线管线建设。

（5）形成各类专业垃圾处理设施。生活垃圾无害化处理率达到99%。新建餐厨垃圾处理厂、建筑垃圾处理厂、粪便处理厂、污泥处理厂各1处，续建赣州生活垃圾焚烧发电厂。

3. 进一步提升公共服务水平

（1）推进教育设施均衡化发展。大力实施城乡学校建设三年行动计划，五区加快推进普通高中学校建设，加快形成赣、粤、闽、湘四省边际区域性教育中心城市。

（2）推进医疗设施建设。加快实施提升卫生计生服务能力三年行动方案，加快医院新院区等医疗基础设施建设。通过与江西省外知名医院进行战略合作等形式加强重点学科建设和提升医疗水平，形成区域性医疗中心。

（3）推进商业综合体、星级酒店、文化旅游等设施建设。加快城区大型商业综合体、高端星级酒店、旅游集散中心、体育活动场所等设施建设，围绕五区一体化加快打造宋城文化旅游核心区，提升五区商业设施、文化旅游设施服务水平、服务深度和城市现代服务业综合承载力，提升城市品质和增强文化底蕴，繁荣城区商业经济，形成区域性消费、文化旅游中心。

（三）"三南"园区一体化建设

"三南"是"门户的门户""桥头堡的桥头堡"。"三南"园区一体化发展定位要更高，要站在江西省发展大格局上，谋划"三南"产业发展、城市建设、基础设施、公共服务等布局，努力打造成环境最优美、思想最解放、经济最发达的区域。2017年，赣州市政府印发了《关于支持龙南全南定南园区一体化发展的若干意见》（赣市府〔2017〕14号），明确了推动"三南"园区一体化发展的思路、目标以及具体举措。赣州市精心谋划，周密部署，扎实推进，"三南"园区一体化发展取得良好成效。

1. 规划共编有序推进

《赣州市"十四五""三南"（龙南、全南、定南）园区一体化发展规划》等"三南""1+N"总体规划已完成终稿。"三南"空间规划已完成专家评审，同时，以空间规划编制成果为支撑，推进了"三南"空间规划信息平台建设，完成了信息平台试运行工作，并在龙南、全南、定南开展了平台使用培训。

2. 数据并表成功落实

"三南"园区成功争取了江西省统计局的同意，从2018年第一季度起，将定南、全南两个开发区主要经济指标数据纳入龙南经济技术开发区统计，并在龙南经济技术开发区列示定南、全南两开发区主要经济指标数。"三南"园区组织召开了园区数据并表工作推进会，协调解决龙南经济技术开发区及相关县统计局在统计基础工作中存在的困难和问题，邀请江西省统计局工业处负责人到会授课。建立了"三南"数据并表常规统计协调报送机制，数据并表步入了制度化、规范化的管理轨道。

3. "三南"一体化招商成效明显

2017年以来，"三南"在东莞、深圳、广州等地举办统一招商推介会四场，共签约项目37个，投资总额461亿元。①"三南"作为一个整体，对外影响力和知名度持续提升。

4. 产业基础加速夯实

近年来，"三南"以强有力的措施推动工业集群、创新、升级发展，形成了

---

① 刘善庆. 赣南苏区振兴发展报告（2019）[M]. 北京：社会科学文献出版社，2020.

电子信息、食品药品、智能制造、现代物流等优势产业集群。特别是电子信息首位产业得到了迅猛发展,其中,布局在龙南的赣州电子信息产业科技城已成功引进志浩科技、联茂电子、骏亚电子、瑞兴龙等多家电子信息企业落户,形成了电子信息完整产业链条。2018年,"三南"园区实现主营业务收入268.1亿元,同比增长18.35%,规模以上工业增加值增长8.8%,工业发展和招商引资势头强劲,引进了天奇自动化工程、易模塑科技和晶阳光电等一批行业龙头企业投资的重大项目,"三南"产业基础正在加速夯实。①

5. "三南"承接平台不断完善

"三南"集中力量打造了20平方千米的"三南"共建产业园,目前正在加速推进基础设施建设。同时,"三南"建有正处级龙南海关、中国赛宝实验室(龙南)办事处、龙南保税物流中心(B型)、食品药品检验检测中心、省级公路口岸作业区、集装箱码头铁路转运中心等重要区域性平台,"三南"园区的承载力和辐射力极大增强。

(四)"三区协同"发展

"三区"包括赣南等原中央苏区振兴发展区、赣东北开放合作发展区、赣西转型升级发展区。

1. 赣南等原中央苏区振兴发展区

赣南等原中央苏区振兴发展区包括赣州、吉安两市和抚州市苏区县,该区域国土面积广、人口比重大,毗邻粤港澳大湾区、海西经济区,具有苏区振兴的特殊政策优势。

依托京九高铁、厦渝高铁等高铁通道,充分发挥生态、矿产、文化和内陆口岸优势,深度融入粤港澳大湾区和海西经济区,培育电子信息、生物医药、现代家具、特色农业等一批千亿产业,探索山水林田湖草生命共同体建设模式,加快赣南等原中央苏区振兴发展,聚焦赣州省域副中心城市建设,辐射带动吉泰走廊、向莆经济带升级发展,完善基础设施体系、现代产业体系、人才队伍体系、科技创新体系、生态文明体系,建设革命老区高质量发展示范区,推进以红色旅游为主体的全域旅游,打造融入粤港澳大湾区的开放高地、全国红色文化传承创新区、全国重要的电子信息产业基地、全国重要的稀有金属产业基地。加快赣州省域副中心城市建设,提升原中央苏区自我"造血"能力,打造江西南部重要增长板块。

---

① 刘善庆. 赣南苏区振兴发展报告(2019)[M]. 北京:社会科学文献出版社,2020.

2. 赣东北开放合作发展区

赣东北开放合作发展区包括景德镇、鹰潭和上饶三市，处于赣浙闽皖结合部，是江西省对接长三角的前沿阵地。

依托沪昆高铁、合福高铁、昌景黄铁路等高铁通道，坚持大开放引领大发展，坚持分工协作、联动发展、互利共赢，充分发挥"世界瓷都、世界铜都、中国最美乡村"的品牌影响力，统筹整合区域旅游资源、景区配套设施和整体开发推广，围绕打造江西省对接长三角的前沿阵地，加快建设上饶区域中心城市，支持鹰潭建设新一代宽带无线移动通信网试点示范基地，培育有色金属新材料、光伏光学、新能源汽车、航空制造以及大数据、大健康产业，建设成为对接东南沿海开放先行区、先进制造业基地、新业态新模式集聚区、文化旅游和康养休闲胜地。

千年瓷都景德镇的定位是：把景德镇打造成冠领中国、代表江西走向世界，并让世界感知中国、认识江西的国际瓷都。具体来说，就是要把创建景德镇陶瓷文化传承创新试验区，作为建设文化强省、弘扬江西地域特色文化的重大载体，切实加强陶瓷文化的保护、传承、创新。充分利用景德镇陶瓷这个千年品牌，以文化交流合作为纽带，深度融入"一带一路"倡议，促进中外文化交融，讲好新时代"中国故事"，把习近平新时代中国特色社会主义思想和当代中国的发展成就、深刻变革生动地展示在世人面前，为促进民心相通、打造人类命运共同体做出更多"江西探索""江西贡献"。

3. 赣西转型升级发展区

赣西包括宜春、萍乡、新余三设区市，该区域是全省重要的老工业基地，城镇化水平较高，中心城市紧密相连、同城化趋势明显。

依托沪昆高铁、厦渝高铁等高铁通道，坚持以绿色生态、转型升级为主线，着力加快新旧动能转换，推进资源型产业更新替代，大力发展新能源、新材料、节能环保、大健康等绿色产业，加快区域整合和同城化步伐。将"生态+"理念全面融入经济转型发展，加快建设宜春区域性中心城市，推动宜春、萍乡基础设施互联互通，建设新宜吉六县转型合作示范区，引导中心城区相向发展，推进资源型产业更新替代，增强中心城区集聚力和辐射带动力，加快区域融合和同城化步伐，推进新型工业化和城镇化融合发展，建设江西省产业转型升级样板区、城乡融合发展先行区、生态康养宜居胜地。

二、"外通"——打造开放型对外发展格局

1. 融入长江经济带建设

江西地处中部地区、长江经济带的中心位置，是珠三角、长三角、闽东南三角区的战略腹地，是粤港澳大湾区产业产品"西进"和"北上"的必经通道。如何充分发挥独特的区位优势并融入长江经济带建设是江西一直在思考的问题。

2016年以来，在融入长江经济带的进程中，江西加快综合立体交通枢纽建设，积极打造融入长江经济带建设的战略支点，融入步伐越走越快。赣州市按照省推动长江经济带发展领导小组的统一部署，以共抓大保护、不搞大开发为导向，以生态优先、绿色发展为引领，牢固树立"绿水青山就是金山银山"理念，积极推进"共抓大保护"三年攻坚行动，狠抓生态文明建设，积极培育经济增长新动能，构建全国性综合交通枢纽，加强省际协商合作，实现赣州市经济高质量跨越式发展。其具体有以下六项措施：

（1）实施三年攻坚行动。赣州市出台了《赣州市长江经济带"共抓大保护"攻坚行动工作方案》，明确了赣州市此后三年长江经济带"共抓大保护"的总体目标和具体要求，提出了"十大"行动33项工作任务，把责任落实到各县（市、区）。2019年又重点进行长江经济带生态环境问题排查整改。通过努力，该市水污染得到有效治理，污染物排放总量明显减少，生态修复工程初见成效，水环境明显改善，长江经济带"共抓大保护"格局进一步巩固。

（2）狠抓生态文明建设。一是健全生态文明制度体系。坚持建立"源头严控""过程严管""后果严惩"机制。严守生态保护红线，重点生态功能区全部实行产业准入"负面清单"。二是强化生态屏障建设。大力推进山水林田湖草生态保护修复试点工程。开展东江流域上下游横向生态补偿试点。三是坚决打好污染防治攻坚战。推动实施长江经济带"共抓大保护"、蓝天碧水净土等"八大标志性战役"30项专项行动。

（3）培育经济增长新动能。一是培育新能源汽车产业。已成为推动赣州市经济高质量跨越式发展的新引擎。中恒天智骏整车等项目加快推进，培育引进了孚能科技等一批关键零部件配套企业。孚能科技动力电池多项指标达到国际一流水平。二是提升南康家具产业。实现"木材买全球、家具卖全球"。例如，华日等一批国内一线龙头品牌企业加速落地，汇明集团建成世界第三条、全国第一条废旧家具直接回收循环利用生产线，打造了江西省第一个家具生产无人智能化车间。创设江西省首个家具工业设计中心，建立线上家具"设计师联盟"，推动线

上线下融合，实现前沿开发设计理念与南康家具的高位嫁接，补齐了"设计短板"。三是研制生物医药。设立 5 亿元的青峰药谷（赣州）医药产业股权基金，打造集药材种植加工、药品研发制造、医药健康旅游为一体的"青峰药谷"。四是聚焦电子信息产业。重点发展移动智能终端、新型光电显示、集成电路（IC）设计和封测、汽车电子、智能穿戴设备、智能家居等，先后引进众恒光电、比亚迪等一批大项目。

（4）发展现代服务业。一是创新工业设计。在江西省率先设立 500 万元市级工业设计创新券，实施"1+N"工业设计发展模式，市级工业设计中心（基地）、南康家具工业设计中心、南康电子工业设计中心相继挂牌运行，赣州有色研究所获批省级工业设计中心。二是发展现代金融。区块链票链全国监控运营管理中心在赣州市落户，启动建设赣州区块链金融产业沙盒园。在全国率先推出票链业务以解决中小企业融资难问题，深圳证券交易所授权的企业路演中心落户并购基金园，为全国非省会城市第一家。三是打造智慧物流。打造全国首创货运行业"滴滴模式"物流交易平台以及物流交易结算闭环的物流平台——吉集号，打造了全国首个无人机物流配送试点，点对点解决物流"最后一公里"问题。四是引进商贸综合体。引进沃尔玛等世界 500 强企业，新增步步高、宝能汇等大型商场和高端购物中心，加快建设江西南部规模最大的奥特莱斯。五是推进文化旅游。打响"红色故都""江南宋城""客家摇篮"等旅游名片，研发了百余类文创产品。

（5）构建全国性综合交通枢纽。一是铁路建设进展顺利。昌赣客专于 2019 年 6 月 3 日全线铺轨贯通。赣深客专征地全面完成已进入扫尾阶段。兴泉铁路征地全面完成已进入扫尾阶段；长赣铁路列为国家 2019 年储备开工项目；瑞梅铁路列为国家 2019 年完成前期工作项目，中国铁路总公司已开展项目可研报告审查，可研报告修改。将形成"米"字形铁路运输体系。二是高速公路建设进度加快。2019 年 1 月广吉高速宁都段已建成通车。兴赣高速北延用地预审意见获自然资源部批复，已完成投资 12.1 亿元。大广高速南康至龙南扩容工程、寻乌至龙川高速公路（江西境内段）新建工程可行性研究报告已获江西省发展和改革委员会（以下简称江西省发展改革委）批复。信丰至南雄、宜春至大余、赣州至安远、兴国至桂东、樟树至兴国高速列入江西省高速公路网规划修编。三是区域性航空枢纽已凸显。黄金机场改扩建 T2 航站楼建设完成；通用机坪项目完成可研编制。瑞金机场 2019 年开工建设，大余新城军民合用机场及安远、宁都、龙南、崇义、石城、定南通用机场建设工作正在有序开展，将形成"一主多辅"

的航空运输体系。

（6）加强省际区域合作。积极对接融入粤港澳大湾区、"一带一路"建设，分别与广州、深圳、龙岩、河源签订战略合作框架协议，在产业发展、基础设施、经贸交流、生态环保等方面开展全面战略合作，主动承接电子信息、医疗器械、智能制造等产业转移，争取一批大项目落地赣州。同时，建立区域大气污染联防联控联席会议制度、环境信息共享机制、大气污染防治联防联控机制，推进跨区域生态保护。

2. 对接"一带一路"建设

赣州是江西的"南大门"，被称为"五岭之要会""闽粤之咽喉"，历史上是闽、粤、桂、湘等省份通达运河的要道和物资运输的重要集散地，也是古代陆上丝绸之路和海上丝绸之路陆海互联的主要通道。"一带一路"倡议的深入实施，为赣州的发展带来新的机遇。为支持赣州对接融入"一带一路"建设，打造"一带一路"重要节点城市，2017年，江西省人民政府出台《关于支持赣州打造"一带一路"重要节点城市的实施方案》，希望到2025年，节点城市作用进一步凸显，对外开放通道格局全面形成，拥有一批具有国际竞争力、全国影响力的企业，建成一批国际产能合作重点示范项目。其具体措施主要体现在以下五个方面：

（1）加快基础设施建设。推进陆路通道建设。加快昌赣客专、赣深客专、兴泉铁路建设，争取瑞梅铁路、长赣铁路年内开工，推进赣郴铁路、赣韶铁路扩能改造项目前期工作。畅通连接泛珠三角地区和海西经济区的高速公路通道，加快推进大广高速南康至龙南段复线、兴赣高速北延、广吉高速宁都段等项目建设。加快空中通道建设。推进赣州黄金机场改扩建工程，支持赣州黄金机场升级为国际机场，大力开拓客货运航线，开通连接港澳台地区、东南亚地区航线，争取尽早列为两岸空中直航航点。推进瑞金机场建设，适时启动龙南、宁都、崇义、大余、安远、信丰等地通用机场前期工作。加强水运通道建设。启动赣粤运河规划研究，推进万安二线船闸建设，实现赣州至南昌三级通航。编制赣州市铁路口岸总体规划，加快赣州港综合货运码头和赣江风光带旅游客运码头建设。推进能源通道建设。有序推进华能瑞金电厂二期、神华信丰电厂等项目建设，实施赣州西500千伏输变电工程。

（2）完善现代物流体系。稳定开行中欧班列，巩固发展铁海联运，完善物流基地和电子丝路网络，建设重要的区域性物流中心和国际货物集散地。稳定开行中欧班列。加强赣州与重庆、成都等国内节点城市的对接协作，集并赣粤闽湘四省及周边地区的产品出口直放。研究出台江西省中欧班列补贴标准，推动开行欧亚地区至赣州的国际铁路货运进口班列，力争常态化运行。巩固发展铁海联运。强化赣州至沿海港口的铁海联运，推动开行赣州至厦门、赣州至深圳铁海联运集装箱快速班列。推动深圳盐田港在赣州铁路口岸设立集装箱中心和提还箱点，实现赣州铁路口岸与厦门港的粮谷饲料直通运营。加快物流基地建设。加快赣州铁路口岸国际港站二期工程建设，完善场站功能，建成全国一类铁路运输物流节点。推进赣州物流公共信息平台、赣州港多式联运示范基地、赣州冷链物流基地、赣州综合物流园区和快速消费品公共配送中心、南康家具物流集散中心等建设。深化赣州与广东、深圳、厦门等地物流协会及企业的交流与合作。打造网上丝绸之路。推动赣州申报跨境电商全国综合试验区试点，对接国家"信息丝路"计划，打造国际网络通道和区域信息汇集中心。加强与中国国际电子商务中心、阿里巴巴、京东商城等国内外网络贸易集团合作，搭建电子商务营销平台。支持电商企业做大做强，搭建丝路通跨境支付平台，实现小额交易快速结算。

（3）深化产业双向合作。瞄准"一带一路"沿线市场，积极开展国际产能合作，促进产业双向投资，推动产业转型升级。完善产业布局。深入推进赣南承接产业转移示范区、瑞兴于经济振兴试验区、赣州国家级加工贸易承接转移示范地等建设，打造赣州都市核心区、瑞兴于试验区、三南地区"一核两极"三大增长板块。加快新能源汽车科技城、现代家居城、"中国稀金谷""青峰药谷"、赣粤电子信息产业带"两城两谷一带"建设，推动产业合理分工，构建五大优势产业集群。发展特色产业。大力发展脐橙、油茶、蔬菜产业，鼓励特色农产品发展，推动牛羊规模养殖。高标准建设绿色经济产业园和赣南有机食品产业园，鼓励和支持符合条件的产品申报国家生态原产地产品保护认定。大力发展健康养老产业，建设医养结合示范城市，打造一批"森林体验和森林养生"示范基地。改造提升传统优势产业，促进纺织服装、食品加工等产业向品牌化、个性化转型。推动"互联网+"协同制造，加快新一代信息技术、生物制药、节能环保、新能源等新兴产业发展。实施国际产能合作。推动电力、轻工纺织、机械、食品等传统优势企业在"一带一路"沿线开展国际产能合作，带动产能和设备"走出去"。鼓励农业、食品加工等优强企业在"一带一路"沿线投资设厂，扩大市场份额，提升竞争力。支持资源型企业参与境外矿产资源勘探开发，鼓励中国南方稀土集团、章源钨业、虔东稀土、海创钨业等钨和稀土龙头企业开展新材料研发应用国际合作，推进国家级离子型稀土资源高效开发利用工程技术中心和工程研究中心建设。

（4）培育壮大合作平台。统筹推进口岸通关、经贸交流、区域合作等重大平台建设，为开展国际和地区合作交流创造有利条件。强化口岸平台建设。加快赣州铁路口岸、赣州综合保税区、内陆口岸（江西）国检监管试验区、赣州航空口岸建设，推动黄金机场设立国际航空口岸。推进区域通关一体化和检验检疫全国一体化，实施国际贸易"单一窗口"。加强赣州与沿海、沿边省市关检口岸合作，推进多口岸、多品种商品口岸直通放行，推动与"一带一路"沿线国家主要口岸互联。搭建经贸合作平台。强化企业境外营销网络建设，鼓励出口企业自建跨境电子商务平台，探索建立网上商品交易会和海外样品仓储展示相结合模式，培育外贸新业态。建设赣南家具和南康竹木草制品等国家级出口质量安全示范区。鼓励企业在沿线国家建设商贸城、产业合作示范区和境外产业园区，支持上下游企业抱团转移、集聚发展。打造区域合作平台。支持赣州开展国家"一带一路"合作示范区试点、打造东中西区域合作示范区，探索区域合作共建"一带一路"路径。完善与泛珠三角地区和海西经济区的对接平台，着力提升出海通道功能，健全服务体系，创新合作机制，推动共享在东盟等沿线国家的深水港。

（5）强化人文合作交流。推动在文化、旅游、科教等领域实施一批重大活动，积极传播客家文化、红色文化，促进丝绸之路友好合作。促进文化交流。加强对丝绸之路历史文化遗产传承和保护，推进赣州福寿沟、七里古窑遗址、客家围屋、南安大码头等申遗工作。大力宣传赣南客家文化，发挥海外客侨纽带作用，推动与"一带一路"沿线地区的往来，鼓励客家采茶戏、客家山歌等客家演艺项目到沿线国家演出。拓展旅游市场。加大对"一带一路"沿线目标市场旅游宣传推广力度，积极参与国际性旅游推介活动，吸引"一带一路"区域客源。加快打造梅关古驿道等一批古丝绸之路主题和文化元素的旅游景点和旅游线路。依托红色文化、绿色生态、客家元素等优势，谋划建设长征主题公园、长征特色小镇等，支持中央烈士陵园、阳明文化主题园等建设。推动科教合作。鼓励赣州科研机构、高等院校与海外知名高校合作，支持江西理工大学、赣南师范大学、赣南医学院等高校面向"一带一路"沿线国家招收留学生。加大英语、俄语等语种人才的培养力度，支持江西理工大学、赣南师范大学等院校增设一批小语种专业。加强生态文明交流。支持赣州与"一带一路"沿线地区开展生态经济和技术交流，宣传展示生态文明建设成果。推进绿色产业发展和东江生态经济带研究，形成可复制、可推广的生态文明建设模式。

赣州加快"一带一路"重要节点城市建设。2020年上半年，赣州国际陆港铁路运输吞吐量达6.1万标箱，吞吐量同比增长约4.56%，其中铁海联运"三同"班列业务量增长喜人,外贸出口保持稳定增长。[①] 自 2014 年以来,陆续建成了铁路赣州国际港站、国际铁路集装箱中心、海关监管作业场、保税中心、现代仓储物流中心、公路口岸、临港产业园等核心功能区。赣州国际陆港自运营以来,已经由最初木材进口、家具出口的单一通道,发展成为集外贸、物流、仓储、金融等多元口岸经济为一体的综合性开放口岸。2019 年,汽车整车进口指定口岸和肉类指定口岸通过验收,成为全国功能最齐全的内陆口岸之一。物流枢纽作用日益凸显,开行中欧(亚)班列 370 列,开行总数仅次于成都、重庆、郑州、西安,列全国主要发运城市前列,成为江西省中欧(亚)班列中心港口;开行"三同"班列 1103 列,"一带一路"节点城市和国际货物集散地加速形成;获批首批 23 个国家物流枢纽城市之一,确立了赣州在物流枢纽主通道地位。2020 年 5 月 12 日,首趟"深赣欧"(深圳—赣州—杜伊斯堡)班列从盐田港首发启程,这是深圳、赣州两地联动开行中欧班列的重大创新,将对内陆赣州打造对接融入粤港澳大湾区的桥头堡和国际货物集散地产生巨大带动效应。赣州与深圳签署了共建深赣"港产城"一体化示范区合作协议,分别与盐田港、珠海港、广州港签订了战略合作协议,为助推赣州打造成连接"一带一路"的重要节点城市,江西省对外开放的"南大门",国际货物集散地奠定了坚实的基础。

3. 融入粤港澳大湾区建设

2019 年,中共中央、国务院印发《粤港澳大湾区发展规划纲要》,提出要构建以粤港澳大湾区为龙头,以珠江—西江经济带为腹地,带动中南地区、西南地区发展,辐射东南亚、南亚的重要经济支撑带,深化内地城市与香港、澳门的互利合作。

全国政协十三届二次会议期间,广西、江西、福建、湖南、海南等省(自治区)全国政协委员联名提交《关于支持周边省区对接融入粤港澳大湾区建设的提案》(以下简称《提案》),并就交通基础设施互联互通、金融贸易融合发展、科技创新、人才交流、旅游医疗合作等内容提出了具体建议。

《提案》提出,加快对接融入粤港澳大湾区建设,有利于周边省份接受先进生产力辐射、全面提升开放发展水平,有利于加强泛珠三角区域合作、促进区域经济协调发展,对于提升粤港澳大湾区国际竞争力、推进"一带一路"建设具有重大意义。

---

① 刘善庆. 赣南苏区振兴发展报告(2019)[M]. 北京:社会科学文献出版社,2020.

为抢抓国家建设粤港澳大湾区战略机遇，2018年12月，赣州市制订出台《赣州市对接融入粤港澳大湾区建设实施方案》，明确提出了"高水平构建立体化对接通道"的举措，即加快构建连接粤港澳大湾区的综合交通网络和信息联通网络，推动融入粤港澳大湾区两小时经济圈。为贯彻落实江西省委、省政府决策部署，支持赣州市打造江西省对接融入粤港澳大湾区的桥头堡，加快建设省域副中心城市，示范引领全省对接融入国家区域发展战略，2020年6月，江西省人民政府出台《关于支持赣州打造对接融入粤港澳大湾区桥头堡的若干政策措施》。

（1）基本原则。一是全面对接，重点突破。强化与粤港澳大湾区发展规划纲要和专项规划衔接，全面对接粤港澳大湾区交通网络、产业体系、体制机制等，重点打造一批对接合作的示范工程，提升省域副中心城市的对外通达能力。二是开放合作，创新引领。深化与粤港澳大湾区互利合作，构建全面对外开放新格局，推动理念创新、制度创新，促进各类要素资源高效便捷流动，提升省域副中心城市的要素集聚和配置能力。三是因地制宜，先行先试。对标粤港澳大湾区营商环境，借鉴复制改革创新经验成果，大胆探索、先行先试，积极接轨国际化、法治化、便利化营商环境，提升省域副中心城市的对外形象和软实力。四是优势互补，共享共赢。充分发挥资源、生态优势，促进生态产品供需结合，主动参与粤港澳大湾区产业延伸和功能拓展，融入粤港澳大湾区产业分工和市场体系，提升省域副中心城市的产业竞争力。

（2）战略定位。一是革命老区与粤港澳大湾区合作样板区。以赣州市为主体，联动吉安等革命老区深化拓展与粤港澳大湾区交流合作，创新体制机制和运作模式，探索建立合作共建、收益共享、风险共担新机制，打造跨省区域合作可持续、高质量发展典范。二是内陆城市与粤港澳大湾区双向开放先行区。深化与粤港澳大湾区世界级港口群开放合作，全面推广复制中国（广东）自由贸易试验区制度创新经验，接轨国际化营商环境，建成粤港澳大湾区辐射带动内陆地区双向开放的主要支点。三是承接粤港澳大湾区产业转移创新区。全面对接粤港澳大湾区世界级制造业产业集群、战略性新兴产业集群和国际金融枢纽建设，积极融入产业链分工和产业间协作配套，形成与粤港澳大湾区紧密协作、优势互补、协同发展的现代产业体系。四是粤港澳大湾区生态康养旅游后花园。充分发挥绿色生态、文化资源优势，适应粤港澳大湾区消费升级和高端市场需求，成为粤港澳大湾区的优质农产品供应基地、文化和旅游及康养休闲胜地。

（3）主要举措。江西省发展改革委、省交通运输厅、省财政厅、省商务厅、省水利厅、省工业和信息化厅、省科技厅、省农业农村厅、省生态环境厅、省自然资源厅、省人力资源和社会保障厅、南昌海关、省税务局、邮政集团江西省分公司等多个单位"'一对多'+'多对一'"负责实施。

1) 完善交通网络。加快铁路互通。加快建设赣（州）深（圳）高铁，依托京九高铁经济带，打造江西融入粤港澳大湾区的主通道，推动大南昌都市圈和吉安等沿线地区积极融入粤港澳大湾区。推进瑞（金）梅（州）铁路建设，打通与汕头的出海通道。支持赣（州）韶（关）铁路扩能工程纳入国家铁路"十四五"发展规划，支持赣州开展轨道交通规划研究，积极推动赣（州）广（州）高铁规划研究工作。推进公路互联。2020 年开工建设寻乌至龙川（江西段）、遂川至大余、信丰至南雄等高速公路，支持赣州市开展赣州至安远高速公路项目前期工作和寻全高速西延规划研究工作。对赣州列入省级规划的高速公路，争取国家按照国家高速公路网标准给予补助。加大赣州与广东相连的国省道升级改造力度，支持赣州创建全国"四好农村路"示范市。拓展空中通道。支持赣州黄金机场三期列入国家"十四五"民用机场建设规划。适时开通瑞金机场至粤港澳大湾区重点城市航线，加密赣州黄金机场至大湾区航线。推动赣州黄金机场列为粤港澳备降基地。加快推进大余新城军民合用机场及定南、石城、宁都、安远、崇义、龙南等通用机场建设。开辟水运通道。提升赣州港作为深圳盐田港、大铲湾港、广州港、珠海港的内陆腹地港的功能和作用，完善对外通道和平台对接，推动共享"一带一路"沿线国家和地区的深水港资源。启动赣粤运河规划研究并争取列入国家水运网络中长期规划，支持建设赣州港（水运）综合枢纽，加快建设综合货运码头，打造赣南水路货运重要节点和江西省区域性重要港口。

2) 对标粤港澳大湾区提升开放水平。加快提升开放平台功能。支持赣州国际陆港开展铁海联运"三同"试点，加快集疏运体系建设，提高对周边地区进出口货源集聚能力。支持赣州国际陆港建设进境木材指定监管场地，申建汽车平行进口试点和国家进口贸易促进创新示范区。培育中欧班列精品线路，打造区域性中欧班列集结中心。设立多式联运海关监管中心，支持赣州综合保税区置换至赣州国际陆港，推动在赣州综合保税区建设国际航空保税物流产业园，常态化运营赣州至香港货运直通车。支持赣州航空口岸申请设立国际邮快件监管中心，申建进口冰鲜水产品、进境水果指定监管场地。培育开放型经济新业态。全面启动建设中国（赣州）跨境电子商务综合试验区，加快研究出台实施方案，推进实施跨境电商零售进口政策。加快以赣州国际陆港为核心的国家物流枢纽建设，推进物流枢纽布局，支持发展保税物流、冷链物流等港口物流新业态。大力发展航空物流和临空经济，推动赣州黄金机场列为粤港澳航空物流中转基地，推动开辟至国内外主要物流节点城市全货机航线，并与广州、深圳航空货运开展空空联运、联程联运合作。支持赣州创建中国服务外包示范城市。支持南康家具大市场申报市场采购贸易试点。营造高水平开放大环境。支持以赣州国际陆港、赣州经济技术开发区、龙南经济技术开发区、瑞金经济技术开发区、赣州综合保税区等国家级开放平台为重点，复制推广自由贸易试验区改革试点经验，支持赣州国际陆港实施海运提单和铁路运单互认模式，实现铁海联运进出口货物"一票到底"。支持赣州国际陆港开展电子口岸建设，实现与广东沿海港口物流信息互联互通。支持开展关税保证保险改革试点，大力推进单证自动审核、非侵入式查验、智能审图技术、转关作业无纸化、出口产品快速检测等创新型便捷化通关监管制度和作业方式，推动通关与沿海同等效率。

3）打造粤港澳大湾区产业协作高地。提升产业承接能力。充分发挥中央外经贸发展专项资金、省级商务发展资金作用，积极承接粤港澳大湾区优势产业转移。围绕粤港澳大湾区优势转移产业，共建研发设计、检验检测、交易认证等产业公共服务平台，省级相关专项资金优先支持。支持赣州建设国家级家具研发设计中心，适时推动赣州电子信息产业集群列入国家战略性新兴产业集群。研究引进国际创新创业团队在赣州建设离岸创新创业平台。建设赣粤产业合作区。支持赣州市以合作共建、托管建设等多种模式发展"飞地经济"，以南康区和"三南"地区等区域为重点，加快推进赣粤产业合作区建设。推动赣州国际陆港与深圳盐田港共建深赣港产城一体化合作区，打造"特区+老区"共赢发展的全国范例；支持"三南"地区实施"两省共建、市为主体、独立运营"的跨区域合作与开发管理机制，加快建设承接加工贸易转移示范地产业园，积极探索与粤港澳大湾区重点城市共建园区的有效模式和长效机制。推进科技协同创新。支持赣州加入粤港澳大湾区相关产学研创新联盟，支持建设稀土资源储备库、交易集散中心和钨新材料应用产业研发、收储平台。推动粤港澳大湾区科研院所、高等院校和龙头企业在赣州设立技术转移中心分中心、国家重点实验室分支机构。支持符合条件的研发平台认定为省级工程研究中心、技术创新中心、院士工作站和海智计划工作站。支持赣州创建国家知识产权试点示范城市。大力发展数字经济。在赣州规划建设区块链技术产业园，建设一批"区块链+人工智能（AI）"应用场景，打造全国有影响力的区块链产业集聚地和示范应用基地。支持赣州率先开展第五代移动通信技术（5G）规模商用，打造信丰、龙南等一批5G示范产业区，建设江西省5G应用示范城市。推进章贡区数字经济创新发展（信息技术自主创新、物联网软件）试验基地建设，支持赣州创建国家健康医疗大数据应用示范中心和产业园，推动蓉江新区大数据产业园、章贡软件物联网产业园建设全省数字经济重点园区。

4）建设粤港澳大湾区生活休闲旅游共享区。建设文化传承和国情教育培训基地。支持长征国家文化公园建设，将赣州中央红军长征路线作为江西段的重点建设区域，并优先支持范围内旅游公路列入新一轮江西省旅游公路规划。加强长征精神系统研究，推动设立传承创新长征精神的干部教育机构。高标准打造瑞金干部学院等一批红色教育培训基地，鼓励吸引粤港澳大湾区党政机关、事业单位和国有企业党员干部以及中小学生到赣州开展红色教育培训或革命传统教育活动。依托红色文化遗产等载体，传承寻乌调查精神，弘扬唯实求真作风。发挥赣粤地域相近、文脉相亲的优势，联动粤港澳大湾区开展客家文化旅游交流。支持客家围屋联合申报世界文化遗产，建设客家文化博物馆。推动创建一批阳明文化传承创新区。支持赣州打造国家级文化和科技融合示范基地、全国中小学生研学实践教育基地和港澳青少年内地游学基地。建设康养休闲旅游胜地。支持赣州建设国家区域医疗中心、国家级医养结合试点单位和国家分级诊疗试点城市。推动与广东共建综合性医疗健康数据管理和健康服务中心，建设一批互换式、候鸟式、旅居式养老联合体。大力发展居家社区养老，深化公办养老院转型升级，支持赣州养老服务体系建设。开通赣深（港）旅游专列和粤港澳大湾区旅游直通车，联合打造高铁旅游走廊，共同开发高铁和高速公路"一程多站"旅游产品。争取实施"144小时过境免签"政策。支持安远三百山创建国家AAAAA级景区，大余丫山、阳明湖等创建国家级旅游度假区。建设优质农产品供应基地。对接供粤港澳大湾区农产品标准，建立粤港澳大湾区"菜篮子"城际合作机制，对成功申报粤港澳大湾区"菜篮子"生产基地的经营主体给予优先支持。实施"富硒+"农业战略，推动设立国家富硒产品质量监督检验中心，培育赣南富硒蔬菜、赣南高山茶等区域公用品牌。支持创建重要农产品生产保护区、特色农产品优势区、农业可持续发展试验示范区和现代农业示范园等。推动与粤港澳大湾区农产品检测结果互认和生态补偿机制。支持建设粤港澳大湾区"菜篮子"配送中心和冷链物流中心。筑牢粤港澳大湾区生态屏障。支持建立东江流域上下游横向生态补偿长效机制，联合粤港澳大湾区开展"东江源"公益环保行动。建立林权交易中心和水权交易制度，支持赣州生态保护修复项目列入《全国重要生态系统保护和修复重大工程总体规划》，加大低质低效林改造力度。推进山水林田湖草生态保护修复试点，在符合地方政府债券发行条件的前提下，统筹债券资金用于文化教育、乡村振兴、休闲旅游、生态环保等相关项目建设。支持崇义开展生态产品价值实现机制试点，适时扩大到赣州市。

　　5）鼓励比照粤港澳大湾区先行先试。试行资格资质认证机制。比照粤港澳大湾区人才测评和技能鉴定标准，在合法合规的前提下，试行与粤港澳大湾区科研人员职称、律师从业资格等认证衔接机制。建立粤港澳大湾区审核资料认可机制，除有法律法规等明确规定外，对在粤港澳大湾区已审批或备案的企业主体资格材料仅做快速核验，不再要求企业重复审批或备案。对在广东取得高新技术企业资格并在有效期内整体迁移至赣州的，经向认定机构提交完成迁入相关证明材料后，其高新技术企业资格继续有效。创新跨省区公共服务衔接机制。加强与广东医疗资源交流互动，试行赣粤区域内就医一卡通、双向转诊等合作机制，实现跨区域异地医疗实时报销结算一体化。支持赣州市县医院与粤港澳大湾区三级医院建立对口帮扶关系，发展一批品牌医联体。推动粤港澳大湾区优质高校到赣州开展合作办学。

　　6）增强要素保障能力。赋予更大发展自主权。除法律、法规和规章规定不能下放或委托以及不具备下放条件的事项外，省级审批权限原则上均下放至赣州市。国家以及江西省在财税、金融、科技、开放型经济、生态文明、社会资本投资等领域的改革试点优先在赣州试点。加大资金支持。省级财政在安排转移支付资金时，加大对赣州支持力度，对赣州打造对接融入粤港澳大湾区桥头堡给予专项资金支持。省级财政对赣州国际陆港开行中欧班列、铁海联运"三同"班列给予重点支持。支持赣州国际陆港符合条件的货运枢纽（物流园）申报国家补助资金。加大产业发展类转移支付资金倾斜力度，支持赣州积极引进粤港澳大湾区电子信息和文化产业。省级财政对赣州新增地方政府债券予以倾斜支持，加大赣州市重点生态功能区转移支付力度。创新人才政策。人才政策和项目资源进一步向赣州倾斜，支持赣州定向从粤港澳大湾区柔性引才，打造对接粤港澳大湾区人才合作示范区。支持赣州人才申报国家重大人才计划，引导高层次人才到赣州工作。在落实省"双千计划""西部之光"访问学者、"远航工程"等人才工程和人才计划时，适当向赣州倾斜，争取中共中央组织部在博士服务团选派时向赣州倾斜。落实创新创业有关政策，引导符合赣州产业发展的人才到赣州高校、科研院所或企业兼职。支持赣州相关单位开展以增加知识价值为导向的分配政策试点。支持赣州加强人力资源服务产业园建设，并推动与粤港澳大湾区相关机构合作。支持建设国家级公共实训基地、高技能人才培养基地和职业技能竞赛集训基地，推动与粤港澳大湾区职业（技工）院校合作交流，探索建立高技能人才培养机制。强化金融支持。推动创建国家普惠金融改革试验区，大力发展绿色金融，加大对制造业尤其是先进制造业的金融支持。鼓励金融机构加大对赣州企业的信贷支持力度，支持发行园区建设、基础设施、物流、绿色等专项和企业债。综合运用大数据、区块链、云计算等技术，提升金融科技运用水平。支持粤港澳大湾区企业在赣州发起设立地方法人金融机构，引导粤港澳大湾区金融机构在赣州设立一级分支机构、后台服务中心。支持粤港澳大湾区与赣州合作设立股权投资基金、建设金融小镇。开展应收账款、仓单质押等在线供应链金融服务。保障用地供给。支持赣州市建设Ⅰ型大城市，加大省域副中心城市相关建设项目用地保障力度。每年下达赣州各县（市、区）新增用地计划，允许赣州市在依法合规的前提下统筹调剂使用。统筹江西省耕地占补平衡调剂库一定指标，支持赣州市对接粤港澳大湾区重大基础设施和产业项目建设。支持重大基础设施和引进的粤港澳大湾区产业转移项目纳入江西省重大项目调度会，优先安排省级新增建设用地预留计划。同时，落实耕地占补平衡，在省域内支持赣州市优先使用省级耕地占补平衡调剂库所属指标。

4. 江西内陆开放型经济试验区

为深入贯彻落实习近平同志在推动中部地区崛起工作座谈会上的重要讲话精神，按照党中央、国务院决策部署，支持江西高标准高质量建设内陆开放型经济试验区（以下简称试验区），形成内外联动、双向互济的全面开放新格局，制定本方案。

（1）战略定位。一是内陆双向高水平开放拓展区。充分利用江西独特的区位优势，对外主动融入共建"一带一路"，不断拓展对外开放新空间。探索与粤港澳大湾区、长三角地区和海峡西岸城市群的合作新模式，对接科技创新资源，形成交通互联、产业互补、要素互融、成果共享的协作关系。二是革命老区高质量发展重要示范区。显著改善赣南等原中央苏区的基础设施条件，打造国际协同创新创业合作平台、绿色发展投资贸易平台、省际开放合作示范区等功能性平台，推动革命老区更好融入国内外市场、发展特色产业等。三是中部地区崛起重要支撑区。加强与中部地区各省交流合作，探索实施适合内陆地区特点的开放政策和体制机制，创新省际合作模式，加强对话交流、协商重大事项、强化规划衔接，推动基础设施互联互通、公共服务共建共享，为新时代中部地区崛起提供有力支撑。

（2）功能布局。南昌都市圈重点打造成为对接长江经济带的先行区，赣南地区重点打造成为对接粤港澳大湾区的桥头堡，赣东北地区重点对接长三角地区和海峡西岸城市群，赣西地区重点对接长株潭城市群和成渝城市群，集中力量打造南昌、赣州、九江、上饶四大开放门户。

（3）主要任务。一是促进贸易和投资自由化、便利化。加快建设具有国际先进水平的国际贸易"单一窗口"，推动数据协同、简化和标准化，实现物流与监管等信息全流程采集和监管单位信息互换、监管互认、执法互助。深化现代农业、高新技术产业、现代服务业对外开放，引导外资更多投向航空、电子信息、中医药、装备制造、新能源、新材料、医疗、教育、旅游、文化等重点领域。二是降低综合物流成本。建设若干内陆无水港，与沿海港口实现无缝对接，将沿海港口管理体系和港口功能内移，支持开行内陆无水港至沿海港口的集装箱铁水联运班列，逐步缩小内陆企业与沿海企业进出口货物物流成本差距。三是承接境内外产业集群转移。探索高质量承接境内外产业转移新模式，创新推动与沿海地区和欧美国家的产业链合作，依托赣江新区、国家级开发区和发展水平较高的省级开发区，建设一批各具特色的集群式产业链合作园区和"飞地经济"园区，实施科研及孵化前台在沿海和境外、生产及转化后台在内陆的"双飞地"发展模式。四是支持老区与粤港澳大湾区产业合作。支持江西与粤港澳大湾区共建赣粤产业合作试验区，实施"省级领导、市为主体、独立运营"的跨区域合作与开发管理体制，以"区中园"方式推动粤港澳大湾区城市与赣南等原中央苏区产业合作，打造赣粤合作的标志性工程和先行示范平台。五是推进科技创新体制机制改革。开展知识产权运用和保护综合改革试验。鼓励沿海省份研发机构申请江西科学基金资助的研发项目，与江西科研院所合作承担重大科技攻关任务。主动对接全球创新资源，建立境外科技创新成果转移转化机制，开展"互联网+"新型协同创新合作，打造国际协同创新创业合作平台。推动建设京赣、沪赣、粤赣常态化创新合作平台，共建一批技术转移中心和科技服务中心。六是加强对外文化交流合作。以陶瓷作为对外文化交流的重要名片、重要符号和重要载体，高水平建设景德镇国家陶瓷文化保护传承创新基地，打造世界著名陶瓷文化旅游目的地、国际陶瓷文化交流交易中心，打造对外文化交流新平台，努力走出一条中华优秀传统文化通过不断对外开放促进传承创新发展的新路子。

（4）保障措施。一是建设开放通道。优化通道空间布局，加快构建以水陆空运输无缝对接、铁海江海多式联运和通关一体化为特征的现代集疏运体系。支持试验区建设向南对接粤港澳大湾区、向东对接长三角地区、向西对接长株潭城市群和成渝城市群、向北对接京津冀地区和新亚欧大陆桥的开放通道。二是打造开放平台。进一步提升各类开放平台的功能定位和作用，鼓励实现错位协调发展，促进各开放平台在政策要素、信息物流、产业发展上协同合作。加快南昌、赣州和九江综合保税区建设发展，支持江西井冈山出口加工区在条件具备时整合优化为综合保税区。尽快完善南昌航空口岸、九江水运口岸各项功能。鼓励现有各类指定口岸共用查验设施促进开放平台扩能提效。三是培育开放主体。加强外贸转型升级基地建设，延伸产业链，促进加工贸易向价值链中高端升级。激发市场主体活力，推动企业提高技术含量、提升产品质量、创建自主品牌、建立营销网络、提高自营出口比重。鼓励具备条件的企业进入关键零部件和系统集成制造等高端环节，培育国际合作竞争新优势。四是营造良好营商环境。科学配置行政资源，大力转变政府职能，深化"放管服"改革，探索建立与试验区建设相适应的行政管理体制。全面推进行政审批和行政服务标准化。调整完善省级管理权限，推动关联、相近类别审批事项全链条取消、下放或委托。实行建设项目联合验收，实现"一口受理""两验终验"。以大数据、云计算、区块链技术为支撑，建成"赣服通"升级版，打造全国"一网通办"标杆。开展营商环境试评价，以评促改、以评促优，补齐营商环境"短板"。进一步压缩企业开办时间，最大限度减少对企业正常生产经营活动的干预，完善市场主体退出通道，不断提升监管和服务水平。五是做强优势产业链。加强与国内外知名航空企业战略合作，加快发展航空整机、通用航空服务，建设重要的直升机和教练机研发制造基地。加强优质特色农产品资源与国内外精深加工龙头企业对接，打造绿色食品产业基地。大力发展远程医疗、中医养生保健、疗养康复、健身休闲等健康服务业，探索异地型养老、农家式养老、"智慧养老"等新型养老模式，打造一批健康养老基地。六是融入国内外价值链。支持试验区加强与粤港澳大湾区、长三角地区等产业合作，承接电子信息产业转移，深化在感知交互、虚拟现实应用等领域的国际合作，加快向高附加值环节延伸。深化基因工程等领域开放合作，逐步向优质仿制药制剂、原研药制剂等环节延伸。推进中药经典名方产业化，研制一批现代中药新品种。支持与粤港澳大湾区协同建设新能源产业集群，向新能源汽车研发制造环节延伸。

第三章　以创新推动新时代
赣南老区高质量发展

第一节　赣南老区高质量发展机制创新研究

创新是引领发展的第一动力。我国经济已由高速增长阶段转向高质量发展阶段，正处在转变发展方式、优化经济结构、转换增长动力的攻关期。与此同时，各个国家之间的综合国力竞争更加激烈，世界科技正处于群体性突破和加速化发展阶段。在这样的大背景下，完善创新机制，激发创新活力，对我国发展更具现实意义。习近平强调，要营造有利于创新创业创造的良好发展环境，不断增强我国在世界大变局中的影响力、竞争力。要坚持创新引领发展，改革创新科技研发和产业化应用机制，促进新旧动能接续转换。这些都为赣南老区完善创新机制、激发创新活力，推动经济高质量发展，指明了努力方向。

一、支持赣南等原中央苏区振兴发展部际联席会议制度

习近平同志指出，"赣南苏区是中央革命根据地的主体，为中国革命作出了重大贡献和巨大牺牲。由于种种原因，赣南苏区目前经济发展依然滞后，人民生活仍然比较困难。如何进一步帮助和支持赣南苏区发展，使这里与全国同步进入全面小康，使苏区人民过上富裕、幸福的生活，应当高度重视和深入研究"。

怀着对赣南老区的深情厚谊，国家各相关部委"翻箱倒柜、鼎力相助"，为赣州发展量身定做了一系列整体性、系统化扶持政策。

为深入贯彻落实《国务院关于支持赣南等原中央苏区振兴发展的若干意见》精神，2013 年，国家发展改革委牵头开展了支持赣南等原中央苏区振兴发展部际联席会议。联席会议召集人、副召集人、委托人、主持人一般为国家发展改革委重要领导干部。与会人员有江西省、福建省、广东省重要领导及中共中央组织部、工业和信息化部、人力资源和社会保障部等共 36 个联席会议成员单位的相关负责同志和办公室成员，国家发展改革委规划司、外资司、投资司、西部司、农经司等 10 个司局的有关负责同志参加会议。该会议通过相关省市领导人汇报前一年苏区振兴工作情况，着重讨论赣南等原中央苏区振兴发展中存在的问题，商讨解决对策，并规划下一年的工作部署。这一机制十分符合赣南等原中央苏区振兴发展的现实需要，是国家领导人重视苏区振兴发展的重要体现，有助于切实解决赣南苏区发展的现实问题。为加强统筹协调、推进高效落实，至今，国家发展改革委已牵头召开七次支持赣南等原中央苏区振兴发展部际联席会议。支持赣南等原中央苏区振兴发展部际联席会议简况如表 3-1 所示。

表 3-1 支持赣南等原中央苏区振兴发展部际联席会议简况

时间	会议名称	与会人员	会议主要内容
2020 年 11 月	支持赣南等原中央苏区振兴发展部际联席会议第七次会议	国家发展改革委副主任丛亮讲话，国家发展改革委副秘书长郭兰峰主持，江西时任省委副书记、赣州市委书记李炳军，江西省政府副省长殷美根，福建省政府副省长赵龙，广东省委常委、省政府常务副省长林克庆介绍情况，民政部党组成员、副部长高晓兵等出席	总结"十三五"时期赣南等原中央苏区振兴发展取得的成绩，谋划"十四五"时期支持赣南等原中央苏区振兴发展的思路举措
2019 年 3 月	支持赣南等原中央苏区振兴发展部际联席会议第六次会议	国家发展改革委主任何立峰出席，国家发展改革委副主任罗文主持会议并讲话，江西时任省委书记刘奇发言	围绕产业发展、基础设施建设、生态环保、改革开放、社会民生、人才教育六个方面
2018 年 1 月	支持赣南等原中央苏区振兴发展部际联席会议第五次会议	国家发展改革委副主任林念修主持会议并讲话；江西时任省委常委、赣州市委书记李炳军，时任省长吴晓军和广东省、福建省有关领导汇报工作；江西省发展改革委党组书记、主任，省赣湖办（苏办）主任张和平，以及省苏区办副主任赵鹏高、薛强、温俊杰等同志参加会议	加大改革创新和产业发展的支持力度，支持补齐基础设施、生态建设、人才培养建设等方面的短板，推进苏区加快发展，确保苏区与全国同步全面进入小康社会

续表

时间	会议名称	与会人员	会议主要内容
2016 年 12 月	支持赣南等原中央苏区振兴发展部际联席会议第四次会议	国家发展改革委主任徐绍史出席会议并讲话，联席会议副召集人、国家发展改革委副主任何立峰主持会议，江西时任省委书记鹿心社出席会议并讲话	围绕产业发展、金融发展、基础设施、生态环保、社会民生、人才培养六个方面事项进行了讨论
2015 年 12 月	支持赣南等原中央苏区振兴发展部际联席会议第三次会议	联席会议召集人、国家发展改革委主任徐绍史，江西省委书记强卫出席并讲话，联席会议副召集人、国家发展改革委副主任何立峰主持会议	"十三五规划"、基础设施、产业发展、改善民生、试点创新五个方面
2014 年 11 月	支持赣南等原中央苏区振兴发展部际联席会议第二次会议	国家发展改革委时任主任徐绍史、江西时任省委书记强卫出席并讲话，国家发展改革委副主任何立峰主持会议。江西省领导汇报有关情况。时任江西省发展改革委主任、省都湖办（苏区办）主任吴晓军，时任江西省发展改革委副主任、省都湖办（苏区办）常务副主任曾文明，时任江西省苏区办副主任谢宝河参加会议	一是优先解决突出民生问题，加快改善群众生活条件；二是加快推进基础设施建设，努力破解制约发展的瓶颈；三是培育壮大特色优势产业，推动产业结构优化升级；四是扩大对内对外开放，构建全方位开放合作新格局；五是深化体制机制改革，增强振兴发展的内生动力
2013 年 11 月	支持赣南等原中央苏区振兴发展部际联席会议第一次会议	受国家发展改革委时任主任徐绍史委托，联席会议副召集人、国家发展改革委时任副主任杜鹰主持会议，江西省、福建省、广东省及中共中央组织部、工业和信息化部、人力资源和社会保障部等共 36 个联席会议成员单位的相关负责同志和办公室成员出席会议，江西时任省委书记强卫应邀出席会议并讲话	围绕农村危旧土坯房改造、稀土等特色产业发展、产业园区建设、基础设施建设、人才培养、生态建设等重大事项进行讨论

资料来源：国家发展改革委组织召开支持赣南等原中央苏区振兴发展部际联席会议第七次会议［EB/OL］. https：//www.ndrc.gov.cn/fzzggw/wld/cl/lddt/202011/t20201112_1250271.html？code=&state=123；

支持赣南等原中央苏区振兴发展部际联席会议第六次会议在我委召开［EB/OL］. https：//www.ndrc.gov.cn/fzzggw/wld/lw/lddt/201903/t20190327_1168029.html？code=&state=123；

支持赣南等原中央苏区振兴发展部际联席会议第五次会议在北京举行［EB/OL］. https：//www.ndrc.gov.cn/fggz/jgbg/ywgz/201801/t20180131_1207575.html？code=&state=123；

支持赣南等原中央苏区振兴发展部际联席会议第四次会议在我委召开［EB/OL］. https：//www.ndrc.gov.cn/fzzggw/jgsj/dqs/sjdt/201612/t20161215_1051396.html？code=&state=123；

支持赣南等原中央苏区振兴发展部际联席会议第三次会议在我委召开［EB/OL］. https：//www.ndrc.gov.cn/fzzggw/jgsj/dqs/sjdt/201512/t20151222_1052193.html？code=&state=123；

江西省发展改革委主任吴晓军参加支持赣南等原中央苏区振兴发展部际联席会议第二次会议［EB/OL］. https：//www.ndrc.gov.cn/xwdt/dt/dfdt/201412/t20141202_989324.html？code=&state=123；

支持赣南等原中央苏区振兴发展部际联席会议第一次会议召开［EB/OL］. https：//www.ndrc.gov.cn/fzzggw/jgsj/dqs/sjdt/201311/t20131125_1056981.html？code=&state=123。

二、"40+36+19" 对口支援机制

（一）"40+36+19" 对口支援机制的构建

《国务院关于支持赣南等原中央苏区振兴发展的若干意见》出台后，2013年8月，国务院办公厅专门印发了《中央国家机关及有关单位对口支援赣南等原中央苏区实施方案》，明确建立了中央国家机关及有关单位对口支援政策机制；2018年起，新增中国工程院、中国科学院、中国农业大学对口支援赣州市，这样，参与其中的中央国家机关及有关单位达到40个，如表3-2所示。

表3-2　40个中央国家机关及有关单位对口支援赣州

受援县（市、区）	承担对口支援任务的中央国家机关及有关单位
章贡区（含赣州经济技术开发区）	中华人民共和国工业和信息化部、中华人民共和国公安部、国务院国有资产监督管理委员会
瑞金市	中华人民共和国财政部、原中国银行业监督管理委员会
南康市（现南康区）	中国证券监督管理委员会、中国民用航空局
赣县	中华人民共和国科学技术部、原中华人民共和国国土资源部
信丰县	原中华人民共和国农业部、国家能源局
大余县	原中华人民共和国国家新闻出版广电总局、原中华人民共和国国家安全生产监督管理总局
上犹县	中华人民共和国教育部、原中华人民共和国国务院法制办公室
崇义县	原中华人民共和国环境保护部、国家体育总局
安远县	中华人民共和国交通运输部、中华全国供销合作总社
龙南市	中华人民共和国海关总署、原中华人民共和国国家食品药品监督管理总局
定南县	原中华人民共和国保险监督管理委员会、国务院台湾事务办公室
全南县	中华人民共和国商务部、国家开发银行
宁都县	中华人民共和国人力资源和社会保障部、中华人民共和国水利部
于都县	原中华人民共和国国家卫生和计划生育委员会、原国家粮食局
兴国县	中华人民共和国民政部、国家烟草专卖局
会昌县	中华人民共和国审计署、原中华人民共和国国家质量监督检验检疫总局
寻乌县	中国共产党中央委员会宣传部、中华人民共和国国家统计局
石城县	中华人民共和国司法部、原国务院扶贫开发领导小组办公室

资料来源：中央国家机关及有关单位对口支援赣南等原中央苏区实施方案［EB/OL］．http://www.gov.cn/zhengce/content/2013-08/29/content_1236.htm，2013-08-29.

《中央国家机关及有关单位对口支援赣南等原中央苏区实施方案》明确指出，通过支援单位、江西省、相关设区市和受援地的共同努力，使受援地有效地解决突出的民生问题和制约发展的薄弱环节，干部人才队伍素质全面提升，基本生产生活条件明显改善，公共文化服务体系切实加强，特色优势产业加快发展，自我发展能力和可持续能力显著增强，为实现赣南等原中央苏区与全国同步全面建成小康社会目标提供重要支撑。中共中央组织部、国家发展改革委牵头中央国家机关及有关单位对口支援赣南，架起了中共中央和老区的"连心桥"，开通了国家相关部委与赣南的"直通车"。这些年，对口支援部委先后派出 212 批次调研组深入赣南调研，派出四批优秀干部深入赣南各县（市、区）、赣州经开区挂职帮扶，有力地促进了受援地发展。

　　同时，为进一步加大对赣南苏区的支持力度，发挥江西省内力量，形成工作合力，在 2013 年 10 月和 2016 年 7 月，省级层面分别明确建立了江西省直机关及有关单位、江西省内高等院校及科研机构对口支援政策机制。其中，明确自 2016~2020 年，组织 19 所江西省内高等院校及科研机构对口支援赣南等原中央苏区。

　　在党中央、国务院的关心关怀和国家相关部委的大力支持下，中共中央组织部、国家发展改革委等部委已按照新一轮对口支援结对关系先行安排了第四批对口支援挂职干部到赣南等原中央苏区挂职工作。江西省直机关及有关单位对口支援结对安排的明确，标志着江西省直机关及有关单位对口支援政策得到了有效延续，是赣州市争取苏区振兴重大政策延续的又一重大突破，充分体现了江西省委、省政府对赣南苏区振兴发展工作的高度重视和大力支持，对于进一步加大省级层面支持赣南等原中央苏区振兴发展工作力度，畅通中央对口支援单位与受援县（市、区）的沟通衔接，健全完善部、省、市、县四级联动机制，巩固提升对口支援工作成效，助力赣州革命老区高质量发展示范区建设将发挥积极作用。

　　2021 年 1 月，江西省赣南等原中央苏区振兴发展工作领导小组印发了《关于延续省内高等院校及科研机构对口支援赣南等原中央苏区的通知》，明确继续组织 19 所江西省内高等院校及科研机构对口支援赣州市 18 个县（市、区），赣州、龙南、瑞金经济技术开发区，赣州高新技术产业开发区和赣州综合保税区，支援期限为 2021~2030 年。赣州市 18 个县（市、区）对口支援部署，如表 3-3、表 3-4 所示。

表3-3　江西省36个省直机关及有关单位对口支援赣州

受援县（市、区）	承担支援任务的省直机关及有关单位
章贡区	江西省国有资产监督管理委员会、江西省药品监督管理局
瑞金市	江西省财政厅、江西省应急管理厅
南康区	中国证券监督管理委员会江西监管局、中国民用航空江西安全监督管理局
赣县	江西省科技厅、江西省自然资源厅
信丰县	江西省农业农村厅、江西省能源局
大余县	江西省广播电视局、江西省科学院
上犹县	江西省教育厅、江西省工商业联合会
崇义县	江西省生态环境厅、江西省体育局
安远县	江西省交通运输厅、江西省供销合作社联合社
龙南市	中华人民共和国南昌海关、江西省工业和信息化厅
定南县	中国银行保险监督管理委员会江西监管局、中国进出口银行江西省分行
全南县	江西省商务厅、国家开发银行江西省分行
宁都县	江西省人力资源和社会保障厅、江西省水利厅
于都县	江西省卫生健康委员会、江西省粮食和物资储备局
兴国县	江西省民政厅、江西省烟草专卖局
会昌县	江西省审计厅、江西省市场监督管理局（知识产权局）
寻乌县	中共江西省委宣传部、江西省统计局
石城县	江西省司法厅、原江西省扶贫办公室

表3-4　江西省19所高等院校及科研机构对口支援赣州

县（市、区）	省内高等院校及科研机构
章贡区	江西中医药大学
瑞金市	南昌大学
南康区	江西财经大学
赣县	江西省科学院
信丰县	江西农业大学
大余县	江西农业大学
上犹县	南昌理工学院
崇义县	赣南师范大学
安远县	江西师范大学
龙南市	华东交通大学

续表

县（市、区）	省内高等院校及科研机构
定南县	新余学院
全南县	南昌工学院
宁都县	江西警察学院
于都县	江西服装学院
兴国县	江西理工大学
会昌县	赣南医学院
寻乌县	南昌工程学院
石城县	江西省林业科学院
赣州经济技术开发区	江西理工大学
瑞金经济技术开发区	南昌大学
龙南经济技术开发区	华东交通大学
赣州高新技术产业开发区	南昌师范学院
赣州综合保税区	江西科技师范大学

资料来源：新时代赣南苏区振兴发展又一重大政策得到延续［EB/OL］．https：//www.ganzhou.gov.cn/zfxxgk/c101972/202101/600fe3816ea9478581e11d7ec29ed97c.shtml，2021-01-29.

江西省内高等院校及科研机构对口支援政策的明确，是争取苏区振兴重大政策的又一重大突破，标志着部省"1+2"对口支援政策体系得到全部延续（即中央国家机关及有关单位、江西省直机关及有关单位、江西省内高等院校及科研机构三项对口支援政策），形成了"40+36+19"的对口支援工作格局（即40个中央国家机关及有关单位、36个江西省直机关及有关单位、19所江西省内高等院校及科研机构对口支援赣州市）。

（二）中央国家机关及有关单位对口支援机制实施成效

按照党中央、国务院决策部署，2013年，中共中央组织部、国家发展改革委牵头，有关中央国家机关及单位启动实施了对口支援赣南等原中央苏区的工作。中央国家机关及有关单位先后选派四批挂职干部，出台对口支援工作计划或方案近200个，安排受援地项目约3900个，援助资金200余亿元，先行先试政策200余项，开展人才交流培训9.8万余人次，有力促进了赣南等原中央苏区的经济社会发展。[1]

---

[1] 中央国家机关对口支援赣南等原中央苏区成效显著［EB/OL］．https：//www.ndrc.gov.cn/fzggw/jgsj/zxs/sjdt/202003/t20200320_1223752.html？code=&state=123，2020-03-20.

对口支援挂职干部按照《国务院关于支持赣南等原中央苏区振兴发展的若干意见》和支持赣南等原中央苏区振兴发展部际联席会议的有关要求，充分发挥桥梁纽带作用，助力老区产业发展，提升老区振兴发展的内生动力。主要体现在以下三个方面：

（1）特色优势产业持续发展。挂职干部发挥熟悉政策优势，结合受援地经济社会发展需要，支持革命老区大力发展特色优势产业。"泰和乌鸡""会昌酱干""石城白莲"等多项江西特色农产品认定为国家地理标志保护产品。赣州南康区和赣州经济技术开发区分别命名为全国实木家具产业、全国稀土永磁及钨粉深加工产业知名品牌创建示范区。信丰县现代产业园认定为首批 20 个国家现代农业产业园之一。

（2）重点项目稳步实施。协调推动江西瑞金民用机场获国家批复立项。长赣高铁新增赣州北站，赣州区域性高铁枢纽加速形成。将大广高速吉安至龙南段扩容改造工程纳入"十三五"规划中期调整，将赣州港多式联运中心、瑞（金）兴（国）于（都）快速交通走廊、"三南"（龙南、定南、全南）快线项目纳入支持计划，确定赣州为商贸服务型国家物流枢纽。信丰火力发电厂获核准并开工建设。

（3）投资合作积极推进。挂职干部积极帮助受援地招商引资，拓展产品市场。推动在寻乌县建设"学习强国"学习平台用户服务中心，推动深圳市出台《深圳市与寻乌县支援合作工作方案》。协调推动中国人民保险集团股份有限公司等单位与定南县签订战略合作协议。帮助赣州经济技术开发区引进投资 200 亿元，名冠微电子（赣州）有限公司功率芯片项目落户赣州。

三、先行先试机制

在推进赣南等原中央苏区振兴发展过程中，赣州充分用足用好政策赋予的先行先试权，从 2012 年到 2015 年，扎实推进崇义、全南、宁都列为国家木材战略储备基地示范项目县和章贡区入选国家首批信息消费试点城市等 34 个试点示范事项。

2013 年 1 月，中华人民共和国文化部同意在赣州设立国家级客家文化（赣南）生态保护实验区。赣南人主动上下联动，积极争取国家层面扶持资金。仅当年，该实验区获得中央财政资金补助 300 万元。

2013 年 9 月，南康"全国实木家具知名品牌创建示范区"通过中华人民共和国国家质量监督检验检疫总局专家组验收。这一成果，是南康区坚持"质量赢得市场、品牌做强产业"的发展方向，围绕质量兴市和名牌战略，以发展经济为主线，创新品牌建设工作机制取得的。

2013 年 10 月，赣州被正式命名为国家公共文化服务体系示范区。在验收中，原中华人民共和国文化部、中华人民共和国财政部（以下简称财政部）的检查组认为，赣州市在创建示范区过程中，形成了一些反映赣州市公共文化服务体系建设的新成就，以及可供借鉴的经验和做法，创造了特色和亮点。

赣州正在积极打造改革创新的试验田、先行区，让赣南人早日过上幸福生活。以下是近几年的几个试点案例：

（一）跨境电子商务企业对企业出口监管试点

2020 年 6 月，中华人民共和国海关总署发布《关于开展跨境电子商务企业对企业出口监管试点的公告》，赣州综合保税区被列入试点，增列海关监管方式代码 "9710"，全称 "跨境电子商务企业对企业直接出口"，简称 "跨境电商B2B 直接出口"，适用于跨境电商 B2B 直接出口的货物。"9710" 新模式的实施进一步拓宽了跨境电商企业的出口通道，且报关方式更加简单便捷，有效降低了企业通关成本，提高了通关时效，有助于企业获取更多的国际订单。跨境电商作为对外贸易的一种新业态，在稳外贸方面发挥着重要的作用。

自赣州获批设立跨境电子商务综合试验区以来，作为跨境电商综试区的主要载体，赣州综合保税区积极做强运营主体，夯实载体建设，加强对外合作，拓宽要素保障，全力培育跨境电商产业发展，已先后开通跨境电商 1210、9710 模式。2021 年 5 月 14 日，由江西省赣州轩翼达电子商务有限公司通过跨境电商方式申报的空调压缩机、风扇等共六批次货物，顺利出口美国、墨西哥、法国等国家，标志着赣州综合保税区成功开通 "9710" 跨境电商 B2B 直接出口模式，这将有力推动赣州跨境电商产业发展壮大。

（二）赣州国际陆港开展汽车平行进口试点

2021 年 3 月，《赣州国际陆港开展汽车平行进口试点实施方案》在商务部完成备案，江西赣州即日起可开展平行车进口企业试点工作。这是赣州国际陆港获批汽车整车口岸后又一重大突破，江西省汽车进口产业迎来了更大发展机遇。赣州国际陆港在未来将推动汽车服务管理模式创新，不断完善汽车平行进口全产业链体系建设，增加平行进口汽车的市场竞争力，激发汽车消费市场活力，全面提升江西省对外开放水平。

（三）赣州市供应链创新与应用试点城市

为贯彻落实《国务院办公厅关于积极推进供应链创新与应用的指导意见》（国办发〔2017〕84 号）、《商务部等 8 部门关于公布全国供应链创新与应用试点城市和试点企业名单的通知》（商建函〔2018〕654 号）、《江西省人民政府办公厅关于积极推进供应链创新与应用的实施意见》（赣府厅发〔2018〕44 号）等文件精神，加快推进赣州市供应链创新与应用试点城市建设。

赣州市供应链创新与应用试点城市建设的重点工作从打造赣南特色现代农业供应链体系、打造现代制造供应链体系、打造现代流通供应链体系、打造现代金融供应链体系、打造绿色供应链体系、融入全球供应链体系等方面展开。通过加强组织领导、强化政策支持、建设供应链信用、监管服务和标准体系、强化人才培育和引进、发展行业组织来保障实施（见表3-5）。

表 3-5　赣州市供应链创新与应用试点城市建设实施方案主要内容

序号	名称	具体内容	负责部门
打造赣南特色现代农业供应链体系			
1	推进农业产业组织体系创新	以特色优势产业为重点，鼓励大型农产品企业采取股份制、合作制等形式，整合家庭农场、农民合作社、农业产业化龙头企业、农业社会化服务组织等资源，建立集农产品生产、加工、流通和服务等于一体的农业供应链体系	赣州市农业农村局、赣州市商务局
2	提高农业生产科学化水平	发展现代设施农业，引进和推广先进技术，提高农产品附加值。开展农业物联网技术应用，引导重点农业龙头企业、现代农业示范园区逐步应用物联网技术，提升农业生产智能化水平。发展农村电子商务，推进农村电商公共服务平台建设，逐步提高以农业信息技术应用为核心的农业信息化综合水平	赣州市农业农村局、赣州市商务局、赣州市科技局
3	构建现代农业全产业链	依托脐橙、蔬菜、油茶等重点农业产业，培育一批行业带动能力强的供应链领先企业。支持建设集成农产品生产交易各环节大数据、信息发布、生产加工、洽谈交易、产销对接、冷链仓储、物流配送、金融服务等功能的农业供应链平台。建设一批冷链物流园区、基地和中心，推动互联网与冷链物流行业融合发展，大力发展城乡高效配送，打通农产品进城、工业品下乡渠道	赣州市农业农村局、赣州市工业和信息化局、赣州市商务局、赣州市市场监督管理局、赣州市交通运输局
4	构建现代农业供应链追溯体系	建立基于供应链的重要产品质量安全追溯机制。重点引导赣州市绿色食品获证企业纳入追溯体系管理。建设农产品质量安全追溯供应链信息平台，构建来源可查、去向可追、责任可究的全链条可追溯体系	赣州市农业农村局、赣州市市场监督管理局、赣州市科技局、赣州海关

续表

序号	名称	具体内容	负责部门
打造现代制造供应链体系			
1	推进供应链协同制造	在稀土和钨新材料及应用、新能源汽车及配套、家具、电子信息、现代轻纺、生物医药等重点产业领域，鼓励龙头企业与上下游企业开展供应链对接合作。支持建设集成产品研发设计、生产制造、售后服务等功能的现代制造业供应链协同平台，推动供应链上下游企业实现协同采购、协同制造、协同物流，降低生产经营和交易成本	赣州市工业和信息化局、赣州市发展改革委、赣州市科技局、赣州市商务局
2	发展服务型制造	引进和培育一批综合实力强的服务型龙头制造企业、项目和平台，建设一批设计服务能力强、服务模式新的工业设计中心、示范基地。发展基于供应链的生产性服务业，提供制造服务链融合利用、服务价值链协同等公共服务，推动制造供应链向产业服务供应链转型。推动生产制造与服务贸易融合发展，提升制造产业价值链	赣州市工业和信息化局、赣州市发展改革委、赣州市科技局、赣州市商务局、中国人民银行赣州市中心支行、赣州银保监分局
3	促进制造供应链智慧化	支持物联网、云计算、大数据、人工智能等技术与制造技术融合，建设制造业智慧供应链平台。支持企业建设柔性制造系统，推动感知技术在制造供应链关键节点的应用，提高个性化定制、柔性化生产能力，优化改善供应链业务流程，促进全链条信息共享，实现供应链可视化。推进重点制造行业供应链体系的智能化，加快人机智能交互、工业机器人、智能工厂等技术和装备的应用，提高敏捷制造能力	赣州市工业和信息化局、赣州市大数据发展管理局、赣州市发展改革委、赣州市科技局、赣州市商务局
打造现代流通供应链体系			
1	提升物流通道保障能力	推进全国重要的区域性综合交通枢纽和区域性商贸物流中心建设。加快赣州黄金机场改扩建和航空口岸建设，打造四省九市区域性国际航空商贸快件中心。强化铁海联运建设，形成赣州市与沿海主要港口联结的铁海联运快速班列网络化格局。推动形成集货运集散、仓储配送、信息交易等功能于一体的货运枢纽，加快构建"集约化经营、信息化管理、网链式发展的新型"物流港"	赣州市交通运输局、赣州市商务局
2	推动流通业创新转型	深入实施"互联网+流通"行动计划，利用大数据、云计算、物联网、区块链等先进技术，加快传统商业改造。加快流通数字化、网络化、智能化进程，整合供应链资源，创新商业模式、共享商业资源，实现需求、库存和物流信息的实时共享。打造线上、线下相融合的供应链平台，延伸提供物流、结算、报关等供应链服务	赣州市商务局、赣州市发展改革委、赣州市工业和信息化局、赣州市大数据发展管理局、赣州市市场监督管理局

续表

序号	名称	具体内容	负责部门
3	推进流通与生产深度融合	支持流通与相关产业线上线下跨界融合，鼓励骨干流通企业联合生产企业建立多种形式的合作联盟与协同体系，发挥流通引导生产作用，构建研发、设计、采购、生产、物流和分销等一体化供应链协同平台，实现需求、库存和物流信息实时共享。深入推进内外销产品"同线同标同质"工程	赣州市商务局、赣州市发展改革委、赣州市工业和信息化局、赣州市市场监督管理局
4	提升供应链服务水平	大力培育新型供应链服务企业，推广"产业+互联网"发展模式，引导传统商贸企业、物流企业、外贸服务企业、信息咨询和科技服务企业等向供应链服务企业转型。推动建立供应链综合服务平台，提供采购执行、高效配送、分销执行、融资结算、报关等一体化服务，构建将物流、资金流、商流、信息流融于一体的生态链，助力相关产业发展	赣州市商务局、赣州市发展改革委、赣州市工业和信息化局、赣州海关
5	提升物流现代化水平	以赣州综合保税区、赣州国际陆港为核心，打造现代供应链枢纽核心区。支持建设智能化标准仓库，引进国内一流仓储运营企业，提升仓储运营水平。加快建设多式联运基础设施网络和公共信息服务平台，推动实现多式联运"一单制"服务，提升多式联运综合协同能力。支持智慧供应链园区建设，推动传统物流园区向现代供应链运营管理中心转型发展	赣州市交通运输局、赣州市商务局、赣州市发展改革委、赣州市大数据发展管理局、赣州经济技术开发区管理委员会、南康区政府、赣州综合保税区管理委员会
打造现代金融供应链体系			
1	推动供应链金融服务实体经济	运用互联网、云计算及区块链等技术，连接政府部门、金融机构和供应链金融领域各类主体，打造供应链金融核心平台。整合和共享供应链上中小微企业的数据信息资源，实现信息在线共享、产品在线服务、非标资产在线交易、政策发布及非现场监管等公共服务功能。支持供应链核心企业、供应链金融企业等通过供应链金融公共服务平台与中征应收账款融资服务平台实现对接	中国人民银行赣州市中心支行、赣州市发展改革委、赣州市工业和信息化局、赣州市大数据发展管理局、赣州市商务局、赣州银保监分局
2	激发供应链金融各类主体市场活力	鼓励金融机构依托供应链金融服务平台，通过融资推荐、交易信息共享、确认款项收付（或确认债权债务关系）、协助存货变现、强化供应链管理等方式，共同开发个性化、特色化供应链金融产品和服务。推动供应链核心企业商业信用体系建设，诚信履行商业合约，推广电子商业票据的使用。鼓励供应链金融服务机构利用物联网、区块链、大数据、人工智能等技术，实现供应链交易及信用生态的可视、可感、可控，为供应链金融赋能	中国人民银行赣州市中心支行、赣州市市场监督管理局、赣州市工业和信息化局、赣州市大数据发展管理局、赣州银保监分局

续表

序号	名称	具体内容	负责部门
打造绿色供应链体系			
1	大力倡导绿色制造	贯彻绿色发展理念，鼓励和引导工业企业走绿色发展道路，创建绿色工厂、绿色供应链企业。实施统一的绿色产品标准、认证、标识体系，积极扶植绿色产业，鼓励采购绿色产品和服务，行政机关和使用财政资金的其他组织应当优先采购和使用节能、节水、节材等环保产品、设备和设施，推动形成绿色制造和消费供应链体系	赣州市发展改革委、赣州市工业和信息化局、赣州市生态环境局、赣州市商务局、赣州市市场监督管理局
2	积极推行绿色流通	鼓励流通环节推广节能技术，使用新能源物流车，开发应用绿色环保包装材料，促进产品回收和再制造发展。培育一批绿色流通企业，引导流通企业扩大绿色商品采购和销售，推行绿色包装和绿色物流，推行绿色供应链环境管理。推动绿色仓储发展，建立绿色物流体系	赣州市商务局、赣州市发展改革委、赣州市生态环境局
3	建立逆向物流体系	鼓励建立基于供应链的废旧资源回收利用平台，大力发展废弃物回收物流，建立废料处理物流系统。加快建设再生资源回收基地、分拣加工中心、末端回收网点促进产品回收和再制造发展	赣州市发展改革委、赣州市工业和信息化局、赣州市交通运输局、赣州市商务局
融入全球供应链体系			
1	积极融入全球供应链网络	强化赣州和海西经济区、粤港澳大湾区的通道建设，稳定开行赣欧（亚）班列和赣州至香港货运直通车，提升班列数量和质量，推动班列与产业联动发展，打造高效便捷的国际货运走廊。深化新能源汽车、电子信息、现代家居、有色金属、生物制药等产业对外合作。鼓励本土企业开展跨境电商业务，设立境外研发中心、海外仓等，引进先进技术和企业管理经验	赣州市交通运输局、赣州市商务局、赣州市发展改革委
2	提高融入全球供应链安全水平	贯彻落实国家供应链安全计划，提升全球供应链风险防控能力。建立对外投资环境风险管理规范，引导企业利用两个市场两种资源，有效对冲和规避风险	赣州市发展改革委、赣州市商务局
保障措施			
1	加强组织领导	成立供应链创新与应用工作领导小组，由赣州市政府分管领导任组长，市商务局、市工业和信息化局、市发展改革委、市财政局、市交通运输局、市农业农村局、市政府金融工作办公室、市市场监督管理局、市生态环境局、中国人民银行赣州中心支行、赣州银保监分局为小组成员。领导小组办公室设在市商务局，负责日常协调、督查、考核、通报。各县（市、区）要建立相应工作机制，并出台具体落实意见	各县（市、区）部门

序号	名称	具体内容	负责部门
2	强化政策支持	研究出台市级支持供应链创新与发展的专项扶持政策。探索设立"供应链创新与应用发展基金",为企业开展供应链创新与应用提供融资支持。积极开展宣传推广,大力营造运用供应链思维和理念指导经济发展的良好氛围	赣州市商务局、赣州市财政局、赣州市工业和信息化局、赣州市政府金融工作办公室、赣州市发展改革委、赣州市税务局、赣州发展投资控股集团
3	建设供应链信用、监管服务和标准体系	完善"信用中国"(江西赣州)网站,健全政府部门信用信息共享机制,促进相关部门和行业之间公共数据资源互联互通,构建协同监管、联合惩戒的新机制。建立基于供应链的信用评价机制和行业信用评估标准。加强供应链风险管控,促进供应链行业健康发展	赣州市市场监督管理局、赣州市发展改革委、赣州市工业和信息化局、赣州市商务局
4	强化人才培育和引进	强化人才培育和引进。支持本地高校和职业技术院校开设供应链专业,鼓励相关企业、有资质的培训机构加强供应链人才培训、开办高级研修班。发展供应链专业咨询机构及智库。成立供应链专家委员会,鼓励引进供应链行业顶尖人才来赣州开展供应链创新与应用建设合作研究及技术工作	赣州市人力资源和社会保障局、赣州市教育局、赣州市商务局
5	发展行业组织	推进供应链行业组织建设,推动供应链行业组织加强行业研究、数据统计和业务交流,提供咨询、培训等服务	赣州市商务局、赣州市发展改革委、赣州市工业和信息化局、赣州市人力资源和社会保障局、赣州市行政审批局

四、建立厅级以上领导挂点联系重大项目机制

2021年5月,江西省赣州市"项目大会战"指挥部办公室(市发展改革委)印发《2021年度市厅级以上领导挂点联系重大项目安排》已实施。这是赣州市聚焦"三大战略"、突出"六大主攻方向",加快推进"项目大会战"推出的又一重要举措,旨在发挥以上率下、示范引领作用,牢固树立"项目为王"理念,坚定不移地推进项目建设,推动全市上下形成大抓项目、抓大项目的浓厚氛围。

赣州市厅级以上领导挂点联系重大项目采取"双挂制"。赣州市委、市人大常委会、市政府、市政协四套班子领导同志为重大项目"一对一"挂点领导,每位领导每年分别挂点联系1~3个重大项目,市政府副市长为分管领域重大项

目包干挂点领导。每个市领导挂点联系项目明确一个市直部门作为服务联络部门，负责项目服务联络，推动各项工作落实到位。项目所在县（市、区）承担项目推进主体责任，负责做好政策扶持、跟踪服务、要素保障等工作，确保挂点联系项目顺利实施。

根据安排，赣州市 119 个重大项目得到挂点联系帮扶。将坚持问题导向，"一对一"挂点领导坚持每月调度进展，及时协调问题，每季度开展"进现场、解难题、促进度"工作助推挂点联系项目每月有进展、每季度有变化。赣州市政府包干挂点领导要按照"包干到底"的要求，每月召开一次项目例会，调度推进分管领域重大项目。对涉及县（市、区）层面的问题，要督促县（市、区）政府限期解决；对涉及市级层面的问题，要协调市直有关部门认真研究、全力支持配合；对需要报请国家级、省级层面协调的重大问题，要主动对接、积极争取。同时，市直对口服务部门将及时梳理挂点项目存在的突出问题，建立工作台账，报挂点领导或"项目大会战"指挥部协调研究，并跟进议定事项落实。

将项目建设摆在突出位置。近年来，赣州市各地各有关部门各司其职、各负其责，加强协调联动，强化要素保障，优化提升审批服务效能，加快项目落地和建设。主要负责同志积极履行项目建设第一责任人职责，分管负责同志具体指导、靠前服务、现场协调。项目单位严格落实项目建设主体责任，在确保安全和质量的前提下倒排工期、抢抓进度，确保项目如期高质量建成。

五、跨省交流合作机制

（一）深圳、赣州两市工会主席联席会机制

2021 年 3 月，赣州市总工会组织人员赴深圳市学习考察工会工作，并与深圳市总工会举行合作签约仪式暨第一次深圳赣州两市主席联席会议。

深圳市总工会创造了很多引领性、开拓性、示范性的宝贵经验和做法，在职工劳动技能竞赛、职工维权服务、工会基层组织建设、智慧工会建设等许多方面都走在全国前列，非常值得学习借鉴。赣州是中国工会初心的主要发源地，红色资源丰富，两市工会交流合作空间广阔。在合作协议签署后，两市工会将紧密配合，找准工会服务区域协调发展的着力点和切入点，加强沟通对接，促进优势互补，实现合作共赢，在更高起点上谋划好"十四五"时期工会各项工作，全力打造区域工会紧密合作新样本，为深化泛珠三角区域合作贡献工会力量。

根据协议，深圳、赣州两地工会将在职工思想引领、劳模工匠学习交流、疗休养合作、智慧工会、培训交流等方面加强交流合作，建立两市工会主席联席会机制、工作信息通报机制等合作机制，创新推动两市工会工作。

（二）赣州、广州定期会晤交流机制

2021 年 5 月 26 日，江西省赣州市人民政府与广东省广州市人民政府签署深化战略合作协议，与国家知识产权局专利局专利审查协作广东中心签署战略合作框架协议。同时，赣州市行政审批局与广州市政务服务数据管理局签署政务服务"跨省通办"合作协议，赣州市城市投资集团有限责任公司与广州无线电集团签署战略合作框架协议。系列合作协议的签署，迈出了双方交流合作的新步伐，必将更好地推动赣州高质量跨越式发展。

2019 年 5 月，习近平在江西视察时指出，要充分利用毗邻长珠闽的区位优势，对接长三角、粤港澳大湾区，以大开放促进大发展。为进一步深化战略合作，促进共同发展，赣州市与广州市在 2017 年 6 月签订战略合作协议的基础上又签署了深化战略合作协议。根据协议，双方将深化开放平台合作，推动交通互联互通，共建产业合作试验区，加强重点产业合作、旅游合作，推进医疗养老合作、富硒农业产业合作，拓展金融领域合作，加强科技、经贸交流合作，强化干部培训与人才交流合作。同时，建立两市政府领导定期会晤交流机制，召开联席会议，共同研究重点合作事项，协调解决合作重大问题，并建立日常协调沟通联络机制。

第二节 赣南老区科技创新研究

一、科技创新的理念

（一）科技创新的定义

科技创新是原创性科学研究和技术创新的总称。原创性科学研究是提出新观点（包括新概念、新思想、新理论等）、新方法、新发现和新假设的科学研究活动，并涵盖开辟新的研究领域，以新的视角来重新认识已知事物等。原创性的科学研究与技术创新结合在一起，使人类知识系统不断丰富和完善，认识能力不断提高，产品不断更新。

科技创新涉及政府、企业、科研院所、高等院校、国际组织、中介服务机构、社会公众等多个主体，包括人才、资金、科技基础、知识产权、制度建设、创新氛围等多个要素，是各创新主体、创新要素交互复杂作用下的一种复杂涌现现象，是一类开放的复杂巨系统。

从技术进步与应用创新构成的技术创新双螺旋结构出发，进一步拓宽视野，技术创新的力量是来自科学研究与知识创新，来自专家和人民群众的广泛参与。信息技术引领的现代科技的发展以及经济全球化的进程，推动了管理创新，这既包括宏观管理层面上的创新——制度创新，也包括微观管理层面上的创新。现代科技引领的管理创新无疑是我们在这个时代创新的主旋律，也是科技创新体系的重要组成部分。知识创新、技术创新、现代科技引领的管理创新之间的协同互动共同演化形成了科技创新。

（二）科技创新所需环境

按照是否具有实体和刚性（可约略地理解为非人文的和人文的）将环境分为两大类：硬环境（由物质环境和刚性的管理体制及人员组成）和软环境（由人文环境、弹性的研究方向和评价体系组成），其中，物质环境的要素是校园房舍、仪器设备、经费薪给等组成，人文环境主要由科学和人文精神、国家政策制度、学术传统、学风和治学氛围组成。硬环境与软环境的相互渗透和融合程度，决定了人性物境（主要由人才和体制组成）和物性人境（主要由研究方向和评价体系组成），它们渗透融合得越多，人性物境和物性人境的范围就越大，成果的趋向和大小也越显著。影响科技创新的因素很多，而且由于时间、地点和具体情况的差异，环境和要素对于各个科技人员、科研机构或组织的创新过程所产生的影响起主要作用往往是不同的。

（三）科技创新的发展

当今之世，科技创新能力成为国家实力最关键的体现。在经济全球化时代，一个国家具有较强的科技创新能力，就能在世界产业分工链条中处于高端位置，就能创造激活国家经济的新产业，就能拥有重要的自主知识产权而引领社会的发展。总之，科技创新能力是当今社会活力的标志，是国家发展的关键节点，提高科技创新能力是一活百活的胜负手。

科技创新能力的形成是一个过程，需要一定的环境。如果人们自觉而明智地去塑造有利于科技创新的环境，就能激发科技创新的社会潜能，就能缩减从科技创新到产业运用的时间进程。学习各国在科技创新上的经验，无疑是提高上述自觉性的好方式。

从各国的经验来看，科技创新能力的形成有赖于以下三个因素：

（1）良好的文化环境。例如，有一种尊重知识、尊重人才的社会氛围，有热爱科学的社会风气，有百花齐放、百家争鸣、追求真理、实事求是的学术教养和规范，等等。没有一个良好的软环境，就很难形成科技创新能力生长的土壤。

（2）一个较强的基础条件。在科技创新的基础条件中，最重要的恐怕是教育体系。中国的传统教育体系偏重于知识传授，厚重有余，活力不足，在某种意义上不利于创造能力的形成。中国的教育在课程设置、教授方式、考评方式等方面均有诸多待兴待革之处。

（3）一种有效的制度支持。国家对自主科技创新的制度支持应是全面而有效的。例如，有效的项目评估和资金支持体系，有利于自主创新的政府采购制度，有明智的产业政策，有合理的知识产权制度，有利于科技创业的社会融资系统，等等。

在人类社会中，做成一件事的条件无非是人、财、物。在三个条件中，人是主体，是最活跃的因素。在科技创新中，人的因素第一，人才第一，体现得更为突出。一方面，人的因素并不仅指个人的才智，也包括人的社会组织水平；另一方面，有人而无财、物，便是英雄无用武之地，也是做不成事。因此，所谓科技创新的环境创造，就是让人、财、物能自然地结合、有效地结合，实现一种"人能尽其才，物能尽其用，货能畅其流"的和谐状态。

科技自主创新能力主要是指科技创新支撑经济社会科学发展的能力。近现代世界历史表明，科技创新是现代化的发动机，是一个国家的进步和发展最重要的因素之一。重大原始性科技创新及其引发的技术革命和进步成为产业革命的源头，科技创新能力强盛的国家在世界经济的发展中发挥着主导作用。一项新技术的诞生、发展和应用，最后转化为生产力，离不开观念的引导、支持和制度的保障，可以说，观念创新是建设创新型国家的基础，制度创新是建设创新型国家的保障；但发明一项新技术并转化为生产力，创造出新产品，占领市场取得经济效益，这是只有科技创新才能实现的。随着知识经济时代的到来和经济全球化的加速，国际竞争更加激烈，为了在竞争中赢得主动，依靠科技创新提升国家的综合国力和核心竞争力，建立国家创新体系，走创新型国家发展之路，成为世界许多国家政府的共同选择。综观当今世界创新型国家，它们的共同特征是，科技自主创新成为促进国家发展的主导战略，创新综合指数明显高于其他国家，科技进步贡献率都在70%以上，对外技术的依存度都在30%以下（我国的对外技术依存度达50%以上）。因此，科技自主创新方能体现出国家的创新能力，只有不断提升自主创新能力，才能使经济建设和社会发展不断迈上新的台阶，真正实现可持续发展。

二、赣南推动科技创新的政策和举措

近年来，赣州市积极实施创新驱动发展战略，科技创新"1+N"政策体系日臻完善。出台了《赣州市人民政府关于深化市级财政科技计划（专项、基金等）管理改革的实施意见》（赣市府发〔2016〕14号）、《赣州市人民政府关于大力推进科技协同创新的实施意见》（赣市府发〔2015〕6号）、《赣州市促进全市全社会研发投入快速增长的若干措施》、《赣州市5G发展工作方案》系列政策文件，从加大财政支持、强化企业技术创新、加强平台建设、推进知识产权能力建设等方面推动科技创新。

（一）《赣州市人民政府关于深化市级财政科技计划（专项、基金等）管理改革的实施意见》

2016年，《赣州市人民政府关于深化市级财政科技计划（专项、基金等）管理改革的实施意见》出台，深化市级财政科技计划（专项、基金等）管理改革，切实提高财政科技资金使用效益。

1. 总体目标

坚持改革创新、市场导向、规范透明原则，按照国家、江西省的部署，改革市级科技管理体制，统筹科技资源，加快构建总体布局合理、功能定位清晰、公开透明、监管有力的科技计划（专项、基金等）管理体系，实现科技资源配置合理化、决策流程科学化、项目管理规范化、经费使用绩效化，更加符合科技创新规律，更加聚焦赣州市创新发展的重大需求，更加高效配置科技资源，更加强化科技与经济紧密结合，最大限度地激发科研人员的积极性和创造性，推动大众创业、万众创新，充分发挥科技计划（专项、基金等）在赣州市科技创新中的支撑引领作用。

2. 具体措施

（1）建立公开统一的赣州市科技管理平台。建立健全统筹协调与决策机制。成立由赣州市科技局牵头，市财政局等相关部门参加的科技计划（专项、基金等）管理联席会议制度。依托专业机构管理项目。将现有具备条件的科研服务类事业单位等改造成规范化的项目管理专业机构，由专业机构通过统一的市科技管理信息系统受理项目申请，组织项目评审、立项、过程管理和结题验收等，对实现任务目标负责。完善科技计划统一管理机制。赣州市科技局会同有关部门加快建立完善统一的科技管理信息系统，将优化整合后的市级财政科技计划（专项、基金等）集中管理。

（2）优化整合科技计划（专项、基金等）。根据赣州市经济社会发展需求和科技创新规律，对接国家、江西省科技计划体系设置，将市级财政科技计划（专项、基金等）优化整合形成创新平台和人才计划、科技重大专项、技术创新引导专项（基金）、专利技术及科技成果转化计划、重点研发计划等五类科技计划（专项、基金等），全部纳入统一的市科技管理平台管理，分类指导。

1）创新平台和人才计划。以提升企业创新能力为重点，对赣州市科技局管理的重点实验室、工程技术研究中心、科技基础条件平台，赣州市发展改革委管理的工程实验室、工程研究中心，市工信委管理的企业技术中心等合理归并，完善评价机制。进一步优化布局，支持以企业为主体，联合高等院校、科研机构共建企业研发机构。支持各类科技园区、科技企业孵化器、众创空间、产业创新联盟、高新技术企业建设，促进科技资源开放共享。有效对接国家"创新人才推进计划"等国家、江西省重大人才工程，将市属相关部门管理的人才资金合理归并，加大高层次人才培养引进力度，支持创新人才和优秀团队的科研工作。

2）科技重大专项。围绕十大主导产业及战略性新兴产业，对接省级重大科技专项，凝练和主动设计一批科技重大专项，着力解决制约产业发展的重大关键核心技术问题，研究开发出一批技术先进、市场前景广阔、经济效益显著、产业带动性强的重大战略产品。科技重大专项按照"面向社会征集需求、部门遴选主动设计、专家论证实地考察"的方式运行。

3）技术创新引导专项（基金）。突出企业技术创新主体地位，充分发挥市场对技术研发方向、路线选择、要素价格、各类创新要素配置的导向作用。通过风险补偿、后补助、创投引导等方式发挥财政资金的杠杆作用，运用市场机制引导和支持技术创新活动，加快培育壮大科技型中小企业和行业领军企业，促进科技成果转移转化和资本化、产业化。

4）专利技术及科技成果转化计划。围绕战略性新兴产业和高端产业的发展需求，将赣州市科技局管理的产学研合作重点、专利及成果产业化等计划，以及市直相关部门管理的科技成果转化计划进行整合归并，凝练形成专利技术及科技成果转化计划，以协同创新为核心，开展重点攻关，加快具有自主知识产权的科技成果转化。

5）重点研发计划。聚焦事关产业核心竞争力、整体自主创新能力的共性关键技术和产品、产学研科技合作，以及事关国计民生的社会公益性研究，将市科技局管理的工业技术创新、农业技术研发、社会发展应用技术研究及集成、医疗卫生应用技术研究等计划，以及市直相关部门管理的技术研发计划进行整合归并，凝练形成重点研发计划，从应用基础、重大共性关键技术到应用示范进行全链条设计，一体化组织实施，着力培育和取得一批具有自主知识产权的重大成果，培育对接国家、江西省基础研究计划（自然科学基金）、重点研发计划的项目，为国民经济和社会发展主要领域提供持续性的支撑和引领。

（二）《赣州市人民政府关于大力推进科技协同创新的实施意见》

2015 年，《赣州市人民政府关于大力推进科技协同创新的实施意见》出台，结合赣州实际，就加强协同创新，提升企业创新能力，构建适应赣南苏区振兴发展需要的区域创新体系，充分发挥科技对经济社会发展的支撑引领作用，促进赣州市经济社会加快发展、转型发展、跨越发展。

1. 总体目标和主要目标

坚持创新为魂理念，以改革为动力，以加强协同创新，提升企业创新能力为核心，以促进科技与经济社会发展紧密结合为重点，深化科技体制机制改革，激发全社会创新活力；着力构建以企业为主体、市场为导向、产学研用紧密结合的技术创新体系，加强科技创新平台、团队、项目和基地建设，大幅提升科技创新对经济增长的贡献率，为加快推进赣南苏区振兴发展、实现与全国同步全面建成小康社会提供强大科技支撑。

2. 具体措施

（1）强化企业技术创新主体地位，促进科技与经济紧密结合。建立企业主导产业技术研发创新机制。充分发挥企业在产业技术研发创新决策、研发投入、研发组织和成果转化中的主体作用，促进科技与经济紧密结合，加快建立以企业为主体、市场为导向、成果转化为重点，产学研用紧密结合的技术创新体系。对在市注册纳税的企业和市属、驻市高校院所获得且在赣州市实现成果转化的国家科技重大专项项目，给予国家拨款 25%、最高 300 万元配套资助；国家高技术研究发展计划（863）、科技支撑计划等国家重点研发计划，给予国家拨款额 20%、最高 200 万元配套资助。

1）加强企业科技创新能力建设。按照有技术人员、固定场所、研发经费、科研设备、现代管理制度、具体研发方向的要求，有序、规范、大力推进企业研发机构建设。鼓励和支持赣州市龙头骨干企业与重点科研院所、高校共同设立研发机构和技术转移机构；支持具备条件的研发机构申报组建省级、国家级科技创新平台。重点抓好国家离子型稀土资源高效开发利用工程技术研究中心、国家脐橙工程技术研究中心建设。对在赣州市注册落户，新批准立项建设的国家工程（技术）研究中心、重点（工程）实验室，给予一次性奖励 300 万元；通过国家验收并考核优秀的，给予一次性奖励 150 万元；对批准立项建设或新认定的省部级上述机构，给予一次性奖励 20 万元。

2）培育发展科技型企业。支持科技型中小企业在高新技术领域加强产品开发和成果转化，激发中小企业创新活力，壮大一批技术创新的领军企业。对新认定的国家级、省级创新企业，国家级、省级创新型试点企业，高新技术企业，研发投入年增长 30%、占销售收入 3.5% 以上的规模以上工业企业和农业产业化龙头企业，三年内对其研发投入采取"后补助"的方式给予一定补助。

（2）加强协同创新平台建设，提高区域创新能力。建设多层次创新创业平台。按照建设国家高新区的规划要求和发展目标，积极推动赣州高新技术产业开发区以升促建，转型升级，实现赣州高新技术产业开发区发展由生产要素驱动向创新要素驱动转变。健全高新区管委会机构设置，完善适合高新区特点的管理体制和工作机制。赣州、龙南、瑞金国家级经济技术开发区、赣州综合保税区、赣州高新技术产业开发区、各县（市、区）工业园区要根据自身产业特色和技术需求进行区域创新要素合理布局和创新体系建设。对获批准的国家级高新区给予一次性奖励 1000 万元，专项用于园区建设，并给予以上科技创新经费每年 500 万元，科技创新经费用于支持园区创新平台、团队建设和科技攻关、成果转化；对获批准的省级高新区给予一次性奖励 100 万元，专项用于园区公共技术服务平台建设。对新认定以自主创新为主题的国家级、省级高新技术产业化基地，分别给予所在县（市、区）政府一次性资助 50 万元、20 万元，专项用于基地公共技术服务平台建设。对新认定的国家级、省级科技企业孵化器，分别给予一次性资助 50 万元、20 万元。对来赣州市落户的行业骨干企业将研发总部迁入该市，两年内对其研发投入采取"后补助"的方式给予一定补助。

1）建立科技资源开放共享机制。鼓励企业联合高校院所组建技术研发平台和产业技术创新战略联盟。创新科技资源管理模式，完善科研资源开放共享机制，促进科技资源的有效利用。对围绕赣州市特色优势产业发展，以企业为主体，联合高校院所等新组建的国家级、省级产业技术创新战略联盟，分别给予一次性资助 50 万元、30 万元，支持联盟攻克制约赣州市产业发展的关键技术、核心技术和共性技术。对在赣州市注册、纳税的企业，在从事科技研发活动中使用、共享本区域内企事业单位的大型科学仪器设备而发生的分析测试费用，按实际应收分析测试费用予以补贴 20%。

2）增强高校、科研机构服务经济社会发展能力。引导赣州市属、驻赣州市高校院所联合市内外高校院所，通过有效整合人才、技术、项目等创新要素，开展高新技术应用研究及技术转移和成果转化。经市科技主管部门登记备案的国内外高校院所科技成果，由企业购买或高校院所自行在赣州市首次实现产业化，且其转化产品一年内销售收入在 100 万元以上的，一年内对其科技成果购买或研发投入，采取"后补助"方式给予一定补助。高校院所、留学回国科技人员携带具有发明专利和市场前景的科技成果来赣州市创办企业，当年注册且一年内有销售收入的，对其发明专利和科技成果研发投入，采用"后补助"方式给予一定补助。鼓励高校毕业生来赣州市进行科技创新创业，对科技创新类产品开发给予一定资助。

（3）加强重点领域创新，促进战略性新兴产业发展壮大和传统产业转型升级。大力培育和发展战略性新兴产业。围绕钨和稀土新材料、节能环保、新能源汽车及其关键零部件、铜铝有色金属、生物医药、高端装备制造、脐橙等战略性新兴产业和特色优势产业需求，有针对性地组织实施一批科技攻关重点项目，鼓励符合条件的龙头骨干企业为主体，联合省内外企业、高校院所等各类优势科技资源申报组建省级科技协同创新体，集中优势力量进行协同攻关，突破和掌握一批核心关键技术，开发一批拥有自主知识产权和自主品牌的高端产品，着力推进科技与产业融合，做大做强战略性新兴产业和特色优势产业。

推进传统产业优化升级。采取以奖代补、贷款贴息、创业投资引导等多种方式，支持传统型企业承接和采用新技术、新工艺、新产品，开展新技术、新产品的研发应用。市县企业技术改造专项资金要向传统型企业承接的科技成果转化项目倾斜；对传统优势产业改造提升的共性技术需求，相关部门要组织进行科技攻关；按照创新型企业建设的条件和要求，引导传统型企业创新升级。

（4）深入实施知识产权战略，推进知识产权能力建设。鼓励发明创造。强化科技创新的知识产权导向，促进创新成果向知识产权转变、知识产权向现实生产力转变。鼓励企业参与制定国际标准、国家标准、行业标准。对主持制定国际标准、国家标准、行业标准的企业，分别给予一次性奖励 50 万元、30 万元、20 万元；对参与制定国际标准、国家标准、行业标准的企业（排名前三位），分别给予一次性奖励 20 万元、10 万元、5 万元。同一企业，该项奖励额度累计不超过 200 万元。加大重大科技成果奖励力度。对在赣州市注册纳税的企业获得国家科学技术一等奖、二等奖的，分别奖励创新团队 50 万元、30 万元；获得省科学技术一等奖、二等奖的，分别奖励创新团队 10 万元、5 万元。

（5）大力培育和引进高端人才，为科技创新提供智力支持。完善人才发展机制。有效对接国家"创新人才推进计划"等国家、省重大人才工程，加大高层次人才培养引进力度，不断完善吸引高层次人才来赣州市创新创业的政策体系。鼓励技术要素参与收益分配。企业可采取股权奖励、股权出售、股票期权、岗位分红、项目收益分红等形式，激发科技人员的积极性和创造性。鼓励企业对在技术创新中做出重大贡献的科技人员给予重奖。加大创新投入，建立健全科技金融服务体系。打造支持科技创新的金融服务链。促进科技与金融深度融合，整合各类科技投融资服务资源，创新金融服务科技的方式和途径，引导银行、证券、保险、信托、基金、担保等机构广泛开展适应协同创新需求的金融创新。全面落实科技创新税收激励政策。抓好企业研发费用税前加计扣除、研发设备加速折旧税收优惠等政策的落实工作；加大科技成果转化的股权和期权激励、奖励等力度；落实新技术、新产品应用的需求引导政策，采取有效形式，进一步调动企业加大研发投入的积极性。落实政府采购扶持政策。落实政府采购预算安排科技型中小企业比例不低于30%，对科技型中小微企业产品价格给予6%～10%的扣除，用扣除后价格参与评审等政策优惠，积极推动政府采购科技型中小企业产品和服务。加大财政科技创新资金投入。加大财政科技投入，充分发挥财政资金的引导作用，增强政府投入调动全社会科技资源配置的能力，引导企业和全社会的科技投入，加快形成多元化、多层次、多渠道的科技投入体系。

（三）《赣州市促进全市全社会研发投入快速增长的若干措施》

为切实贯彻落实《赣州市加大全社会研发投入攻坚行动实施方案》（赣市府办字〔2017〕151号）精神，促进全市研发投入快速增长，确保实现"2020年，全市全社会研发投入经费占国内生产总值比重达到2%，规模以上工业企业研发经费支出占主营业务收入比重力争达到1.5%"的目标，2018年，《赣州市促进全市全社会研发投入快速增长的若干措施》出台，具体有以下九项措施：

（1）发挥财政科技资金的引导作用。建立市、县财政科技投入逐年稳定增长机制，鼓励有条件的县（市、区）出台科技创新券等科技经费后补助措施。

（2）加强政策落实与衔接。加大科技政策宣传力度，促进企业研发费用税前加计扣除、高新技术企业税收优惠、固定资产加速折旧、创新型成长型"两型"企业加快发展等优惠政策落实落地，确保"应享尽享"。

（3）拓展科技金融。深入开展"科贷通"、专利质押、科技创新代金券、科技创业投资引导基金融资等工作。设立赣州银行科技支行，为高科技企业提供便捷融资服务，支持创新创业。

（4）激励创新型企业。市财政对研发投入力度大的规模以上工业企业实行后补助。对年度研发经费支出总量位居全市前10名，且增幅达到10%的企业，给予20万元的补助；对年度研发经费支出总量位居全市11～30名，且增幅达到15%的企业，给予10万元的补助；对年度研发经费支出增幅居全市前10名，且研发经费支出达到500万元的企业，给予20万元的补助。

（5）加大高新技术企业和科技型中小企业奖励力度。对新认定的高新技术企业，由市财政给予研发投入的20%、最高20万元的一次性补助；对新认定的科技型中小企业，由市财政一次性补助5万元。

（6）进一步深化校地科技合作。鼓励有条件的县（市、区）与科研院所、高校加强合作，积极发展校企联盟，广泛推进企业与高校院所建立稳定的产学研合作关系和共建研发机构，依托园区和龙头企业建立科技服务工作站和试验示范站（基地）。

（7）加强帮扶服务。将加大研发投入作为市、县两级领导挂点联系园区和企业活动的重要工作内容，建立帮扶责任清单制度。科技和统计部门要实行重点企业及高新技术企业一对一服务，及时跟踪企业创新活动情况，帮助指导建立规范的研发管理制度、统计填报制度和研发台账，做到应统尽统、应报尽报。

（8）加强动态监测。建立企业研发投入动态信息监测机制，对列入动态监测的规上企业安排专人负责企业研发投入统计、上报工作，各县（市、区）科技局、统计局做好所属区域内列入动态监测的规上企业数据审核、上报工作，采取有效措施，建立研发投入辅助台账，确保数据及时准确。

（9）明确责任齐抓共管。科技部门牵头协调，负责落实培训指导和组织企业开展科研、汇总上报；财政部门负责落实财政科技投入政策；统计部门负责研发投入台账的归集；税务部门负责研发费用加计扣除政策的落实。

（四）《赣州市5G发展工作方案》

为深入贯彻《江西省人民政府关于印发江西省5G发展规划（2019—2023年）的通知》《加快推进5G发展的若干措施》《关于印发加快5G产业发展行动计划（2019—2021年）的通知》等文件精神，加快5G网络建设，加强5G产业培育，积极打造5G应用示范城市，助力革命老区高质量发展示范区建设，2019年，该市制订《赣州市5G发展工作方案》，具体有以下五项措施：

（1）积极争取上级支持。利用中央继续支持赣南原中央苏区振兴发展的有利时机，争取国家发展改革委、工业和信息化部等上级部门对赣州市5G等通信基础设施建设的支持，支持赣州率先达到 5G 规模商用要求。各通信运营商要积极争取省公司及集团公司的支持，在 5G 建设、应用和资金等方面对赣州予以倾斜，争取将赣州市列为集团公司 5G 业务创新试点城市，推动赣州 5G 应用加速发展。

（2）加快网络部署。加快 5G 网络规模部署，在选定的应用示范区域内建设 5G 基站和配套网络，加快推进中心城区、重点产业园区、高校等区域 5G 网络深度覆盖，满足不同区域、不同场景下的差异化应用需求，建成 5G 高品质体验区和先行区。在网络站址规划、网络报建手续、公共建筑设施、杆塔资源共享、基站电力保障、现有网络资源等方面均制定具体措施和规划。

（3）夯实平台建设。首先是推动政务数据共享。立足省、市、县一体化数据共享开放体系格局，依托赣州市政务数据交换共享平台和政务数据库，推进市、县政务服务数据资源整合、共享，推动赣州市政务数据共享交换体系向下延伸，为 5G 政务应用提供政务数据支撑。其次是加强与华为、中兴等国内 IT 行业龙头企业合作，开展 5G 应用实验。再次是积极促进中国电信 5G 物联网创新中心、中国移动江西 5G 联合创新实验室应用成果在赣州落地。最后是打造 5G 产业交流合作平台，支持江西信丰 5G 产业研究院、国家级和省级 5G 创新中心、工程研究中心、重点实验室等创新平台建设。

（4）加大应用示范。支持章贡区、赣州蓉江新区、信丰县 5G 示范应用先行先试，开展 5G 网络及应用示范项目建设，重点推动 5G 在智慧城市、数字产业、文化创意等方面的试点示范应用。推进各县（市、区）结合区域特色，开展 5G 创新应用，并进行集中成果展示。全方面推动"5G+"发展：5G+文化旅游、5G+工业互联网、5G+无人机、自动驾驶、"5G+VR"示范应用 5G+医疗、5G+农业、5G+教育、5G+智慧城市。

（5）加强产业培育。结合赣粤电子信息产业带建设，依托电子元器件、智能终端等产业基础，以电子元器件、通信设备等细分行业为基础，重点布局传感器、智能终端、基础元器件及软件和信息服务业。打造信丰县、龙南县 5G 产业园等专业园区，力争培育 2~4 家 5G 智能硬件、5G 核心元器件等龙头企业。发展 5G 软件服务产业，推动大数据、云计算、人工智能在数字经济各领域、各环节的广泛应用，不断提升 5G 时代数据资产的综合应用水平。扶持孵化一批赣州本土 5G 产业链相关企业。加大对现有已落户赣州的 5G 产业关联企业的扶持力度，加快推动 5G 产业项目建设，尽快发挥 5G 产业项目经济效益和示范带动效应。瞄准国内外技术领先、产品竞争力强、发展前景好的知名企业，主动上门对接,强化精准招商,力争引进1~2家与5G产业链深度融合的重点企业落户。利用省级工业转型资金,支持信息产业发展基础较好的园区建设5G产业基地,优先保障基地内用地指标、能源、通信、标准厂房等基础配套。打造5G应用创新中心与人才服务中心,促进人才合理流动与人才资源优化配置,鼓励企业、团队、个人参与5G创新应用的研发与推广,举办5G创新应用比赛,发掘一批5G创新创业团队。

第三节 以科技创新促进赣南老区高质量发展

一、依托科技创新平台促进赣南老区高质量发展

创新离不开平台,平台可实现科技创新要素的集聚与共享。平台对科技创新要素的集聚能力不仅体现在对于资源的集聚,也以良好的创新设施和环境条件等吸引、稳定、培养了一大批高层次人才。平台内多个彼此相关又拥有独立经济利益的主体整合为一个系统,可以共享创新资源及创新成果,获得整体大于局部之和的结果,实现由"点对点"到"边对边"的协作跨越。此外,平台的建设使得创新资源的配置更加优化、使用更加高效。根据不同地区产业特色和资源优势,针对产业发展面临的关键、共性技术难题等建立各利益相关者共享的创新平台可以有效避免创新资源的重复配置,提高创新资源的对接效率。依托科技创新平台,是赣南老区高质量发展的重要驱动力。

(一)赣州科技创新平台建设现状

赣州市科技创新平台分为三种类型:一是以赣州国际企业中心等为代表的综合类创新平台;二是以中国赣南脐橙产业园(农夫山泉信丰脐橙工业旅游区)、南康区共享智能备料中心为代表的行业类创新平台;三是以江西荧光磁业为代表的企业类技术创新平台。

1. 综合类创新平台

综合类创新平台主要是为中小企业创新创业、开展研发提供基础设施,同时为企业发展搭建服务平台,开展法律、管理、知识产权等方面的咨询和代理服务,提供保障条件,是促进科技成果转化、孵化高新技术项目、引进和培训高科技人才,转移转化高校和科研院所科技成果的重要基地。具体体现在以下六个方面:

（1）赣州国际企业中心。赣州国际企业中心由江西恒科东方实业有限公司投资 15 亿元建设，面向总部经济、科技型企业、服务外包、文化创意、金融服务、酒店式公寓、法律服务、设计咨询、信息服务、科技孵化等现代服务领域。该中心于 2014 年底正式运营，是赣州市首批国家级科技企业孵化器，创业办公环境十分优越，是集科技孵化企业、服务外包企业、高端配套产业及都市型企业、区域性中小企业总部基地、文化创意等现代服务业于一体的综合型产业园区。运营以来已孵化企业 100 余家，吸引了无数青年到此创业就业。

赣州国际企业中心秉持"小资源、大产出"的总部型经济理念，计划引进 500 家企业入园办公，不同类型、不同发展阶段的企业集聚在园区创业发展，在产生税收效应的同时，将带来大量高管和核心技术岗位就业，对创业就业及延伸产业带动能力强。自园区运营以来，入驻企业达 516 家。作为赣州首个集"产、学、研"于一体的总部经济产业园，园区以培育中小企业为核心先导，依托具有独立知识产权的"云科技共享中心"，致力于建设一个现代化、国际化、创新型、生态型的总部经济产业园，按照"全国青年创业示范园区"的软硬件标准，目前已获得"国家级科技企业孵化器""国家级众创空间""国家小型微型企业创业创新示范基地""国家高新技术企业""江西省青年创业基地""江西省知识产权（专利）孵化中心"等荣誉称号，该中心员工创新创业服务站入选全省首批四个"江西省职工创新创业服务站"之一。

园区以双生态园区推动总部企业集聚、为大学生创业就业搭建平台、助推中小企业创业、持续提升税收贡献效应和科技成果转化。园区汇聚了多家具有代表性科技型企业、金融企业、电商企业共同发展。

（2）科技型企业——慧通力合信息技术、九维科技。

1）慧通力合信息技术。江西慧通力合信息技术有限公司于 2015 年 12 月成立，该公司致力于教育信息化服务，积极推动信息技术与教育融合创新发展，为学校、教育管理部门、政府、企业教育信息化规划、建设、运营、培训、研究提供服务。

公司成立以来，凭着对教育信息化的深刻理解和创新定位，结合自身强大的研发能力和多年客户服务经验，积极整合国内外品牌产品资源，先后为赣南 18 个区县及江西吉安、福建龙岩地区提供了深入的教育信息化服务，提升了这些区域的教育信息化应用水平，拓展了教育信息化应用的广度与深度。

该公司的企业宗旨是"以教育需求为导向，以信息技术为基础，提供最佳教育信息化解决方案和服务"和"企业信用"；"前瞻、专业、务实、高效"是其企业文化的核心。公司吸纳了北京、上海、广州、深圳的众多高端人才进入公司，初步形成了年龄结构合理、知识搭配合理、创新高效的人才团队。

2）九维科技。九维科技创立于 2016 年，是一家集 3D 打印、人工智能（无人机、机器人、VR、AR）技术研发及相关产品销售于一体的高新技术企业。主要服务于教育、医疗、文化创意、工业等行业，为各级各类学校提供创客教育实验室的个性定制、组织实施课外实践活动、科技研学等服务，致力于面向广大青少年的创新教育，着重提高青少年的创新意识、科技素养、动手能力。

怀抱全面推动青少年 3D 打印创客教育普及的梦想，在大众创业、万众创新的时代大潮之下，九维科技为有志培养少年创客、科学先锋的中小学校提供了完备的 3D 打印创新教育解决方案，包含校园创客工作室建设、校园 3D 打印实验室建设、校园 3D 打印创客社团/兴趣组的组织与建设、校园 3D 打印课外教育等多方面内容，提供全面而强大的设备、师资力量支持及完善的配套软性服务体系，助力中小学校在短时间内发展成专业性强、教学特色明显、学生兴趣度高的科技创新示范校。同时，九维科技还在赣州积极承办"3D 打印造型师"考试认证和技能鉴定，以及各类区、市级青少年 3D 打印创意智造大赛、科技创新大赛，加快培养特长学生参加省、国家乃至国际大赛，获得荣誉。

（3）金融企业——趣店、品钛。

1）趣店。趣店是面向五亿非信用卡人群的金融科技公司。趣店集团成立于2014 年 3 月，前身为"趣分期"。趣店集团依托统一且独特的风控和大数据体系，同时与国内多家第三方大数据平台合作，能够从多维度、全方位视角识别用户信息。

2016 年 12 月，趣店集团成立赣州快乐生活网络小额贷款有限公司。公司经营范围包括以下内容：通过网络平台开展线上小额贷款业务、在赣州经济技术开发区及其赣州市内周边县域开展线下小额贷款业务、财务顾问业务以及经赣州市政府金融工作办公室批准的其他业务；电信增值业务（除互联网信息服务，凭有效许可证经营，不得违规从事金融活动）等。

2）品钛。品钛（赣州）科技有限公司于 2018 年 12 月 24 日成立。公司经营范围包括以下内容：计算机领域内的技术开发、技术推广、技术转让、技术咨询、技术服务；计算机系统集成服务；计算机软件开发；数据处理；教育信息咨询（不含自营培训、教育业务及出国留学咨询、中介等项目）；经济信息咨询、企业管理咨询（以上两项金融、证券、期货、保险等国家专项规定的除外）；企业形象策划；会务服务；日用百货、电子产品、通信设备、家用电器、计算机软硬件及辅助设备、五金交电、化妆品、钟表、服装、鞋帽、箱包、珠宝首饰、工

艺品、文化用品、体育用品、纺织品、机械设备（不含特种设备）的销售（含
网上销售）；预包装食品兼散装食品销售（凭有效许可证经营）；自营和代理各
类商品和技术的进出口业务（实行国有贸易的货物除外）；自有资金投资的资
产管理服务；项目管理；股权投资；以自有资金从事投资活动（以上项目不得
从事吸收存款、集资收款、受托贷款、发放贷款等国家金融、证券、期货及财
政信用业务）等。

（4）电商企业——最惠购。赣州市最惠购网络科技有限公司成立于 2018 年
8 月 7 日。经营范围包括医疗器械批发、零售（凭有效许可证经营）；互联网信
息技术服务（金融、证券、期货、贵金属、保险等国家有专项规定的除外）；日
用品、服装、鞋帽、化妆品、体育用品（不含弩）、箱包、钟表、珠宝首饰、水
果、预包装食品、散装食品批发兼零售等。

（5）启迪（赣州）科技城。启迪（赣州）科技城是启迪控股与江西省、赣
州市战略合作落地的重大项目。项目位于赣州市蓉江新区科技创新中心，规划用
地约 330 亩，总投资额约 25 亿元。规划建设：主体功能区（科技园区）、配套功
能区（科技智能社区）、文化艺术商业区（拟引入深圳书城文化 MALL）三大板
块。启迪（赣州）科技城将秉承赣州市蓉江新区建设国际花园城市的目标，高
规范、高起点、高配置规划建设，打造"园区""社区""校区"三区合一，引
领科技创新、聚集高端产业、体现绿色生态的综合高新技术产业高地，成为立足
赣州，辐射粤港澳大湾区、海西经济区的科技产业发展的重点区，以及推动赣州
区域自主创新、产业升级的重要科技创新平台。

启迪（赣州）科技城采用"一轴、三区、多组团"多维布局，依托清华大
学雄厚的科研技术与优势，以数字产业、新材料产业为两大主导产业，结合区域
优势、科教资源，完善赣州数字、新材料产业链，打造呵护全生命周期企业成长
的科创平台，未来将成为科技型企业、高新技术企业、各类研发机构及实验室、
总部企业的聚集地。数字产业是指以信息为加工对象、以数字技术为加工手段、
以意识产品为成果的产业。涵盖大数据、网络安全、软件工程、云计算、智慧城
市、人工智能、R+、动漫等。新材料产业包括新材料及其相关产品和技术装备。
具体涵盖新材料本身形成的产业、新材料技术及其装备制造业、传统材料技术提
升的产业等。大数据产业是指大数据的产业集群、产业园区，涵盖大数据技术产
品研发、工业大数据、行业大数据、大数据产业主体、大数据安全保障、大数据
产业服务体系等组成的大数据工业园区。信息产业是运用信息手段和技术，收
集、整理、储存、传递信息情报，提供信息服务，并提供相应的信息手段、信息

技术等服务的产业。

启迪（赣州）科技城，依托启迪控股26载科技服务经验，整合各项优势资源，根据企业不同层次的需求，从"基础服务+增值服务+专业服务"三大维度，提供全体系科创服务，为企业发展提供一体化解决方案，降低创业及运营成本，为企业搭建发展"快车道"。具体科技服务内容如表3-6所示。

表3-6 科技服务内容

服务项目	服务内容
基础服务	专业物业服务、专业运营管理团队管家式服务
政务服务	工商、税务、人口管理、资质等服务
咨询服务	企业咨询、人才服务、人才测评、教育培训、就业培训等
企业导师培训服务	各类企业辅导专家团队服务
科技计划申报服务	项目立项、创新基金、省市科技计划等
各类资质申报服务	科技企业认证、高新技术企业认证、专利申报、国家级新产品申报
合作交流服务	法律咨询、财务咨询、行业展会、网站服务、信息交流等
投融资服务	"孵化+投资+并购+融资"模式
双引擎服务	"摇篮计划"＋"钻石计划"

资料来源：笔者根据赣州国际企业中心官网提供信息整理得到，详见 http://www.gziceo.com/。

（6）搭建服务平台。通过园区创新的八大服务平台来助力企业得到更好的发展。

1）商务政策对接服务平台。园区可免费为企业对接便利注册、产业政策、人才政策、税收政策和以苏区振兴为特色的地方特别优惠政策等。如企业需要办理或咨询，可根据申报要求提供相应的资料给 VIP 服务经理进行办理。

2）金融创新服务平台。园区凭借专业的金融服务助力入园企业打通小微企业融资难的"最后一公里"，对应开设了全方位的金融创新服务。如企业需了解以下服务内容，可直接与 VIP 服务经理联系，园区专业的财务团队会给予详细解读。①金融贷款咨询服务。如按揭贷款、装修贷、财园信贷通等。②财务代理。如资产评估、企业会计报表、审计报告、验资报告、法律法规等代理代办咨询。

3）"互联网+"服务平台。将恒科东方园区在互联网领域的创新成果——云科技共享中心、云数字共享中心免费融合于企业孵化、创业各个阶段，并起到行业示范的效应。在企业宣传方面，园区微信公众号平台拥有较高的关注度，通过企业家走访、主题访问等形式在园区自媒体平台（微信、官网）发布企业推广软文，从而让更多的人特别是入园企业了解被推广企业，进而形成生意链。同时园区也将利用报纸等媒体方式为企业做宣传推广。

4）工业设计服务平台。园区作为江西省首家省级工业设计基地，通过与赣州市工业和信息化局、江西理工大学合作共建，以"设计引领、产业带动、提升工业发展"为目标，引导更多的企业重视工业设计，并以工业设计、材质的优化提升产品价值，帮助工业设计企业创业发展，加速企业成果转化。

5）创业导师团服务平台。园区建立健全的创业辅导模式，成立由院士工作站、拥有丰富经验和创业资源的企业家、天使投资人、清华大学经济管理学院专家学者组成的创业导师团，全面提供企业管理、战略咨询、项目申报、研发测试、人力资源、产学研整合等创业服务，并创新模式举办创意沙龙、创业大讲堂、创业训练营以及创业导师团小分队走进入园企业等活动。在人才招聘工作上，园区特设免费招聘平台、共建校企招聘宣传渠道。对应企业的任何问题都可以找到 VIP 服务经理咨询了解。

6）共享配套服务平台。根据企业发展需求，节约企业创业成本，园区特设10 人、30 人、50 人、100 人、500 人区间的大中小型会议室、会客厅、多功能厅等免费共享配套及会务接待，企业提前与 VIP 服务经理预约确认后即可使用。另外，园区还提供物业、配餐、交通、商务、生活配套等多种共享配套，助力入园企业专注于核心事务。企业如需咨询了解相应事项，可直接联系 VIP 服务经理进行免费咨询对接。

7）知识产权转化服务平台。园区为首批江西省知识产权（专利）孵化中心，通过设立科技成果展示区，利用专属平台保护和推广知识产权，让企业的专利与知识产权得到更好的保护，为投资人找到更好的创意，为企业找到更优质的合作商，让知识产权成果的交易、转化、交流、投资更顺畅。企业如有大中小型项目申报、知识产权申报等项目，园区提供相应咨询服务，如企业需要，园区还可提供代办服务，企业配合园区提供办理过程中所需的资料即可。

8）企业文化建设服务平台。园区特设专业策划设计团队为入园企业提供全面的企业文化建设服务。每月组织企业开展丰富多彩的文化、康体、公益等不同主题活动，丰富企业生活、激发员工积极性，增强企业凝聚力。平台根据企业行业性质更为入园企业免费提供公司名称拟定、LOGO 设计、协助企业设置组织架构，企业文化、公司章程内容梳理等服务，帮助企业快速建立自己的企业文化。

2. 行业类科技创新平台

行业类科技创新平台是整合集聚相关创新资源，支撑行业自主创新与科技进步的重大公共科技创新平台，是区域创新体系的重要组成部分。平台建设主要依托企业、高校和科研院所，为本领域广大中小企业、科研人员提供研发、中试转化、检测、设计、咨询、培训等服务，对行业共性和关键技术问题组织联合攻关，形成从科研开发、成果转化到产业化一条龙的产学研战略联盟和区域创新集群。中国赣南脐橙产业园和南康区共享智能备料中心分别是赣州信丰脐橙行业和南康家具行业的科技创新平台。

（1）中国赣南脐橙产业园。中国赣南脐橙产业园项目位于信丰县安西镇，属于国家现代农业产业园核心区，项目包括高标准脐橙种植示范园、脐橙文化博物馆、脐橙产业博士后工作站、苗木科研中心、苗圃园、品种展示园、母亲树溯根园、网室种植园等。建成后该产业园将成为集脐橙文化、旅游、科研、科普、技术示范等要素；种植、加工、销售全链条；"政府+农户+企业"新型合作关系等功能为一体的综合示范基地。该项目的特点是一二三产业联动；企业、科研、农民联动；核心区、示范区、标准示范果园联动；农、旅联动。

园区规划建设有瞭望台、赣南脐橙博览馆、苗圃科研园、脐橙加工基地。

1）瞭望台。瞭望台可以众览整个产业园核心区布局和景象。从左往右看，左边有三大玻璃温室，分别是品种展示园、苗木科研院、苗圃园。玻璃温室旁边分别是仓库和员工生活区。穿过脐橙文化广场，呈现在眼前的两栋橙色建筑是文化馆，文化馆1称之为赣南脐橙博览馆，主要陈列和展示了赣南脐橙文化。文化馆2主要用于农机展示和办公。

2）赣南脐橙博览馆。中国赣南脐橙博览馆是目前全国首家以"脐橙"为主题的大型参观展馆，整个展馆占地6000平方米，全展馆包括了3D动态脐橙树、领导关怀、实景沙盘、脐橙发展史、脐橙文化、脐橙育苗、橙园生态、农夫山泉17.5°橙、智慧农业、农业科技展示馆、互动体验等，是集文化传播、研学科普、创新科技、科学研发为一体的大型综合性现代展馆。

3）苗圃科研园——产研结合的结晶。科研园组建专业科研团队，围绕脐橙种植的各项难题进行针对性研究，致力于为赣南脐橙产业的蓬勃发展做好坚实的防护。组建砧木研究、缺素研究、病虫害研究三个工作室：砧木研究工作室——研究不同砧木对应不同品种苗木的表现性状，以对标亲和性能最佳的砧木，进行高效苗木培育；缺素研究工作室——围绕果树缺素情况提供诊断与对策，指导田间科学施肥；病虫害研究工作室——持续关注、检控黄龙病、溃疡病等虫病害问题。

4）脐橙加工基地。该用地面积310余亩，总投资为10多亿元，工厂集脐橙分选、榨汁、终端品灌装生产线于一体。

（2）南康区共享智能备料中心。南康家具产业加快转型升级，家具生产越来越智能化。位于南康区龙回家具集聚区的南康区共享智能备料中心，是南康区家具产业链数字化环节的共享示范工厂。这里也是南康家具产业新基建中实木智能备料的数据中心所在地，被称为"中国实木家居之都"。

这里有中国第一条也是最大一条通过 5G+区块链技术实现数字产业化的共享家具智造生产线，智能化率达到了 95%，能为周边 60 家企业提供规模化的拼板与个性化的零部件备料加工。由于智能备料工厂的数字化程度较高，可采用三班倒的方式实现连续生产，基本产能提升率达到 100%，固定成本投入下降 30%以上，每立方米的木料制造成本低于市场的 15%。

整个工厂分为色选、码垛、齿接、养生、拼板、冷压等工序，通过 5G 工业盒子实时智联，将工厂的物流、能源流和信息流实时传送到产业智联网，一是实现了机械化、智能化生产，有效提升了生产效率；二是实现了规模化生产，有效降低了生产成本；三是大大提升了拼板质量，包括强度、颜色和环保绿色等问题；四是通过零部件加工有效提升了产业附加值。

在生产车间内，采用了 28 个机器人及 14 辆无人 AGV 物流小车，通过 5G 车间物流调度系统，智能物流系统调度移动机器人和自动化立体仓库，实现分拣、搬运、存取的自动化和智能化。

在科技的引领下，南康家具智能化车间由一开始的 4 个发展到现在的 139个。插上智慧翅膀的南康家具产业，加速从中低端迈向中高端。

2021 年 2 月 20 日，南康区家具产业共享智能备料中心（二期）项目完成备案，购置自动化连线系统、自动色选上下料系统、自动码垛系统、自动齿接系统、自动拼板系统、自动砂光生产线等智能化生产设备，MES 管理系统及配套设备等智能化管理系统，环保除尘设备、供电设施、给排水设施、基础网络设施等辅助设备共计 325 台（套），依托 5G 应用、工业互联网、大数据、人工智能以及区块链等技术，建设南康区家具产业共享智能备料中心。

3. 企业类技术创新平台

企业类技术创新平台是企业技术创新体系的重要组成部分，是隶属于企业的具有高层次、高水平的研究与开发机构，中心任务是为本企业的技术进步服务，为企业的产品更新换代和生产技术水平提升提供技术和技术储备，为企业可持续发展提供技术支撑。

江西荧光磁业有限公司成立于 2006 年 11 月，自成立以来一直专注于烧结钕铁硼磁体研发、生产、销售，是国家高新技术企业，具有坯料生产、机械加工及表面处理能力，是国内主要的稀土永磁材料供应商之一。

公司产品具有"高矫顽力、高一致性、高热稳定性、高耐腐蚀性"等特点，主要被应用于新能源汽车、节能变频家电、节能电梯、风力发电机、空气压缩机等领域。

公司积极贯彻技术创新发展战略，依靠科技创新，掌握了稀土永磁材料核心关键技术，并通过持续改进生产工艺、技术及自动化设备，使产品品质达到国内领先水平。

公司先后通过了 ISO9001—2015 认证、IATF16949—2016 国际汽车质量管理体系认证、职业健康安全管理体系等认证，产品屡次通过 TUV NORD、SGS、中国计量科学研究院、华测检测等国际、国内权威机构的检测，2016 年获江西省"标准化良好行为"AAA 级企业荣誉认定；生产方面公司运用精细化生产管理模式，导入 IATF16949 质量管理体系工具以及 TPM、TQC 和 6Sigma 等工具，对生产现场进行"6S 管理"，目前已形成系统、科学的精益管理体系，从而保障了产品品质和交期，同时达到对生产成本的精细控制。公司应用了多套现代化自主专利技术设备，产品以高一致性著称业内，品牌知名度高。

目前公司拥有国内一流的钕铁硼坯料和自动化机械加工设备，以及代表国内领先水平的无氧生产工艺，能够保证钕铁硼产品生产的高稳定性和一致性，同时成熟的"晶界扩散"和"表面处理之新型复合材料工艺"已批量用于生产中，在稀土资源日趋紧张的国际环境下，实现了不可再生资源的高效利用和企业的可持续发展。

公司秉承"笃而诚，坚而韧"的企业文化，信守"质量第一，客户至上"的经营理念，致力于高效、节能、环保、长远的企业发展目标，誓与同行一道把钕铁硼技术的运用和开发推向极致，成为国内杰出的烧结钕铁硼磁体供应商。

（二）赣州科技创新平台建设的经验启示

科技创新平台是区域创新体系建设的一项基础性工程，对促进经济转型升级起着十分重要的作用。当前，赣州市科技创新平台已取得一定成效，其中一些建设的经验值得借鉴。

1. 建立科技创新平台建设的协同机制

加快科技创新平台建设，对集聚创新要素、激活创新资源、培养创新人才、转化创新成果具有十分重要的作用。这项工作涉及面广，仅凭科技部门一家之力是难以做好的，必须得到各级领导的高度重视，各方达成共识，充分调动力量，才能将这个重大工程抓好。赣州市科技局内设办公室、发展计划科、农村与社会发展科、科技成果与技术市场科等科室。多年来，赣州市科技局坚持"有所为，有所不为"的方针，坚持改革创新，求真务实的精神，努力开拓科技工作新局面，为赣州市经济社会可持续发展，提供了有力的科技支撑。赣州市科技局局长主持市科技局行政全面工作。党组书记主持赣州市科技局党组全面工作，负责局党组的党建、党风廉政建设和意识形态工作。各副局长分别分管各办公室，负责人事编制、机关日常运转、信息化建设、信访、安全保密、国家安全、科技宣传、科技监督检查、科研诚信、国防科技动员、政务信息与公开、资产管理、内部审计、督查督办、法治建设、"五型"政府建设、招商引资、绩效管理、公共机构节能等方面工作，协管党风廉政建设工作；负责科技成果和技术市场管理、科技重大专项、农村和社会发展科技管理、科技下乡、安全生产管理、县域创新驱动、民族宗教、生态文明建设、生态环境保护、现代服务业发展等方面工作；负责高新技术发展和产业化、高新技术企业和科技型中小企业等梯次企业培育与管理、科技园区建设、科技创新基础条件平台、新型研发机构、大型科学仪器设备管理、实验动物管理、科技人才队伍建设、科技合作与交流、引进国外智力、外国专家服务管理等方面工作，负责机关党总支。协管意识形态、统战、党组中心组学习工作。调研员负责科技发展规划和计划编制、科技金融、科技评估、科技统计、科技培训、科技普及、科研机构管理、科技经费预决算、区域性科研创新中心建设、苏区振兴、科技体制改革、主攻工业、降成本优环境、及时奖励等方面工作。

2. 明确各类创新平台的建设目标

赣州从实际出发，科学规划，针对不同类别的创新平台，根据其建设主体、发展目标和水平的不同分类推进。

对综合类创新平台加大投入、推动发展。赣州国际企业中心于2014年底正式运营。2016年初，该中心二期建设完成，三期建设陆续展开。多年来，该园区正在搭建一个集聚发展的平台，助力园区企业走向腾飞。

对行业类科技创新平台结合实际、稳步发展。赣州市现有的几大行业创新平台，分别针对各自行业特色，紧密结合产业，进一步完善技术创新和技术服务的体制、机制，探索出一条符合市场经济规律、科技创新规律和产业发展需要的新路子，在政府资助、社会参与、市场化运作的模式中寻求平衡点和着力点，充分发挥行业创新平台应有的作用。国家脐橙工程技术研究中心继续坚持高起点、高标准、高质量的思路，以研究开发脐橙生态、高效、安全生产关键技术为核心，加快推进赣南脐橙产业现代化建设，服务赣州建设成为世界最大的优质脐橙产业基地。南康区共享智能备料中心持续推进 5G 建设，早日实现远程控制与参数管理，生产过程无人化、智能化，一键换产和共线生产，同时满足安全、环保、节能等各项要求。

对企业类技术创新平台政策引导、鼓励发展。赣州市企业技术研发机构建设一直得到政策支持，在今后一个时期，要进一步完善激励措施，引导更多企业以各种形式，建设各类研发机构，如高新技术研发中心、企业技术中心，以及引进大院名校共建创新载体等。

3. 形成完整的科技创新平台体系

抓科技创新平台，必须突出科技资源的有效整合，使有限的人力、财力和设备集中用于重点行业、专业领域的科技攻关和服务，最大限度地发挥现有创新要素的作用。

（1）加大财政投入力度，抓好科技专项资金整合。这几年，赣州市科技投入力度逐年加大。2018 年江西省科技经费投入统计公报显示，赣州市研究与试验发展（R&D）经费投入位列江西省第二；在当年地方公共财政科学技术支出统计中，赣州市支出为 22.26 亿元，比 2017 年增长 20.9%，占公共财政支出的 2.6%。赣州市科技局 2019 年度收入总计 5368.19 万元，其中 2019 年初结转和结余 672.05 万元，较 2018 年增加 3024.64 万元，增长 129.06%；2019 年收入合计 4696.14 万元，较 2018 年增加 3719.39 万元，增长 380.79%，主要原因是：2019 年中国科学院稀土研究院在赣州挂牌成立，财政拨付的前期项目筹建经费暂时由该局代为管理。2019 年收入的具体构成为：财政拨款收入 4688.36 万元，占 99.83%；事业收入 0 万元；经营收入 0 万元；其他收入 7.78 万元，占 0.17%。2020 年赣州市科技局收入预算总额为 2365.62 万元，较 2019 年预算安排增加 120%。其中，财政拨款收入 334.07 万元，占收入预算总额的 14%，2019 年结转 2031.55 万元，占收入预算总额的 86%。①

（2）强化管理，创新机制，强化科技创新平台对企业的服务功能。首先要解决科技创新平台建设的动力问题，解决好非政府投入与公共服务职能的矛盾。探索建立有利于促进资源优化配置和高效运行的管理模式和运行机制，做到平台运行机制市场化、服务对象社会化、绩效评估科学化。赣州市进一步完善科创中心功能，加强对在孵企业支撑服务体系建设。该市引进、发挥各类中介机构的作用，提供包括技术、专利、融资、财务、人才等各方面的服务，形成了一个多功

---

① 赣州市科学技术局 . 赣州市科学技术局 2019 年部门决算［EB/OL］. http://kjj. ganzhou. gov. cn/ gzskxjsj/ c103483/202009/3a6155dc03214ff79e2a13a02a2ba56d. shtml，2020-09-22.

能的服务体系，降低孵化企业的创业风险和创业成本，提高孵化成功率。

4. 拓展合作，吸引人才转化成果

积极引进大院名校，联合共建高层次的科技创新平台，推动赣州市自主创新能力和水平的提高。2020 年，赣州市人民政府出台《关于进一步加强与高校、科研院所合作的意见》，提出通过市校合作，使赣州市的自主创新能力和产业竞争力明显增强，高校、科研院对地方经济社会发展的服务能力明显提高，攻克一批制约该市主导产业和高新技术产业发展的关键技术、核心技术和共性技术，获取一批自主知识产权，形成自主品牌，推进赣州市年专利申请数突破 10000 件，高新技术企业数量实现"翻番"；推动高校、科研院所参与建设一批科技创新平台；在各工业园区以及有条件的产业集群中，建成一批高校、科研院所的科技成果转化和产业化基地；联合培养一大批高素质的工程技术人才和科技创新人才，促进产业集群发展。持续推进平台建设合作、人才交流培养合作、成果转移转化合作、决策咨询服务合作等各项合作。

二、聚力打造"科创硅谷"

赣南老区坚持把创新作为引领发展的第一动力，大力实施创新驱动发展战略，聚焦创新主体培育、研发平台及载体升级、人才培育引进、数字化赋能"四大工程"，全力打造全市科技创新中心。

（一）打好企业"主体仗"

企业是经济发展的主体，也是科技创新的主体，科研成果的转化最终要通过企业实现，否则就难以转化成生产力和经济效益。章贡区坚持"育龙头、补链条、建平台、保要素、强集群"的发展路径，紧紧围绕生物医药、数字经济等主导产业，做大做强科技创新主体，着力打造经济社会发展新引擎。青峰药谷龙头企业青峰药业每年将营收的 10% 投入研发创新，并在国内医药研究最前沿的上海张江设立研发中心，推动科研成果快速转化上市，累计获批上市高端仿制药 10 个，在研品种 60 余个，未来每年将有 3~5 个新品种上市。新品种通过在青峰药业百亿生产基地投产上市，助推青峰药业在 2019 年成为赣州市首个营收突破 50 亿元的工业企业，2020 年营收再上 60 亿元台阶。[①] 2020 年，章贡区成功引进中国 500 强、国内医疗器械两大巨头之一的中国威高集团，投资 50 亿元建设南方

---

① 赣州市人民政府. 章贡区矢志创新　聚力打造赣州"科创硅谷"［EB/OL］. https：//www.gan zhou.gov.cn/gzszf/c100022/202105/ce7262d3abd3459f89f282e0a4f6d630.shtml？ivk_sa＝1024320u，2021-05-16.

制造基地，产品国际领先、打破国外垄断、填补省内空白，与青峰药业形成医药生产制造"双引擎"。在"青峰+威高"双龙头、"生物医药+医疗器械"双链驱动下，青峰药谷集聚大健康关联企业近百家，推动青峰药谷加快形成创新活跃、链条齐全、要素保障充分的现代医药产业集群。

章贡区将数字经济作为"一号工程"来抓，整合园区原有软件、物联网产业园等资源，高标准打造 2000 亩数字经济产业园，承接建设江西省首个省市共建信息安全产业园。数字经济产业园被列为江西省首批数字经济创新发展试验基地和 10 个数字经济重点产业平台之一。

只有牢牢掌握关键核心技术，才能获得发展主动权。章贡区以实施高新技术企业三年翻番计划为抓手，鼓励和支持企业成为研发主体、创新主体、产业主体，推广"揭榜挂帅"制度，开展核心关键技术攻关，推动一批创新能力强、成长速度快、发展潜力大的科技型中小企业向"专精特新"发展。2020 年，章贡区入库科技型中小企业 202 家，高新技术企业达 139 家，科睿特、超跃科技分别入选省级瞪羚企业、潜在瞪羚企业，豪鹏科技、虹飞钨钼获评国家级"专精特新"小巨人企业。

（二）争创平台"国字号"

江西医为特科技有限公司凭借"泌尿腔内碎石灌注吸引智能控压清石系统"项目在第三届中国医疗器械创新创业大赛中斩获"医院项目组"和"光机电项目组"全国二等奖。该企业新技术的成功应用是赣州打造科技创新平台载体和企业孵化培育的生动写照。

赣南老区充分发挥区位和资源优势，大力实施研发平台及载体升级工程，支持有条件的企业向上争创"国字号""省字号"创新平台和载体，推动企业从"跟随研发"到"领跑研发"转变。章贡高新技术产业园区获批国家"双创"特色载体、赣州市首个中国科协海智计划工作基地，成功获得财政部、科技部主导的"打造特色载体、促进中小企业升级"专项工作首批补助资金 2500 万元，是江西省唯一一家获批此专项资金的省级高新园区。

作为赣南老区科技创新主阵地，章贡高新技术产业园区大力开展科技创新强园行动，创新"人才+项目+平台"模式，打造全省首个国家高层次人才科创园，引进落地的 59 个项目均填补了江西省的空白，17 个国际领先。通过"腾笼换鸟"盘活一批闲置低效厂房，建设赣州数字经济产业园，积极推动 5G、大数据、工业互联网、人工智能等技术创新和产业应用，引进航天计算机建设的江西信息技术应用创新基地、中国联通江西工业互联网研究院等五大创新平台，与华为、中兴通讯、赣州银行合作建设了中部地区首个金融信创联合实验室,积极开展创新课题研究、转化、应用,推动"产学研用"一体发展。章贡区以高新技术工业企业研发机构全覆盖为目标,持续建强科技创新平台载体,深入开展全社会研发投入攻坚行动,积极推动"政校企"三方合作,建立新型研发机构,培育多元化科研力量,出台了企业研发活动系列优惠政策,进一步激发创新活力。

同时,全面加强与粤港澳大湾区、长三角、海西经济区的产业与科技对接,共建离岸科创飞地,形成"孵化在飞地,产业化在本地"发展模式,推进产业协同发展、科技协同创新。

(三)构筑人才"新高地"

科技创新,人才是第一资源。如章贡区坚持引才育才并重,聚焦生物医药、数字经济等主导产业,创新"人才+项目+平台"模式,在江西省率先出台《关于引进国家高层次人才若干政策的意见》,对引进高层次人才及项目提供项目经费、人才津贴、安家补贴、后勤服务等扶持政策,高标准建设赣州国家高层次人才科创园。

深入实施"高层次人才培育计划""苏区之光"人才计划、"赣才回归"工程,通过双招双引、专业引才、以才引才、以赛引才等方式,引进各类高层次人才,推动项目快速孵化。

章贡区积极搭建校地合作平台,与中国药科大学、赣南医学院签订三方合作协议,为区域大健康产业发展提供智力支持。与南昌航空大学、赣南师范大学等四所高校签订战略合作框架协议,与赣南医学院、武汉大学李红良教授团队共同建设赣南转化医学研究院,"政校企"合作迈入新阶段。为推进园区创新发展,章贡高新技术产业园区在赣州市率先完成省级开发区人事薪酬制度改革,广大干部员工招商引资、项目建设、企业服务积极性大大提升。

筑得金巢引凤来,良好的营商环境才能留住人才和项目在赣南老区落地开花。赣州牢固树立"凡是粤港澳大湾区能做到的,我们都要做到"的理念,深入开展营商环境提升年活动,以打造"四最"营商环境为目标,深化科技体制机制改革,出台实施系列惠企政策措施,着力优化人才服务软环境,搭建公共服务、休闲娱乐、运动健身、生活服务四大平台,为人才提供优质贴心的公共服务和高效增值的市场服务。

与此同时,赣州市科技成果交易大市场在阳明国际中心落地运营,整合国内各类优质科技资源和科技服务机构,助力企业、科研机构实现科技成果就地交易、就地转化、就地应用,推动区域性科技创新中心加速形成。

三、数字经济和区块链技术高质量发展

2020 年 8 月 13~14 日，以"价值互联、链接世界"为主题的 2020 年全球区块链创新发展大会举行。主会场设在赣州，并在北京设分会场，全程视频连线，网络同步直播。会议由中华国际科学交流基金会、江西省工业和信息化厅、赣州市人民政府联合主办，旨在展示革命老区区块链产业发展成果，集聚人才、技术等创新资源，深化对外交流合作，打造全球区块链江西品牌，对推动江西乃至全国区块链产业发展和融合应用具有重要意义。会议启动了赣州链等区块链应用服务平台，成为中国首个城市级区块链综合服务平台，创建全球首个全面应用区块链技术的可信数字城市。

赣州把发展数字经济作为培育经济新动能的重要抓手，在区块链技术和应用方面先行先试，积极抢占数字经济发展高地，数字经济正成为赣州高质量跨越式发展的"点金之手""奋飞之翼"。

（一）敢为人先，大胆尝试

早在 2017 年，赣州市政府、国家互联网应急中心、新华网股份有限公司共同组建了全国首个由政府主导的区块链金融产业沙盒园——赣州区块链金融产业沙盒园。随后，全国合规区块链的规则和指引等一系列中国区块链行业标准从这里走向全国。赣州有 9 个县（市、区）将电子信息产业列为首位产业，在印刷电路板、光电显示、LED 应用等领域已建立相对完整的产业链。全省第一个县级 5G 基站在信丰启动建设，龙南是江西省首个实现城区及工业园区 5G 网络全覆盖的县（市、区），14 家江西全省首批"5G+工业互联网"应用示范企业，赣州企业占 5 家，获评数量江西省第一。数字经济成为赣州高质量跨越式发展的引擎。赣州实现火车站、医院、学校和工业园区等热点区域覆盖。赣州获评江西省智能制造基地 2 个、工业和信息化部智能制造试点示范项目 2 个、工业和信息化部智能制造综合标准化与新模式应用项目 1 个、江西省智能制造试点示范项目 20 个，获评数量居江西省前列。

（二）加速新旧动能转化

2020 年 6 月 30 日，我国首个区块链服务大厅——赣州区块链服务大厅正式揭牌，为企业和市民提供数字证照、数字票据、防伪溯源等服务。一批脐橙、饮品等项目正在洽谈，企业希望借助区块链技术，进行防伪溯源，保护商家和消费者的权益。"我们用一个服务大厅，搭建了区块链线上和线下发展的桥梁，当越来越多应用能被'看见'时，也就会有更多人相信技术，凝聚起发展区块链的

合力。"该服务大厅负责人介绍，这种创新模式吸引了许多地方政府和企业前来交流学习，一批全国区块链服务大厅建设项目将在本次全球区块链创新大会上签约。

利用一个服务大厅，引领区块链发展，是赣州数字经济发展的一个生动缩影，数字经济产生的质量变革、效率变革、动力变革，正在各个领域兴起。

在龙南骏亚智能调度中心，通过一面由 18 块分屏幕组成的屏幕墙，就能看到整个车间设备的运行状态。企业采用 5G 等新技术，自动提取上传 200 多台机器运行参数，完成云平台分析处理、加工参数下发等流程，实现了交货期缩短、人工成本下降、产品合格率显著上升，打造了更强的企业竞争力。

赣州市的江西裕丰智能农业科技有限公司，运用区块链技术，在公司通过大屏幕就可以看到远在 20 余千米外的茅店九橙生态果园里的脐橙，空气温度、光照强度、风速、土壤湿度等数据实时显现，每个脐橙都有自己的"生长档案"。将大数据、物联网与 5G 技术相结合，采集脐橙的生长环境信息，通过人工智能自动生成果树的数据模型，为精准施肥等农活定位、定时、定量提供数据支撑。据测算，赣南脐橙种植人工成本将下降 15%，果园单产收入将提高 10%。拿起数字经济的"金钥匙"，破解赣南脐橙发展的瓶颈，在解决"种植效益能不能再提升"问题的同时，赣州还瞄准了另一个难题——消费者要怎样买到正宗的赣南脐橙？消费者运用区块链技术，可以看到赣南脐橙的"生长档案"，了解脐橙从种植、采摘、运输每一个流程的状态，从而确认脐橙的真实身份，有效防伪。目前，赣州已经打造"链橙"，结合区块链技术和溯源方案的特点，构建"赣南脐橙链"平台。令人期待的是，赣州链、家具链、长征链等具有赣州特色的区块链产品，即将发布。

（三）产业数字化、数字产业化

在江西省志浩电子科技有限公司，长度超过 650 米的"超长车间"里，高端电路板生产设备一台接一台、工序一道接一道，鲜有工人在旁操作。为什么像志浩这样的大企业将智能化升级的"棋子"落在赣州，而且做出同样选择的企业还有很多？原因之一是赣州拥有较完整的 5G 产业链，产生了巨大的集聚效应。2017 年骏亚总部上市后，其募集资金 100% 用于龙南生产基地建设。众恒光电集团将最大的公司设在信丰，投资 100 亿元，打造全球最大的 LED 投射灯生产商。

项目接踵而至，用什么来承接数字经济建设、促进数字经济发展？赣州给出的答案是，加强平台建设。

（1）高标准、高起点建设。占地 2700 亩的赣州 5G 智能科技园正加快建设，围绕5G高端电子生产研发，高标准规划建设标准厂房、研发基地及生产、生活配套服务设施。

（2）新思路、新理念打造。赣州数字经济产业园以航天科工二院706所、山东超越数控为龙头企业，引进39家信创企业，建设江西省首个信创产业基地，成立江西省首个信创产业联盟。

（3）多元化、多业态运行。58科创（信丰）产业园，集人才实训、金融服务、校企合作等功能于一体，为园区内数字企业提供全方位服务。

（4）在危机中育新机、于变局中开新局。站在数字经济发展风口，赣州抢抓机遇、勇立潮头，抢占数字经济新高地，奋力推进革命老区高质量跨越式发展，给我们很多启示。围绕"作示范、勇争先"目标定位和"五个推进"重要要求，江西数字经济期盼更多"赣州表现"，必将迸发更强发展力量。

当前，区块链处于发展初始阶段，赣州与北京、上海、广州、深圳、杭州等数字经济发达地区，并驾齐驱发展区块链，甚至在某些领域小有超前。这份成绩来源于赣州发展区块链超前的意识、正确的认知、大胆的应用以及务实的发展。赣州发展区块链有一个显著特点，那就是坚持"特色产业+区块链"的发展之路。脐橙链、家具链等区块链的打造，遵循平台思维、特色思维，将赣州的特色产业与区块链技术结合，做大做强数字经济，又进一步提升特色产业。找准了方向、形成了特色，赣州发展区块链将为其他产业运用区块链、为其他国家和地区发展区块链提供示范作用。

第四章 以创业促进新时代赣南老区高质量发展

第一节 赣南老区推动创业发展的政策依据

一、《国务院关于大力推进大众创业万众创新若干政策措施的意见》相关内容

推进大众创业、万众创新，是发展的动力之源，也是富民之道、公平之计、强国之策，对于推动经济结构调整、打造发展新引擎、增强发展新动力、走创新驱动发展道路具有重要意义，是稳增长、扩就业、激发亿万群众智慧和创造力，促进社会纵向流动、公平正义的重大举措。根据2015年《政府工作报告》部署，为改革完善相关体制机制，构建普惠性政策扶持体系，推动资金链引导创业创新链、创业创新链支持产业链、产业链带动就业链，《国务院关于大力推进大众创业万众创新若干政策措施的意见》于2015年6月出台。

（一）总体思路

按照"四个全面"战略布局，坚持改革推动，加快实施创新驱动发展战略，充分发挥市场在资源配置中的决定性作用和更好发挥政府作用，加大简政放权力度，放宽政策、放开市场、放活主体，形成有利于创业创新的良好氛围，让千千万万创业者活跃起来，汇聚成经济社会发展的巨大动能。不断完善体制机制、健全普惠性政策措施，加强统筹协调，构建有利于大众创业、万众创新（"双创"）蓬勃发展的政策环境、制度环境和公共服务体系，以创业带动就业、创新促进发展。坚持深化改革，营造创业环境；坚持需求导向，释放创业活力；坚持政策协同，实现落地生根；坚持开放共享，推动模式创新。

（二）主要举措

《国务院关于大力推进大众创业万众创新若干政策措施的意见》提出的主要举措涉及九个方面，如表4-1所示。

表4-1　中央支持大众创业、万众创新的主要政策措施

类型	序号	政策措施
创新体制机制，实现创业便利化	1	完善公平竞争市场环境。进一步转变政府职能，增加公共产品和服务供给，为创业者提供更多机会
	2	深化商事制度改革。加快实施工商营业执照、组织机构代码证、税务登记证"三证合一""一照一码"，落实"先照后证"改革，推进全程电子化登记和电子营业执照应用
	3	加强创业知识产权保护。研究商业模式等新形态创新成果的知识产权保护办法。积极推进知识产权交易，加快建立全国知识产权运营公共服务平台。完善知识产权快速维权与维权援助机制，缩短确权审查、侵权处理周期
	4	健全创业人才培养与流动机制。把创业精神培育和创业素质教育纳入国民教育体系，实现全社会创业教育和培训制度化、体系化。加快完善创业课程设置，加强创业实训体系建设。加强创业创新知识普及教育，使大众创业、万众创新深入人心
优化财税政策，强化创业扶持	5	加大财政资金支持和统筹力度。各级财政要根据创业创新需要，统筹安排各类支持小微企业和创业创新的资金，加大对创业创新支持力度，强化资金预算执行和监管，加强资金使用绩效评价
	6	完善普惠性税收措施。落实扶持小微企业发展的各项税收优惠政策。落实科技企业孵化器、大学科技园、研发费用加计扣除、固定资产加速折旧等税收优惠政策
	7	发挥政府采购支持作用。完善促进中小企业发展的政府采购政策，加强对采购单位的政策指导和监督检查，督促采购单位改进采购计划编制和项目预算管理，增强政策对小微企业发展的支持效果。加大创新产品和服务的采购力度，把政府采购与支持创业发展紧密结合起来
搞活金融市场，实现便捷融资	8	优化资本市场。支持符合条件的创业企业上市或发行票据融资，并鼓励创业企业通过债券市场筹集资金。积极研究尚未盈利的互联网和高新技术企业到创业板发行上市制度，推动在上海证券交易所建立战略新兴产业板
	9	创新银行支持方式。鼓励银行提高针对创业创新企业的金融服务专业化水平，不断创新组织架构、管理方式和金融产品。推动银行与其他金融机构加强合作，对创业创新活动给予有针对性的股权和债权融资支持

新时代赣南老区高质量创新发展研究

类型	序号	政策措施
搞活金融市场，实现便捷融资	10	丰富创业融资新模式。支持互联网金融发展，引导和鼓励众筹融资平台规范发展，开展公开、小额股权众筹融资试点，加强风险控制和规范管理。丰富完善创业担保贷款政策。支持保险资金参与创业创新，发展相互保险等新业务
扩大创业投资，支持创业起步成长	11	建立和完善创业投资引导机制。不断扩大社会资本参与新兴产业创投计划参股基金规模，做大直接融资平台，引导创业投资更多向创业企业起步成长的前端延伸
	12	拓宽创业投资资金供给渠道。加快实施新兴产业"双创"三年行动计划，建立一批新兴产业"双创"示范基地，引导社会资金支持大众创业。推动商业银行在依法合规、风险隔离的前提下，与创业投资机构建立市场化长期性合作
	13	发展国有资本创业投资。研究制定鼓励国有资本参与创业投资的系统性政策措施，完善国有创业投资机构激励约束机制、监督管理机制
	14	推动创业投资"引进来"与"走出去"。抓紧修订外商投资创业投资企业相关管理规定，按照内外资一致的管理原则，放宽外商投资准入，完善外资创业投资机构管理制度，简化管理流程，鼓励外资开展创业投资业务
发展创业服务，构建创业生态	15	加快发展创业孵化服务。大力发展创新工场、车库咖啡等新型孵化器，做大做强众创空间，完善创业孵化服务。引导和鼓励各类创业孵化器与天使投资、创业投资相结合，完善投融资模式
	16	大力发展第三方专业服务。加快发展企业管理、财务咨询、市场营销、人力资源、法律顾问、知识产权、检验检测、现代物流等第三方专业化服务，不断丰富和完善创业服务
	17	发展"互联网+"创业服务。加快发展"互联网+"创业网络体系，建设一批小微企业创业创新基地，促进创业与创新、创业与就业、线上与线下相结合，降低全社会创业门槛和成本
	18	研究探索创业券、创新券等公共服务新模式。有条件的地方继续探索通过创业券、创新券等方式对创业者和创新企业提供社会培训、管理咨询、检验检测、软件开发、研发设计等服务，建立和规范相关管理制度和运行机制，逐步形成可复制、可推广的经验
建设创业创新平台，增强支撑作用	19	打造创业创新公共平台。加强创业创新信息资源整合，建立创业政策集中发布平台，完善专业化、网络化服务体系，提升创业创新信息透明度
	20	用好创业创新技术平台。建立科技基础设施、大型科研仪器和专利信息资源向全社会开放的长效机制。完善国家重点实验室等国家级科研平台（基地）向社会开放机制，为大众创业、万众创新提供有力支撑
	21	发展创业创新区域平台。支持开展全面创新改革试验的省（区、市）、国家综合配套改革试验区等，依托改革试验平台在创业创新体制机制改革方面积极探索，发挥示范和带动作用，为创业创新制度体系建设提供可复制、可推广的经验

续表

类型	序号	政策措施
激发创造活力，发展创新型创业	22	支持科研人员创业。加快落实高校、科研院所等专业技术人员离岗创业政策，对经同意离岗的可在三年内保留人事关系，建立健全科研人员双向流动机制
	23	支持大学生创业。深入实施大学生创业引领计划，整合发展高校毕业生就业创业基金。引导和鼓励高校统筹资源，抓紧落实大学生创业指导服务机构、人员、场地、经费等
	24	支持境外人才来华创业。发挥留学回国人才特别是领军人才、高端人才的创业引领带动作用。继续推进人力资源市场对外开放，建立和完善境外高端创业创新人才引进机制
拓展城乡创业渠道，实现创业带动就业	25	支持电子商务向基层延伸。引导和鼓励集办公服务、投融资支持、创业辅导、渠道开拓于一体的市场化网商创业平台发展。鼓励龙头企业结合乡村特点建立电子商务交易服务平台、商品集散平台和物流中心，推动农村依托互联网创业
	26	支持返乡创业集聚发展。结合城乡区域特点，建立有市场竞争力的协作创业模式，形成各具特色的返乡人员创业联盟
	27	完善基层创业支撑服务。加强城乡基层创业人员社保、住房、教育、医疗等公共服务体系建设，完善跨区域创业转移接续制度
加强统筹协调，完善协同机制	28	加强组织领导。建立由发展改革委牵头的推进大众创业万众创新部际联席会议制度，加强顶层设计和统筹协调
	29	加强政策协调联动。建立部门之间、部门与地方之间政策协调联动机制，形成强大合力
	30	加强政策落实情况督查。加快建立推进大众创业、万众创新有关普惠性政策措施落实情况督查督导机制

注：内容有部分删减。

二、江西省"2+6+N"产业高质量跨越式发展行动计划

为落实江西省委、省政府《关于深入实施工业强省战略推动工业高质量发展的若干意见》部署，大力推动产业高质量跨越式发展，提升产业发展能级，江西省政府发出《江西省"2+6+N"产业高质量跨越式发展行动计划（2019—2023年左右）的通知》。该文件以习近平新时代中国特色社会主义思想为指导，深入贯彻党的十九大精神，从更高层次贯彻落实习近平同志对江西工作的重要要求，坚持稳中求进工作总基调，坚持新发展理念，坚持高质量跨越式发展首要战略，深化供给侧结构性改革，深入实施工业强省战略，以高端化、智能化、绿色化、服务化为方向，立足赣州实际，按照"育龙头、补链条、建平台、保要素、强集

群"发展思路，编制了电子信息、有色金属、装备制造、现代家居和纺织服装五个千亿产业集群三年推进方案，明确目标任务的时间表、路线图，举全市之力推动"两城两谷两带"产业集群发展。各县（市、区）分别制订实施了首位产业三年推进方案，力争首位产业规模以上企业营收实现三年翻番。具体举措体现在以下四个方面：

（1）以项目、企业、集群、园区为着力点，强化招大引强、兼并重组、成果转化、技改扩能，努力做大增量、做优存量，推动新兴产业倍增发展、传统产业优化升级、新经济新动能快速壮大，促进产业发展能级提升、实现高质量跨越式发展，加快构建现代产业体系，为全省经济社会高质量跨越式发展提供强劲动力。

（2）产业高质量跨越式发展。重点产业规模迈上新台阶。其中，有色金属、电子信息 2 个产业主营业务收入迈上万亿级，装备制造、石化、建材、纺织、食品、汽车 6 个产业迈上五千亿级，航空、中医药、移动物联网、半导体照明、虚拟现实（VR）、节能环保等 N 个产业迈上千亿级。

（3）集群高质量跨越式发展。力争在铜、钨和稀土、光伏等领域培育 1～2 个世界级产业集群，京九（江西）电子信息产业带主营业务收入达到万亿级。力争每个设区市打造 1 个以上主营业务收入千亿级产业集群，全省千亿级产业集群达到 10 个以上。力争全省打造 1～2 个五千亿级开发区，15 个千亿级开发区。

（4）企业高质量跨越式发展。力争主营业务收入 5000 亿级企业实现突破，千亿级企业达到 4～5 户、百亿级企业达到 40 户，每个设区市至少各打造 1 户百亿级企业。全省规模以上工业企业数超过 15000 户，在沪、深证券市场公开上市工业企业数达到 50 户。

为深入实施创新驱动发展战略，全面落实《国务院关于同意南昌、新余、景德镇、鹰潭、抚州、吉安、赣州高新技术产业开发区建设国家自主创新示范区的批复》要求，进一步推动创新型省份建设，着力培育经济增长新动能，打造长江经济带经济与生态联动发展的创新高地，2020 年 7 月，中共江西省委、江西省人民政府印发《关于支持鄱阳湖国家自主创新示范区建设的若干政策措施》的通知，提出十条政策措施，其中第二条明确指出，完善创新创业服务。支持自创区建设科技企业孵化器、众创空间、大学科技园等创新创业孵化载体，对新获得国家认定（备案）的，一次性给予奖励 50 万～100 万元；对获得省级以上认定（备案）的，根据绩效考核择优给予适当补助。支持自创区内大企业建设专业化众创空间，对首次累计孵化独角兽企业 1 家或瞪羚企业 5 家或高新技术企业 10

家的专业化众创空间，一次性给予奖励300万元。支持自创区建设创意设计、检验检测认证、知识产权等公共科技服务平台，并根据经营状况和服务业绩，由自创区内各国家高新区给予公共科技服务平台奖励50万元。支持和鼓励在赣高校院所科研人员按规定离岗到自创区自主创新创业，离岗3年内由原单位保留其人事关系，按规定晋升薪级工资，创业所得归个人所有，期满后创办企业尚未实现盈利的可以申请延长1次，延长期限不超过3年。

三、赣州市"1+5+N"工业倍增升级行动方案

2021年4月，赣州市印发《赣州市"1＋5＋N"工业倍增升级行动方案（2021—2023年）》，提出按照工业倍增升级主攻方向和"育龙头、补链条、建平台、保要素、强集群"发展路径，培育1个产值超5000亿元、5个超2000亿元、N个超500亿元的"1+5+N"产业集群，着力推进产业基础高级化、产业链现代化，努力实现工业经济高质量跨越式发展。

根据行动方案，赣州市将通过三年的努力，力争实现规上工业、产业集群、企业倍增升级目标。重点以"两城两谷两带"为核心，坚定发展首位产业，壮大"1+5+N"产业集群，努力构建赣州特色现代产业体系。其中，现代家居产业，将着力推动传统家具企业实行精益管理，向智能化、品牌化、个性化定制转型，实现由"制造"向"智造"提档升级；有色金属产业，着力发展稀土高性能磁性材料、合金材料、石化催化材料等功能材料，向稀土永磁电机、永磁变速器等深加工及应用产品延伸；电子信息产业，将全面融入粤港澳大湾区，积极承接基础材料、元器件、智能终端企业，推进"芯屏端网"融合发展，努力构建"芯片—新型显示屏—智能终端—互联网"集群格局；纺织服装产业，将全力推动数字化、智能化改造，建设国内一流的纺织服装智能制造生产基地；新能源及新能源汽车产业，将推动新能源整车、电池企业靠大联强，构建"整车+零部件+研发+检测+汽车文化"的全产业链条；医药食品产业将着力做大做强中成药、仿制药、创新药，大力发展医疗器械、现代医疗及康养服务业，构建富硒食品工业体系，壮大饲料、肉制品、粮谷、酒与饮料、果蔬加工等产业，大力发展功能性食品、旅游休闲食品；N个特色产业集群，将着力发展玻纤复合材料、石墨烯保温材料、装配式建筑部品部件等新型绿色建材，积极发展高端无机氟盐、氟精细化学品、盐化工、电子化学品等，大力发展通航服务产业，培育发展节能环保、北斗应用等战略性新兴产业。

围绕壮大"1+5+N"产业集群，赣州市将大力实施项目攻坚、企业梯次培

育、补链延链强链、创新赋能行动、产业数字化和数字产业化以及开发区改革创新六大行动，如表4-2所示。

表4-2 赣州市六大行动

序号	行动名称	具体措施
1	实施项目攻坚行动	对接国家、江西省重点产业规划，积极策划和争取一批重大项目在赣州布局；大力推进央企入赣、民企入赣、粤企入赣，深入开展"三请三回"活动，突出招大引强，加快在建项目竣工投产，市级重点对亿元以上重大技改项目进行调度帮扶
2	实施企业梯次培育行动	实施企业梯次培育行动，强化龙头培育，每年遴选20家左右企业进行重点扶持，"一企一策"培育百亿企业；支持企业依托产业链条、利用多层次资本市场，兼顾上下游配套及并购技术、业务、品牌和渠道等要素；实施中小微企业成长工程，力争每年净增规模以上工业企业150家以上，股份制改造企业50家以上
3	实施补链延链强链行动	深入推进产业链链长制，推进优势产业强链延链，紧盯有研发技术优势的上市公司、业内前三强企业，推进高端补链、终端延链，力争打造绿色PCB、智能家居、品牌鞋服、稀土永磁电机、钨硬质合金及刀钻具、光电显示、锂电等一批市场占有率高、竞争力强的优势产业链，补齐电子化学品、电镀、原料药、服装面辅料、车身系统、正极材料、功率芯片等关键"短板"
4	实施创新赋能行动	发挥中国科学院赣江创新研究院和国家稀土功能材料创新中心作用，集中攻关有色金属新材料等关键领域核心技术；推动企业自主创新，大力引进、建设"中字头""国字号"科研创新、检测设计平台，鼓励企业联合高校院所建立国家制造业创新中心、国家重点实验室、国家企业技术中心、院士专家工作站、博士后工作站等
5	实施产业数字化和数字产业化行动	加快布局建设5G、物联网、工业互联网等新型基础设施；加快运用网络化、数字化、智能化技术升级改造优势传统产业；大力发展物联网、区块链、大数据与云计算、人工智能等数字产业，建设人工智能产业集聚区；大力发展服务型制造
6	实施开发区改革创新行动	支持开发区大胆创新、深入开展体制机制改革，推动开发区跨区域合作整合；支持开发区调区扩区，深入开展赣州市工业园区批而未用及闲置土地清理专项行动；落实工业低碳行动，积极创建绿色园区；严格控制标准厂房容积率、入驻率等指标，鼓励建设多层标准厂房，到2023年，力争赣州市标准厂房容积率达到1.5%以上，入驻率保持在70%以上

第二节　强化基础设施　便利企业运行

基础设施是企业从事生产经营活动所依赖的基本物质条件，是区域可供生产和生活使用的基本物质要素，是营商环境的重要支撑。基础设施的完善，尤其是交通条件的改善，极大地提升了区域互联互通水平，促进各种高端要素自由流动和集聚，从而实现资源高效配置。

赣州市全面推进基础设施质量提升，狠抓基础设施重大项目，主要有交通运输、能源保障和水利工程三个方面。交通运输建设着力加快建成区域性综合交通枢纽；能源保障方面主要从电网建设、天然气网管搭建为企业发展保障基本生产需要；水利工程提质增效，从防洪和河沙治理为生产提供保障。

一、交通运输——打造区域性交通枢纽

（一）铁路建设：高铁开通启新程

1. 昌赣高铁：赣州正式迈入高铁时代

昌赣高铁与昌九城际铁路、昌福铁路、赣瑞龙铁路、沪昆高铁、衡茶吉铁路，在建的赣深高铁、京九高铁等线路共同构成江西省快速铁路主骨架，进一步完善区域铁路网，形成长三角地区与珠三角地区、闽西南地区与江西及中西部地区联系的快速客运通道，大幅提高京九铁路通道客货运输能力和服务质量，缩短区域内中心城市和周边中小城市间的时空距离，2019年12月26日，昌赣高铁开通营运，标志着赣州正式迈入高铁时代，南昌至赣州最短铁路旅行时间将缩短至两小时内。井冈山革命老区、赣南等原中央苏区将正式迈入高铁时代，为推动赣南等原中央苏区振兴发展发挥重要作用。

值得一提的是，在建设昌赣高铁前，还搭建了昌赣高铁赣州赣江特大桥，2019年4月18日，昌赣高铁赣州赣江特大桥开始铺轨施工。赣州赣江特大桥是世界上首座铺设无砟轨道的大跨度高速铁路斜拉桥，为昌赣高铁按期建成通车打下了坚实基础。赣州赣江特大桥具有"水深、桩长、塔高、大跨"的特点。

昌赣高铁赣州赣江特大桥结构复杂、技术难度大，是全线的重难点及控制性工程之一。设计施工中创造出五个全国首次：①首次将箱形钢—混结合梁用于高速铁路大跨斜拉桥；②首次运用新型钢—混结合段构造连接技术；③首次将索塔钢锚箱结构应用于高速铁路大跨斜拉桥；④首次将锚拉板应用于高速铁路斜拉桥；⑤首次在高速铁路斜拉桥上铺设无砟轨道。同时，赣州赣江特大桥是全国建筑业协会新技术应用示范工程、绿色建造暨绿色施工示范工程，施工中采用了标准化、信息化、智能化以及绿色建造相关技术，充分体现了当今高速铁路建设的一系列先进思想和先进理念，为智能铁路的典型桥梁工点。

2. 赣深高铁加快建设

赣深高铁自（南）昌赣（州）高铁赣州西站引出，设计时速350千米。作为国家"八纵八横"高速铁路网、主通道京港高铁的重要组成部分，赣深高铁建成通车后，大大缩短与粤港澳大湾区的距离。

2021年赣深高铁开通后，赣州将进一步融入全国高铁网络，成为名副其实的高铁枢纽城市。瑞梅铁路、长赣高铁前期工作取得积极进展，瑞梅铁路明确实行瑞金接轨、途经安远方案，瑞金至梅州铁路，是一条以客运为主兼顾货运的区域性铁路——该线路自瑞金站引出，向南经会昌县、安远县、寻乌县进入广东省境内，终至梅州站，设计时速160千米（预留提速条件）。长赣铁路完成可研鉴修评审并确定赣州北站选址，赣郴永兴铁路、赣韶铁路扩能纳入国家中长期铁路网规划，南丰至瑞金铁路纳入江西省城际铁路网规划，赣广高铁、赣龙厦高铁已完成规划研究报告编制，赣州"一纵一横"高速铁路和"两纵两横两放射"普速铁路网正在加快形成。如今，放眼全国交通版图，赣州的铁路交通地位已是今非昔比。

（二）公路建设：路网交错通四方

赣州市扎实做好"交通+"文章，重点在"交通+物流""交通+产业""交通+旅游"等领域全面发力。依托"交通+物流"，鼓励规模以上物流企业在欠发达地区设立物流网点，赣州市先后获批全国现代物流创新发展试点城市、全国物流枢纽城市和全国城乡配送试点城市。依托"交通+产业"，把农村地区资源优势转化为经济优势、发展优势，百香果、红心柚、金丝皇菊等特色产业如雨后春笋般迅速成长。依托"美丽公路+旅游"，涌现出大余丫山、安远三百山、崇义上堡梯田等69个乡村旅游景点，赣州市处处呈现因路而兴、因路而富、因路而美的新景象。

1. 国道省道

（1）道路建设。"十三五"期间，赣州以"交通基础设施攻坚战"为抓手，积极推进"三年行动计划"及"三大攻坚行动"，通过"以市带县"模式解决项目建设融资难题，高位推进普通国省道升级改造项目建设。五年来，赣南大地高速公路建设可谓捷报频传，兴赣、宁定、广吉、兴赣北延等高速公路相继建成通车。

1）路网越来越密。目前，振兴苏区北向大通道——兴赣北延高速公路于2020年12月25日建成通车，赣州市龙杨高速、寻全高速、广吉高速宁都段、宁定高速等也已经建成通车。宁定高速的开通，穿越崇山峻岭，为赣州新增了一条南北交通"大动脉"。寻乌至龙川高速公路已经开工建设,大广高速南康至龙南段扩容工程也有序开展,大广高速扩容工程实现路基、桥梁半幅贯通,2021 年 3 月由中铁十四局集团有限公司承建的 G45 大广高速扩容项目桃江大桥左幅 11 号墩 0 号块顺利浇筑完成,为桃江大桥主跨如期合龙奠定了重要基础,进一步加快了项目工程建设进展。

赣州市已经形成"三纵三横六联"高速公路网,境内高速公路总里程达 1559 千米,约占全省 1/4,构建了通达粤港澳大湾区和海西经济区的 4 小时高速经济圈。遂川至大余高速前期工作加快推进,赣州南至安远、兴国至桂东、兴国至樟树等高速公路明确省高投集团为前期工作主体,规划的"四纵四横八联"的高速公路网里程突破 2000 千米。高速交通的快速发展,提升了城市品位,让赣南人民享受舒适快捷的出行服务和惠民成果。

2)国省干线公路提档升级。赣州市实施公路升级改造项目 54 个,累计新建改造国省道 1070 千米,国省道通行能力大幅提升。G105 国道中心城区改线一期工程建成通车,瑞兴于快速交通走廊、G323 国道梅林大桥至沙石公路开工建设,三南快线顺利推进。赣州市省级以上工业园至少有一条二级及以上等级标准的普通国省道连通。赣南公路彻底告别了破损不堪、行车困难的历史窘境。

(2)道路养护。三分建,七分养。"十三五"以来,赣州市所有国省道全面推广养护示范路做法,因地制宜进行示范路打造,国省干线公路面貌焕然一新,为群众出行提供了"畅、安、舒、美"公路通行环境。赣州市道路运输服务提档升级,在构建综合交通运输体系大背景下,完善区级城际客运服务,支持发展个性化、定制化运输服务。五年来,赣州市规划并建成普通国省道服务区 18 个,停车区(驿站)20 个,服务区具备停车、加水、休息、如厕和维修、购物、新能源电动车充电等功能,切实解决了群众关切的"停车难、加水难、如厕难"等问题。

2021 年,将深化收费公路制度改革,推动降低过路过桥费用,治理对客货运车辆不合理审批和乱收费、乱罚款。两年内基本取消全国高速公路省界收费站,实现不停车快捷收费,减少拥堵、便利群众。

2. 县道乡道

"十三五"期间,赣州市建好农村公路,主动服务乡村振兴。坚持实施"交通+旅游""交通+特色镇""交通+生态"等举措,加快建设旅游路、资源路、产业路,实现农村公路"村村畅"、客车"村村通",有效促进了农村公路沿线产业转型升级和绿色经济发展。

赣州农村公路逐渐从追赶转向引领，交出了喜人的成绩单：赣州市农村公路总里程由2.6万千米增加至4万千米，在江西省率先实现25户以上人口自然村通水泥路和组组通水泥路。① 安远县被评为全国首批"四好农村路"示范县，石城县、信丰县、寻乌县、会昌县、章贡区被评为江西省"四好农村路"示范县。赣州市基本实现"内通外连、通村畅乡、安全便捷"的乡村交通目标，提供了坚实的交通运输保障，有效带动了乡村旅游业和物流业飞速发展。

"四好农村路"快速推进，为乡村振兴夯实交通基础，对城乡区域协调发展发挥了重要作用。交通运输发展将继续促进区域协调发展，提高新型城镇化质量。

（1）安远县：全国首批"四好农村路"示范县。交通运输部自2016年开始在全国开展以"建好、管好、护好、运营好农村公路"为主要内容的"四好农村路"示范县创建活动，首批共53个县（市、区），安远县位列其中，荣获全国首批"四好农村路"示范县。

为全力创建全国"四好农村路"示范县，安远县一方面积极争取交通运输部、省交通运输厅在资金、项目等方面给予倾斜支持，另一方面将"构建大交通"列为宁远县发展战略之首，采取整合涉农资金、项目融资、乡镇村组自筹、社会捐资等方式筹集资金。紧紧围绕"四好农村路"建设总体目标，"四化并行"建好农村公路，"四级联防"管好农村公路，"四个结合"养好农村公路，"四个统筹"运营好农村公路，近年来，安远坚定不移地实施交通先行战略，不等不靠，主动作为，想方设法筹措资金。同时，安远县聚焦重点、突破关键，高效推进高速、国省道等重大交通建设，全面改造升级县乡主干道，途经安远的寻全、宁定两条高速公路建成通车。

（2）上犹县：旅游公路变公路旅游。在S548省道上犹县南河湖旅游公路上，一路繁花，步步皆景。原本这条只有3米宽的机耕道，现在已华丽转身成为一条集生态保护、景观环境、旅游休闲等多功能的生态旅游公路。一路可见宽敞的机动车道与彩色沥青铺就的自行车赛道环湖而建，近17千米的线路全程景观式打造，沿途布设了帆船基地、南湖国际垂钓中心、碧水湾风情小镇。同时，公路部门还设置了普通国省道服务区及驿站，沿途还有多个沿湖生态停车区，能为游客

---

① 朱洪波、陈建华. 赣州：构建交通大格局 对接融入大湾区［EB/OL］. 赣州学习平台，https：//article. xuexi. cn/articles/index. html？art_ id = 9451172078443415844&item_ id = 9451172078443415844&study_ style_ id = feeds_ default&t = 1613735646491&showmenu = false&ref_ read_ id = ad9bb681 - f503 - 44f1 - bc52 - 1e1af1da56eb_ 1613797716958&pid =&ptype = - 1&source = share&share_ to = wx_ single，2021 - 02 - 19.

提供停车、新能源汽车充电、自行车租赁、餐饮度假等服务。

在南河湖旅游公路4千米处是当地热门的帆船旅游景点，公路边不仅设置有停车区，方便游客停车、购物、如厕。还建有一个自行车驿站，游客可以根据自己的需要选择山地自行车或双人自行车、四人家庭自行车等，用绿色出行的方式欣赏环湖的美丽风景。南河湖旅游公路改造后，越来越多的游客光顾自行车租赁点，也带动了奶茶店、彩票投注站等多个经营项目，营业收入大幅提升。

在南河湖旅游公路的7千米处，是新建成的南湖国际垂钓基地，每年这里都会举行多场垂钓比赛，吸引成千上万来自外地的游客。南河湖旅游公路17千米处，既是碧水湾服务区，也是前往阳明湖旅游的游客服务中心，建设有停车加水区、新能源汽车充电、游客候车点、非物质文化遗产展示馆、特色鱼庄、休息书屋等于一体的综合性旅游服务区。

（3）章贡区：四方位打造"四好农村路"。章贡区深入贯彻落实党中央关于推进"四好农村路"建设的战略部署，坚持问题导向，真抓实干，锐意创新，竭力破解制约农村经济发展的交通"瓶颈"，全区农村公路的通达深度、覆盖广度、路网结构、养护管理均实现优化升级，极大地改善了农村群众的出行和发展条件，为加快推进乡村振兴提供了强有力的支撑和保障。

1）"短板"变"样板"，实现农村公路建设"网格化"。坚持规划先行，结合镇村规划及乡村振兴战略，突出抓好规划衔接和联网畅通，优先保证镇与镇、镇与村、村与村、组与组之间的联网畅通。针对农村公路狭小、安全隐患较多，休闲旅游、产业基地道路不畅等短板问题，按照农村路网与国省道形成立体环形交通网络要求，结合实际情况，编制了农村公路全域化发展三年行动计划，逐年、逐项细化任务，从组织领导、政策支持、考核管理等方面全面加强"四好农村路"建设。"十三五"期间，涵盖县道升级改造、乡道双车道拓宽、窄路面拓宽和新建旅游路、资源路、产业路、路网联通路、县乡道路面改造、县通25户自然村公路建设等，在赣州市率先建成全区域多环形农村路网，基本实现贯通南北、连接东西、辐射四方的农村全域路网。

2）"难点"变"亮点"，实现农村公路监管"一条龙"。针对农村公路建设点多、面广，难于监督管理的问题，全面实施区、镇、村三级路长负责制，对所管公路的建设、管理、养护、运营工作直接负责，协调解决公路发展中的突出问题，确保公路运行安全畅通。建立完善公路监管架构，形成区有路政员、镇有监管员、村有护路员管理体系，坚持村护路员每日巡路，镇监管员每周查路，章贡区路政员每月评估的工作机制。建立完善工程建设监督管理机制，对章贡区所有农村公路建设项目监督均以设计文件、相应技术规范和质量检测评定标准为依据，突出质量检测重点部位、重点工序和检测频率，切实把好建筑材料进入关、施工工序关、工程监督关、现场管理关和工程检测关"五个关口"，各项工程合格率达100%，未出现一起不合格工程，成为赣州市一大亮点。截至2020年12月9日，该区农村公路在册总里程411.573千米，其中，县道三级及以上等级路占比达80%；乡道四级及以上等级路占比99%。通25户以上的组道、自然村道水泥硬化，占比达100%；54个建制村已全部实现有一条路面宽6米以上的硬化道路从村委会通往镇政府所在地。①

3）"变化"成"固化"，实现农村公路养护"全覆盖"。农村公路养护状态曾变化不断，并未形成一套固定的工作机制。不断完善农村公路养护的思路和举措，建立了"政府主体、行业指导、部门协作、群众参与"的养护工作机制，进一步推进养护固定化、常态化、多元化、标准化。2018年起，将组级公路纳入养护范围，按照县道10000元/千米、乡道7000元/千米、村道3500元/千米、组道1000元/千米的养护标准，实行县道"管养分离"，把区级公路养护权下放至乡镇，充分发挥镇政府、村委会和村民的作用，各镇成立公路养护队，各村落实公路养护员，坚持以养护质量为重点，建立养护质量与报酬支付相挂钩的工作机制，真正实现有路必养。同时实行日常保洁市场化，结合农村环境常态化整治，将农村公路路况保洁单列出来推向市场，实现365天全天候保洁，公路养护工作连续多年位列赣州市前茅。截至2020年12月9日，章贡区公路养护里程共735.04千米，覆盖全区所有的县道、乡道、村道、组道。同时积极开展集中性养护，组织集中养护1000余人（次）。②

4）"村民"成"居民"，实现农村公路运营"一体化"。坚持村民就是城市居民的理念，不断完善农村客运网络体系，提升城乡交通网络覆盖和广度，通过合理布局线路，建设了4个镇级公交车首末站，设立公交站台162个，区财政每年安排1000多万元资金，支持市公交总公司开通建制村通公交车。截至2020年12月9日，全区开通农村公交线路48条，运营车辆590台，建制村通客车率为100%，实现了城乡公交一体化和1元乘坐均等化。③同时统筹规划建设城乡货运配送节点网络，建设了华东城、中农批等综合性农产品物流中心，引进了赣州市首个新能源城乡物流配送项目，建设了红土地G7智慧物流服务平台，联合供销、邮政升级改

---

①②③ 资料来源：赣州市章贡区获评全省第五批"四好农村路"示范县［EB/OL］.https：//www.ganzhou.gov.cn/zfxxgk/c100449k/202012/f3e7447a16f94c83a4d6bb8554729a83.shtml，2020-12-09.

造了 23 个建制村的供销快递物流集散点，解决农村物流配送"最后一公里"。

（4）全南县："交通+特色镇"。全南县以"农村路+特色产业"的发展思路，凸显出对接融入粤港澳大湾区的交通区位优势，以南线省道 S549、北线省道 S454 为主干线，推进"四好农村路"建设，以路为媒，打通了城镇与乡村的经济基础发展"血脉"，把深入民心的交通基础设施"全线贯通"，更是将沿线特色产业串珠成链，为富民兴业持续加力。

村里的现代农业示范园每天都是忙碌的景象，农民农闲时也在基地务工增收。阔步于香韵兰花基地，见到、闻到、感受到的均是芬芳。在基地门口，这条"芳香大道"帮了大忙，很多广东客商自驾前来参观订货，基地的兰花源源不断地运往粤港澳大湾区的花卉市场。为了给镇里的芳香产业找出路，全南县给南迳镇规划了一条联通兰园、梅园、桂园的"芳香大道"，为造福沿线村民，又把大道修到了圩镇上。2018 年中旬，装载兰花的货车直接开到基地，既保证了兰花外销的品相，也省下了不少费用。

条条国道、省道串连起各乡镇的农村公路，顺着千万条农村路，一车车游客走进了风景如画的小山村。沿路北上，陂头镇高车乡村公园里，打卡四坊五巷，住乡村民宿的游客络绎不绝。村子风景如画，山货香菇、笋干、木耳，中药材灵芝、黄柏等也享有盛名，几个年轻些的村民，依托村里集供销、电商、快递于一体的村级交通服务站，"坐"在家里实现了老板梦。

随着全南县大力实施全域旅游"珍珠链"战略，宽畅的农村公路扮上明快的色彩，成了"旅游公路"，把游客送进村，村民足不出户吃上了"旅游饭"。鼎龙·十里桃江、天龙山景区、中国攀岩小镇、雅溪古村 4 个核心景区和江禾田园等 11 个乡村旅游点……旅游产业带依托农村公路不断做大做强，乡村旅游特色环线品牌效应逐渐凸显。

道路通，百业兴。覆盖县、乡、村三级农村公路的"路长制"正在全县推行开来，一条条"四好农村路"通村畅乡，有效盘活了地区资源，带动了特色种养业、乡村旅游、农村电商等产业发展，成为民生路、产业路、致富路，为农村带去了人气、财气。

（三）机场建设：航空口岸国际化

近年来，赣州民航事业进入快速发展阶段，高客流量让赣州黄金机场显得格外繁忙。从赣州出发，可以北上哈尔滨，南下三亚，西至昆明，东到上海，还可以直飞国外，区域航空枢纽功能明显增强。

赣州从改善机场基础条件入手，进行黄金机场改扩建。智能化的黄金机场改扩建工程顺利完工，新建 T2 航站楼投入使用。黄金机场，临时航空口岸获批开放，首条国际航线正式通航，赣州迈入国际航空时代。成为江西第二个国际航空港，赣州打通了国际人流、物流通道，成为全国革命老区中唯一拥有铁路口岸、公路口岸和航空口岸的城市。

金机场取得国家发展改革委立项批复，开工建设；大余新城军民合用机场及定南、石城、安远、宁都、龙南等通用机场前期工作有序推进，赣州"一主多辅"机场布局呼之欲出。赣州还成功入选全国 13 个、江西省唯一的首批民用无人驾驶航空试验基地，无人驾驶航空试验飞行空域由 480 平方千米增加到 1.89 万平方千米。

（四）水运建设：千帆竞发将再现

唐宋时期，赣江是北上中原，南下广东的水运脉络，曾经货运繁忙、千帆竞发。2020 年 12 月《赣州港总体规划》正式获批，赣州首个千吨级码头赣县港区五云作业区综合枢纽码头一期及疏港公路工程已经正式开建，赣粤运河成功列入《国家综合立体交通网规划纲要（2021—2050 年）》《内河航运发展纲要》，为赣州市水运振兴发展打下坚实基础，水上运输将再现历史辉煌。

2020 年 1 月，赣州港（水运）综合枢纽投资建设框架协议签约仪式在市政中心举行。赣州市人民政府与江西省港口集团有限公司就赣州港（水运）综合枢纽投资、建设、营运等达成框架协议并签约。

赣州港（水运）综合枢纽，位于赣州港赣县港区五云镇赣江左岸，是赣州水路货运最重要、最核心的部分。包括五云作业区、龙爪角作业区、五云港口物流园。总投资约 35 亿元，总占地面积约 2452 亩，占用岸线 2100 米，可靠泊千吨级船舶。年设计通过能力为 820 万吨、38.5 万标准箱。预计于 2025 年基本建成。①

建设赣州港（水运）综合枢纽，对于构建赣州综合立体交通运输体系，把赣州建设成为省域副中心城市和"一带一路"重要节点城市具有重要意义；有利于发挥水运运能大、成本低、占地少、污染轻等优势，为赣州经济社会发展提供水路运输保障。同时，也为赣粤运河规划建设、打通江西省水路出海新通道，加快对接融入粤港澳大湾区奠定基础。赣州港（水运）综合枢纽将成为赣粤运河上连接长江、珠江两大水系的区域航运中心，充分利用和发挥赣州赣江

---

① 资料来源：赣州港（水运）综合枢纽来了，年设计通过能力 820 万吨［EB/OL］. https://www.ganzhou.gov.cn/zfxxgk/c100449k/202002/f6ed9d13c442430581d3fb217d8b21d9.shtml, 2020-01-23.

黄金水道优势，让赣州广泛、深度融入长江经济带、珠江经济带，助推赣南经济腾飞。

（五）物流运输：枢运体系初建成

地处赣、粤、闽、湘四省交通要道的赣州，一直都具有发展大物流的区位优势。随着高铁、航空、公路等立体交通网络的不断完善，赣州市物流基础设施得到极大完善，初步构建了物流枢纽中心总框架，物流产业迎来蓬勃发展的春天，赣州现代物流业在全国的战略地位一路飙升。2012 年《国务院关于支持赣南等原中央苏区振兴发展的若干意见》把赣州定位为连接东南沿海与中西部地区的区域性物流中心城市。2016 年获批国家现代物流创新发展试点城市。2018 年《国家物流枢纽布局和建设规划》把赣州列为商贸服务型国家物流枢纽承载城市，2019 年列为国家物流枢纽城市首批推进名单。

1. 赣州国际陆港

赣州国际陆港是我国拥有较多开放平台和众多口岸功能的港口之一，也是我们江西省对外开放的主力军和引领者。

2014 年获批对外开放口岸以来，陆续建成了铁路赣州国际港站、国际铁路集装箱中心、海关监管作业场、保税中心、现代仓储物流中心、公路口岸、临港产业园等核心功能区。在成为内陆港口的基础上，进一步加强了与蛇口港、营口港、漳州港、太仓港、张家港、九江港等港口的合作。

赣州国际陆港进出口的货物品种已由单一的木材进口、家具出口扩大到电子产品、玩具、服装、煤炭、蔬菜等十几个品种，获批建设进口肉类、汽车整车指定口岸，自 2016 年 5 月建成并投入使用以来，赣州国际陆港常态化开行 19 条中欧亚班列线路，已通达 30 多个国家和地区。成为全国中欧亚班列主要开行城市之一，班列运输产品不仅服务江西本地企业，同时辐射广东、浙江、福建、广西等 10 多个省份，已成为江西省"一带一路"的前沿窗口。运行线路辐射全球50% 以上面积，已成为江西联通欧亚大陆桥的黄金通道。

"十三五"期间累计开行中欧（亚）班列 781 列、铁海联运"三同"班列3531 列，吞吐量突破 105 万标箱。开通了"进境货物同价到港，出境货物同价起运，与沿海港口同等效率"（以下简称"三同"）铁海联运班列。赣州国际陆港在班列开行方面已位居全省第一，正向全国前列迈进。2021 年第一季度，赣州国际陆港已开行中欧（亚）班列 65 列，铁海联运"三同"班列 263 列，内贸班列 158 列，总吞吐量为 150668 标箱，其中，铁路集装箱吞吐量 40394 标箱，同比增长 29.4%；公路运输 110274 标箱，同比增长 10.2%。①

为做好中欧班列运输组织，南铁赣州国际港站科学制订中欧班列开行方案，对中欧班列实行优先承运、优先装车、优先挂运，优化运转、调车、货运作业流程。与赣州国际陆港、赣州海关等部门加强协调配合，不断提高班列组织、报关、查验和装卸效率，全力保障中欧班列顺利开行。目前，经由绥芬河铁路口岸入境的中欧班列主要到达成都、郑州、重庆、大连、哈尔滨等地，出境的中欧班列主要到达俄罗斯、波兰、德国、比利时等国家。为确保中欧班列安全运营，牡丹江铁路公安处绥芬河站派出所落实所长负责制，紧盯重点时间、重点区段、重点环节，与相关部门协调联动，加强国境铁路线路巡逻和站内秩序维护，确保途经绥芬河铁路口岸的中欧班列安全。

2021 年 4 月 7 日，赣（州）深（圳）组合港开通运营暨"双区联动"跨境电商班列开行仪式在赣州国际陆港举行。这标志着赣粤两省在深化开放合作上又取得重要成果。将进一步凸显赣州国际陆港的交通区位优势，极大地提升陆港集疏运能力和对外开放水平，推动赣州国际陆港全面走向国际化，助力新时代赣南苏区振兴发展。南昌海关、深圳海关共同创新推出"跨省、跨关区、跨陆海港"的赣深组合港通关新模式。在该模式下，经盐田港进出口货物可在赣州国际陆港办理提还箱及海关通关手续，实现陆港与海港同样的作业模式、同样的信息系统、同样的通关效率。这意味着出口货物运抵赣州国际陆港等同运抵盐田港，经赣州海关放行后可直接在盐田港装船出口；进口货物运抵盐田港等同运抵赣州国际陆港，经大鹏海关放行后可直接在赣州国际陆港提离。

在粤赣合作的基础上，赣州国际陆港、匈牙利中欧商贸物流合作园区、阳光捷通开展了中国（赣州）跨境电商综试区与中欧商贸物流合作园区"双区联动"项目合作，通过构建"丝绸之路经济带"创新合作新模式，加强"双区"之间设施联通、贸易畅通、资金融通，提升产业链供应链协作配套水平，争创"双区联动"国家级示范工程。相比之前的通关模式，企业更好享受到"公转铁"的低成本运输优势，可节约成本 30%，同时还有效避免了部分改船造成的损失。

赣州国际港站将进一步加强引入跨境电商卖家企业，引进跨境电商综合服务平台，助力赣南老区的家具、服装等企业走向国际。赣州国际陆港深入推进国家

---

① 资料来源：中国新闻网．赣州国际陆港开出 2021 年首趟中欧班列［EB/OL］．https：//baijiahao．baidu．com/s？id＝1687863592029847131&wfr＝spider&for＝pc，2021-01-03.

物流枢纽建设，打造内陆双向开放高地，成功获批为全国内陆第八个临时对外开放口岸和全国内陆首个国检监管试验区、全国多式联运示范工程。从全国唯一的进口木材直通口岸，快速成长为全国功能最齐全的内陆口岸之一，成为赣州乃至江西对接融入"一带一路"的重要节点，进入全国内陆港"第一方阵"，成了赣州融入粤港澳大湾区的底气之一，南康家具产业因此实现木材"买全球"、家具"卖全球"。

2. "赣州—东盟"直通车

2021 年 5 月 20 日下午，江西省赣州 RCEP 东盟产业园竣工暨"赣州—东盟"跨境直通车开通仪式在赣州综合保税区举行。

赣州 RCEP 东盟产业园位于赣州综合保税区标准厂房三期，目前已落户"赣州—东盟"跨境直通车项目、闻泰智能制造产业园项目、车声雷新型稀土永磁材料生产项目、黄金珠宝和贵金属半导体封装新材料加工产业园项目、高新能稀土永磁新材料生产项目、纵凯智能终端产品生产项目、彩诺喷墨研发生产项目、蓝芯半导体芯片研发生产制造基地项目 8 个。其中，"赣州—东盟"跨境直通车项目由深圳诺亚供应链管理有限公司投资建设，将建立中国至东盟跨境物流分拨中心华南分中心项目，投资运营"中国—东盟"跨境直通车。项目运营后，将实现"中国—东盟"货物"门到门"抵运，改变赣州市乃至周边地区货物需在边境停留、集散、报关的现状，对赣州市乃至江西省新增出境通道、出海通道，具有重要的政治和战略意义，将对赣州市乃至江西省新增出境通道、出海通道、降低综合物流成本产生重要的战略意义，进一步助力赣州市对接融入"一带一路"建设、粤港澳大湾区桥头堡建设。

3. 冷链物流

物联网快速发展，冷链物流重要性不言而喻。赣州通过实施冷链物流补短板工程，建成冷库总容量 53 万吨，重点推进了赣州冷链物流中心、南康江西龙泰安冷链产业园、会昌农产品冷链仓储物流园等 8 个冷链物流项目建设。如今赣南，高铁动车风驰电掣，高速公路纵横交错，普通国省道四通八达，乡村公路通组到户，物流客运跨域直通……一个横连东西、纵贯南北、立体延伸、通达全国、覆盖城乡、高效便捷的全国性综合交通运输网络基本形成，为赣州建设革命老区高质量发展先行示范区、省域副中心城市、"一带一路"重要节点城市和打造对接融入粤港澳大湾区桥头堡提供坚实的交通运输保障，也为赣南老区产业发展提供了强大动力。

二、5G 建设：新一代信息通信设施

（一）政策依据

为加快 5G 网络建设，加强 5G 产业培育，积极打造 5G 应用示范城市，助力革命老区高质量发展示范区建设，江西省陆续出台了《江西省人民政府关于印发江西省 5G 发展规划（2019—2023 年）的通知》《加快推进 5G 发展的若干措施》等文件，同时成立 5G 发展工作领导小组办公室，为贯彻落实江西省委、省政府加快发展 5G 的战略部署，促进全省 5G 产业发展和创新应用，将江西省建设成为在全国具有重要影响的 5G 产业发展先行区、创新应用示范区，制定了《2021 年江西省 5G 发展工作要点》，明确 2021 年新开通 5G 基站 2.1 万个，力争全省累计开通 5G 基站达 5.5 万个，实现"县县通 5G"和重点城镇以上地区 5G 网络连续覆盖。

根据江西省 5G 发展五年规划和加快 5G 产业发展三年行动计划，以及加快推进 5G 发展的若干措施，2019 年赣州市因地制宜制定《赣州市 5G 发展工作方案》，出台 5 个方面 34 条措施，确定 5G 发展的路径和方向，大力推进城市通信基础设施建设，加快构建新一代信息通信基础设施。2021 年，实现中心城区和重要功能区 5G 网络连续覆盖，基本实现 5G 规模商用组网，5G 产业生态体系基本构建，5G 产业规模力争突破 100 亿元，5G 在经济社会各领域得到广泛应用。主要体现在以下五个方面：

（1）争取上级主管部门和通信运营商的支持。利用中央继续支持赣南原中央苏区振兴发展的有利时机，争取各部委对赣州市 5G 等通信基础设施建设的支持。各通信运营商积极争取省公司及集团公司在 5G 建设、应用和资金等方面对赣州予以倾斜，推动赣州 5G 应用加速发展。

（2）加快网络部署。壮大网络规模，加快建设 5G 基站和配套网络，加深 5G 网络深度覆盖；编制网络站址规划以此来做好 5G 基站与国土空间总体规划和城市控制性详细规划的衔接；统一网络报建手续来简化 5G 网络建设申报手续，加快建设进度；开放公共建筑设施为 5G 基站、通信机房及通信配套设施建设提供场所和施工便利；统筹杆塔资源共享可以有效整合 5G 站址资源；强化基站电力保障，保障 5G 基站正常用电需求；利用现有网络资源来推进网络部署，避免重复建设造成资源的浪费。

（3）夯实平台建设。推进市、县政务服务数据资源整合、共享，推动赣州市政务数据共享交换体系向下延伸，为 5G 政务应用提供政务数据支撑；加强和龙头企业合作，开展 5G 应用实验，利用企业网络实验室为赣州市前瞻性应用研

究提供测试环境；促进创新中心应用落地做好产业赋能；依托 5G 产业链相关企业、科研机构等，组建 5G 产业联合会，打造交流合作平台；支持建设国家级和省级 5G 创新中心、工程研究中心、重点实验室等。

（4）加大应用示范。支持章贡区、赣州蓉江新区、信丰县 5G 示范应用先行先试，开展 5G 网络及应用示范项目建设，开展特色创新应用、5G+文化旅游、5G+工业互联网、5G+无人机和自动驾驶、"5G+VR" 示范应用、5G+医疗、5G+农业、5G+教育、5G+智慧城市。重点推动 5G 在智慧城市、数字产业、文化创意等方面的试点示范应用。

（5）加强产业培育。结合赣粤电子信息产业带建设，依托原有产业基础，重点布局传感器、智能终端、基础元器件等 5G 核心器件及软件和信息服务业；不断提升 5G 时代数据资产的综合应用水平；扶持孵化一批赣州本土 5G 产业链相关企业，尽快发挥 5G 产业项目经济效益和示范带动效应；瞄准国内外技术领先、产品竞争力强、发展前景好的知名企业，引进落户；打造 5G 产业基地；打造 5G 应用创新中心与人才服务中心，鼓励企业、团队、个人参与 5G 创新应用的研发与推广，发掘一批 5G 创新创业团队。

（二）政策实施情况

1. 基站建设

赣州市紧抓 5G 发展历史窗口期和战略机遇期，大力推进 5G 网络建设和 5G 融合应用、协同创新，着力构建具有赣州特色的 5G 应用和产业生态体系，把赣州市建设成为 5G 应用示范城市。2020 年 9 月底，赣州市 5G 基站建成 4019 个，居全省第二位，已实现中心城区 5G 信号连片覆盖和各县（市）火车站、医院、学校和工业园区等热点区域覆盖。其中龙南成为江西省首个"城区+工业园区"5G 网络全覆盖的县级行政区。

2. 5G 应用

5G 是驱动赣州市经济高质量增长新引擎。5G 与云计算、大数据、VR 等技术的深度融合，将带动赣州市高新科技、信息应用和服务、农业、工业及制造业等全链条、体系化发展。

（1）5G+工业互联网。2019 年 12 月，赣州移动携手华南泵业打造基于"5G+AR"的远程协作，实现北京专家远程指导江西华南泵业普通工人完成现场故障维护。南康龙回共享智能备料中心是国内家具产业首个 5G 独立组网工业互联网工厂，智能化率达到 95%。整条产线如同智慧"高速公路"，不仅实现了无线化生产，不会发生拥堵，还能根据产能和用户需求变化随时调整布线。

（2）5G+智慧农业。赣南果业大数据平台将 5G、物联网、大数据、AI、云计算、区块链等技术相结合，是集环境数据采集、智能控制、视频监控、区块链溯源、电子商务为一体的大数据服务平台，旨在帮助果农以精准种植的方式提高科技种植水平，提升果品质量，增加产品附加值，同时助力政府打造巩固赣南脐橙品牌，提升赣南脐橙的品牌价值。

（3）5G+车联网。在赣州市章贡区红都大道进行车辆无人驾驶测试，通过 5G 网络收集信息，做出适合的驾驶路线，并给驾驶者提供相关告警应用，在 5G 网络支持下，无人驾驶车辆可以更安全、更高效。

（4）5G+智慧医疗。赣南一附院 5G 高清手术示教，利用 5G 大带宽、低时延的特性，高清手术示教可以实现远程手术示教、视频存档回放、学术会议探讨等功能。截至 2020 年 6 月赣州市立医院已经建立了 5 个 5G 基站，建设智慧型医院，建成 5 个医疗中心，计划在各个县市区建立分中心，把专家的智慧延伸到基层。基于 5G 网络，医院也可以向全球转播一台手术，即时转播、全球交流，于都县人民医院就已经实现了"一对多"5G 远程协同微创介入手术视频会。

（5）5G+VR。5G 的低时延性，使 VR 的发展瓶颈得以突破，寻乌孺子牛科技有限公司营销人员在外省让客户沉浸式参观其厂区及设备生产过程的需求。在南康龙回共享智能备料中心的"5G+AR"智能调度中心，戴上一副 AR 智能导航眼镜，眼前便出现一块屏幕，全方位展示各工线运行情况和工单进度。点击屏幕进行操作，可以实现产线数据大空间定位同步、设备巡检、设备原理展示、远程协助等。

（6）5G+智慧城市。赣州市城市综合管理服务平台运用智能感知技术，试点升级智能监控子系统、智能公厕子系统、油烟监测子系统、扬尘监测子系统；一体化管理机制、部件专项普查机制、案件自行处置机制，从源头统一规范了处置标准，集中清理了城市热难点问题，简化了案件处理办理流程；实现对案件、人员等全方位、多维度的大数据决策辅助分析，全面掌控赣州市城市管理运行状况，同时运用了热力图、聚类图和一系列图表对平台运行情况进行直观分析展示。

2020 年 6 月，赣州市政府与中兴通讯、江西移动签署 5G 应用示范城市建设战略合作框架协议，在 5G 示范应用领域开展务实合作。江西移动 5G 实验室现已落地赣州。与此同时，赣州市涌现出赣南果业大数据服务平台、南康家具产业智联网、江西南方于都万年青智慧工厂、富尔特电子智能工厂、龙南骏亚精密电路有限公司智能工厂等一批 5G 优秀应用案例。信丰 5G 产业园、龙南 5G 产业园等一批专业园区正在推动建设。

三、能源保障：提升能源供给能力

（一）"四零"接电服务

赣州市在江西省率先创新实践市县全覆盖的"四零"（零费用、零条件、零审批、零跑腿）、"四省"（省钱、省时、省力、省心）接电服务，全力提升电力客户获得感和满意度，树立全国办电服务的"苏区样板""赣州品牌"。

"四零四省"改革举措的推行，进一步提升了企业获得电力服务水平，优化了流程，压减了时限，降低了费用，节约了成本。其中，高压用电企业、低压小微企业平均办电环节分别由 4 个、3 个压减至 3 个、2 个，接电时间分别由 30 个、15 个工作日压缩至 15 个、5 个工作日，均领先《国家电网有限公司供电服务"十项承诺"》《江西省优化营商环境攻坚行动方案》公布的报装时限要求。

同时，赣州市在江西省率先制定出台《关于进一步加强赣州市光伏发电项目管理工作的通知》，文件明确从推进协调有序发展、强化项目开发管理、规范开发市场秩序等三方面加强光伏发电项目全流程管理。按照"政府统筹与市场竞争相结合"的原则，文件规定了由市级层面统筹赣州市光伏发电建设场址资源（包括土地、屋顶等）、电网接入和消纳等公共资源。

华能瑞金电厂二期、信丰电厂顺利开工；赣州西（虔州）500 千伏输变电工程正式投运，赣州电网形成 500 千伏变电站东西南北"双环网"供电，率先全省实现 220 千伏变电站县县全覆盖。

（二）天然气实现"县县通"

2017 年 9 月，江西省天然气管网赣州"县县通"工程——赣州南支线在大余县开建，这标志着赣南老区天然气发展按下"快进键"，2020 年，赣州市 18 个县（市、区）全部连通省级天然气管网，实现管输天然气"县县通"。

赣州市委、市政府高度重视天然气建设这一惠民工程，市发展改革委积极对接，做好服务。为加快推进天然气管网建设，赣州市经与省天然气控股公司沟通协调，2017~2019 年，赣州市开工建设 12 条省级管网，总长度 680 千米，预计总投资约 28 亿元。项目建成后有利于减轻企业生产和群众生活负担，居民用气价格、工商业用气价格将分别下降为 3.3 元/立方米、3.07 元/立方米。[①] 同时，赣州市境内省级天然气管网全部建成后，年管道输气能力将达到 30 亿立方米，

---

① 资料来源：郑荣林.2020 年赣州实现管输天然气"县县通"［EB/OL］.中国江西网，https：//jxgz.jxnews.com.cn/system/2017/10/19/016478663.shtml，2017-10-19.

有利于节能环保、推进生态文明建设，减少二氧化硫、二氧化碳、粉尘等排放量。对于保护赣州良好生态环境，保障能源需求，推进当地经济社会绿色可持续发展具有重要深远的影响。

四、水利工程：提质增效全面覆盖

为进一步健全完善赣州市防洪、灌溉、供水等水利工程体系，着力补短板、强弱项，保障水安全，《赣州市水利建设三年行动计划（2020—2022 年）》于2020 年 8 月出台实施。该文件以习近平新时代中国特色社会主义思想为指导，深入贯彻落实"节水优先、空间均衡、系统治理、两手发力"的治水方针，立足乡村振兴发展战略，突出问题导向和实际需求，坚持"兴利除害结合、防灾减灾并重、治标治本兼顾"原则，掀起水利工程补短板高潮，推动水利基础设施提档升级，构建功能完善、安全高效的水利工程体系，为赣州建设革命老区高质量发展示范区提供有力支撑。赣州水利重大项目谋划如表 4-3 所示。

表 4-3　赣州水利重大项目谋划

序号	项目名称	项目介绍及建设内容	总投资（亿元）
1	赣粤运河水利项目	赣粤运河修建，其国内国际影响不可估量，将极其巨大地促进赣州市经济社会发展，同时也可提升赣州市防洪能力。赣州市境内航道 100 千米，高差 99 米，初始规划建设 10 座梯级。开通储潭至茅店河道，具备通航和分洪功能，使航运通道避开主城区，同时减轻城区防洪压力	250
2	防洪控制性工程	规划建设寒信大（一）型水库。工程位于于都县段屋乡寒信村，距于都县城 22 千米，水库正常蓄水位 158 米，总库容 14.92 亿立方米，控制梅江流域面积 6700 平方千米。工程开发任务为以水资源配置、防洪、供水为主，兼顾灌溉、发电、旅游等综合利用效益。工程总投资约 370 亿元	570
		规划建设极富大（二）型水库。在信丰县铁石口新建极富大（二）型水库总库容 7.62 亿立方米，控制桃江流域面积 3600 平方千米。该项目可作为赣粤运河上游引水水库，从极富水库引水至信丰跨省航运梯级补充水源，估算总投资 200 亿元（含引水工程）	
3	五江十岸防洪提升和生态修复工程	工程依据城市规划设计，在提升城市防洪能力的同时，分步打造欧潭水生态、汶潭水工程、储潭水航运等水文化特色鲜明、水城融合、人水和谐的三江三潭城市水利风景，形成独一无二的"地面'喜'字河、地下福寿沟"赣州水游文化。先期推进防洪提升与生态修复，完成城区堤防和赣江固岸 102.46 千米建设，打造欧潭、汶潭水利风景名片	60

序号	项目名称	项目介绍及建设内容	总投资（亿元）
4	大型现代化灌溉工程	以流域为单位，打破县域限制，整合各类水源和渠系，规划建设梅江灌区、贡江灌区、桃江灌区三个50万亩以上大型现代化灌区，建成后将为赣州市农业现代化和乡村产业振兴提供坚强的水利保障	90
5	水资源调配项目	谋划推进赣江与东江水系连通工程。从龙南县城上游取水，将桃江水引入定南县下历河，入东江。工程设计引水规模50万~80万立方米/天（即设计引水流量6~10立方米/秒），引调水线路总长34千米，工程建成后，既可以解决定南县城严重缺水的问题，又能增加下历河生态流量，有效改善定南入东江水质。工程估算总投资约20亿元	30
		谋划推进引梅江水入绵江工程。工程从瑞金市瑞林镇梅江取水，引调水至瑞金中心城区上游绵江。工程设计引水规模30万立方米/天（即设计引水流量3.5立方米/秒），引调水线路总长26.5千米，工程建成后可解决瑞金城市水量不足问题。工程估算总投资10亿元	
6	赣县抽水蓄能电站	规划推进赣县大埠乡抽水蓄能（装机容量120万千瓦）电站项目，建设上下水库、引水系统、地下厂房、开关站等	75
合计		—	1075

资料来源：赣州市人民政府办公室关于印发赣州市水利建设三年行动计划（2020—2022年）的通知（赣市府办字〔2020〕51号）［EB/OL］. https：//www.ganzhou.gov.cn/zfxxgk/c100269/202008/8a0340bd8bee456ea1b08d0523acb9a8.shtml，2020-08-25.

按照上述文件要求，到2022年，赣州全市的县城以上城市堤防全面达标，市内主要河流及其重要支流得到清淤疏浚整治，防洪减灾问题较突出的764.8千米中小河流得到治理，河势基本得到控制；重点病险水库、山塘全部得到加固，易发、频发山洪灾害点得到系统治理，防洪保安工程体系不断完善。实施30座万亩以上大中型灌区续建配套与节水改造，毁损淤积堵塞的灌渠得到有效修复。大力推进城乡供水一体化，实施供水保障提升工程，新建一批中小型水库，加快城镇水厂管网延伸，农村集中供水率达95%。全面谋划推进重大水利项目，为构建功能完备、保障有力的基本现代化水利工程体系打好基础。

在谋划重大水利项目方面，明确指出，聚焦水资源空间分布与生产力布局不相适应的突出矛盾，科学谋划重大水利工程项目，着力构建水灾害防御体系完备、水资源空间配置合理、生产生活用水保障有力的基本现代化水利工程体系，把赣州打造成千年不涝之城。具体实行以下两个举措，如表4-4所示。

表4-4　把赣州打造成千年不涝之城的两大举措

名称	具体内容	负责部门
强化重大项目储备	全面摸清赣州市水利基础设施现状以及突出短板和薄弱环节，立足高质量发展需求，重点谋划储备大型蓄水工程和引调水工程项目，总投资估算1075亿元。包括规划推进赣粤运河水利项目，初始规划建设10座梯级；规划建设于都寒信、信丰极富大型水库防洪控制性工程，建设茅店航电水利枢纽；规划建设"五江十岸"防洪提升和生态修复工程，打造欧潭、汶潭、储潭城市水利风景名片；以流域为单位，打破县域限制，整合各类水源和渠系，规划建设梅江灌区、贡江灌区、桃江灌区等50万亩以上大型现代化灌区；规划推进引梅江水入绵江、引桃江水入东江等引调水工程，开通茅店至储潭10千米航运、分洪人工运河；规划推进赣县抽水蓄能（装机容量120万千瓦）电站建设	实施主体：各县（市、区）人民政府，赣州经济技术开发区、蓉江新区管理委员会责任单位：赣州市水利局、赣州市发展改革委
推动重大项目入规开工建设	全力争取更多的水利项目列入国家"十四五"和新一轮苏区振兴发展规划，完成一批重大项目前期工作，2021年前启动梅江大型现代化灌区、"三江六岸"防洪提升和生态修复、茅店水利枢纽等重大项目开工建设，2022年前启动赣粤运河水利项目、于都寒信大型水库、梅江、桃江引调水，贡江灌区、"五江十岸"工程等项目前期研究或开工准备工作。争取水系连通和农村水系综合整治国家试点，推动水生态、水环境持续好转	实施主体：各县（市、区）人民政府，赣州经济技术开发区、蓉江新区管理委员会责任单位：赣州市水利局、赣州市发展改革委

资料来源：赣州市人民政府办公室关于印发赣州市水利建设三年行动计划（2020—2022年）的通知（赣市府办字〔2020〕51号）［EB/OL］. https://www.ganzhou.gov.cn/zfxxgk/c100269/202008/8a0340bd8bee456ea1b08d0523acb9a8.shtml，2020-08-25.

目前，赣州市稳步推进兴国洋池口、龙南茶坑等重大水利工程，小型农田水利重点县建设实现全覆盖。

第三节　优化营商环境　服务企业主体

营商环境是企业生存发展的土壤，是影响市场主体活力的关键因素。优化营商环境，就是发展生产力、提升竞争力。进入新时代，我国经济已由高速增长阶段转向高质量发展阶段。吸引企业投资兴业，改善营商环境，从打造"政策洼地"转向打造"环境高地"，成为各地区各部门推动高质量发展的共识。为了持续优化营商环境，不断解放和发展社会生产力，激发市场主体活力，维护市场主体合法权益，加快建设现代化经济体系，促进高质量跨越式发展，加快建设现代化经济体系，推动高质量发展，2019 年 10 月 8 日国务院第 66 次常务会议通过了中华人民共和国国务院令第 722 号《优化营商环境条例》。

江西省依据条例和有关法律、行政法规的规定，结合本省实际出台了《江西省优化营商环境条例》，成为国务院《优化营商环境条例》出台后，全国第七个出台相关地方性法规的省份。着力打造三个"一流"、建设一个"高效"的"四最"营商环境，"政策最优、成本最低、服务最好、办事最快"。

为全面贯彻落实中央与江西省委、省政府关于进一步优化营商环境更好服务市场主体有关文件精神，进一步聚焦市场主体关切，更大激发市场活力，增强发展内生动力，推动赣州市营商环境在江西省走前列、创一流，赣州市政府出台《关于进一步优化营商环境更好服务市场主体的若干措施》，主要内容如下：

一、持续提升投资建设便利度

赣州市《关于进一步优化营商环境更好服务市场主体的若干措施》从 12 个方面确保投资建设便利度，如表 4-5 所示。

在具体落实工作中，赣州下辖各县（市、区）又从本地实际出发，进一步深化细化。如寻乌县自 2021 年 3 月 1 日起，实现企业（有限公司、个人独资企业、合伙企业，不包括个体工商户和农民专业合作社）开办首套印章由政府统一埋单，印章包括企业公章、财务专用章、法人章各一枚。完成企业开办流程后，公章刻制单位会收到该县市场监管局推送的营业执照信息和刻章信息。刻章单位免费刻制公章后，通过免费快递或线下方式领取公章。这意味着寻乌县新设立企业办理刻章业务进入"零成本"时代。

表 4-5　提升投资建设便利度具体内容

名称	具体内容	负责部门
提高企业开办效率	优化企业开办流程，将企业登记、印章刻制、申领发票、社保登记、预约银行开户等合并为一个环节，全面推行"一窗综合受理""一表填报"，统一申请办理，窗口一次性发放营业执照、印章、发票等办理结果，企业开办时限压缩至 1 个工作日以内。开办"一网通办"平台，2020 年底全面推行企业开办全程网上办理。加快推行电子营业执照、电子签名及电子印章的认可和使用，将电子营业执照作为企业开办全流程相关业务的合法有效身份证明。大力推行企业办件寄递、证票自助打印服务	赣州市行政审批局、赣州市市场监督管理局、赣州市公安局、赣州市税务局、赣州市人力资源和社会保障局、赣州银保监分局

续表

名称	具体内容	负责部门
实行开办企业首套刻章免费	凡在赣州市范围内注册的新开办企业，可享受标准为200元/套的首套印章免费服务，所需经费由受益财政给予足额保障	赣州市行政审批局、赣州市财政局、赣州市公安局、各县（市、区）政府
工程建设项目分级分类管理	试行对社会投资的小型低风险新建、改扩建项目由政府部门发布统一的企业开工条件。企业取得用地、满足开工条件后只要出具承诺书即直接发放相关证书准予开工	赣州市住房和城乡建设局、赣州市行政审批局、赣州市自然资源局、赣州市发展改革委、赣州市交通运输局
工程建设项目全流程网上审批	工程建设项目审批与投资审批、规划、消防等业务相关的多个审批管理系统数据实时共享，实现信息一次填报、材料一次上传、相关评审意见和审批结果即时推送。将工程建设项目审批涉及的行政许可、备案、市政公用服务等纳入线上平台，公开办理标准和费用	赣州市住房和城乡建设局、赣州市行政审批局
提升供电服务能力	对160千瓦以下低压非居民供电推行"三零"服务（零审批、零费用、零条件）。压缩供电办理时限，无电力外线接入工程办理时限压缩至3个工作日以内；有电力外线接入的低压工程办理时限压缩至8个工作日以内；有电力外线接入的高压工程，在用户具备受电工程建设条件下，高压单电源和双电源用户办理用电业务时间，原则上分别不超过15天和27天	国网赣州供电公司、赣州市城市管理局、赣州市住房和城乡建设局
提高供水服务效率	企业获得用水报装时限压缩至7个工作日以内：受理用水报装申请环节1个工作日以内；勘察设计环节5个工作日以内；验收通水环节1个工作日以内。减少停水频率，缩短停水时间，加强供水保障	赣州市政公用投资控股集团有限公司、赣州市城市管理局、赣州市住房和城乡建设局
提高供气服务水平	简化供气流程，设立用气申请（含现场查勘、收集资料、方案设计）、验收通气两个环节。压缩供气时限。不含外线工程的供气业务办理总时限压缩至4个工作日以内；含外线工程的供气业务办理总时限压缩至7个工作日以内	深圳市燃气集团股份有限公司、赣州市住房和城乡建设局、赣州市城市管理局
水电气联动报装改革	设立水电气市政公用事业专窗。实现水电气"一表申请"，推行施工行政审批代办服务，实现"一窗递交材料"	赣州市行政审批局、赣州市住房和城乡建设局、赣州市城市管理局、赣州市水务集团有限责任公司、国网赣州供电公司、深圳市燃气集团股份有限公司

续表

名称	具体内容	负责部门
不动产交易、税费缴纳、不动产登记"三合一"改革	实施不动产登记"一窗办"和水电气报装等"一链式"办理。不动产一般登记时限（不含公告期）压缩至3个工作日以内，抵押登记办结时限压缩至2个工作日以内，查封、异议、抵押注销等业务即时办结。将不动产抵押登记业务延伸至银行网点，实现不动产抵押登记业务"不见面审批"，推动实现与银行贷款融资一站式服务的无缝对接	赣州市自然资源局、赣州市行政审批局、赣州市住房和城乡建设局、赣州市税务局
统筹各类空间性规划	积极推进各级国土空间规划编制，加强各类空间规划数据衔接和整合，加快形成全省国土空间规划"一张图"	赣州市自然资源局、赣州市直有关部门
测绘成果共享互认	运用统一测绘技术标准和规则，在工程建设项目验收和不动产登记阶段实现测绘成果共享互认，并推进至用地、规划、施工等各阶段	赣州市自然资源局、赣州市直有关部门
金融机构减费让利	鼓励银行设立自主减免收费项目清单。（赣州银保监分局牵头，市属法人金融机构负责）加大普惠贷款发放力度，引导政府性融资担保公司提高支小支农占比，推动将担保费率降低至1%以下，降低企业融资担保成本	赣州市政府金融工作办公室、赣州银行、融资担保公司

资料来源：赣州市人民政府办公室印发关于进一步优化营商环境更好服务市场主体的若干措施的通知（赣市府办字〔2020〕55号）〔EB/OL〕. https：//www. yudu. gov. cn/ydxxxgk/c100264pm/202201/b163364cf85a48fbba801c3f9169eOel. shtml，2022-01-14.

二、简化企业生产经营审批条件

按照《关于进一步优化营商环境更好服务市场主体的若干措施》的规定，赣州从五个方面着力简化企业生产经营审批条件，如表4-6所示。

表4-6　简化企业生产经营审批条件具体内容

名称	具体内容	负责部门
放宽诊所准入管理	按照国家部署，对诊所准入研究实行备案管理，扩大医疗服务供给，提升诊所医疗服务质量	赣州市卫生健康委员会
重要工业产品生产许可证管理权限下放	按照国家部署，完善市级发证程序、文书和相关规定	赣州市市场监督管理局

续表

名称	具体内容	负责部门
新能源汽车税收减免	严格按照国家发布的新能源汽车免征车辆购置税的车型目录和享受车船税减免优惠的车型目录，实现与道路机动车辆生产企业及产品公告"一次申报、一并审查、一批发布"，企业依据产品公告即可享受相关税收减免政策	赣州市税务局、赣州市财政局、赣州市工业和信息化局
企业登记"一照多址"改革	对住所作为通信地址和司法文书（含行政执法文书）送达地登记，实行自主申报承诺制。各地可结合实际对经营场所制定有关管理措施。支持在市场主体住所以外开展经营活动、属同一县级登记机关管辖的，免于设立分支机构，申请增加经营场所登记即可（法律法规明确规定除外），方便企业扩大经营规模	赣州市市场监督管理局、各县（市、区）政府
推广非现金保证形式	在工程建设、政府采购等领域，推行以保险、支票、汇票、本票、保函等非现金形式代替现金缴纳涉企保证金，减轻企业现金流压力	赣州市发展改革委、赣州市财政局、赣州市住房和城乡建设局、赣州市交通运输局、赣州市水利局、赣州银保监分局、中国人民银行赣州市中心支行、赣州市公共资源交易中心

资料来源：赣州市人民政府办公室印发关于进一步优化营商环境更好服务市场主体的若干措施的通知（赣市府办字〔2020〕55号）［EB/OL］. https：//www.yudu.gov.cn/ydxxxgk/c100264pm/202201/b163364cf85a48fbba801c3f9169eOel.shtml，2022-01-14.

三、优化外贸经营环境

赣州市从以下六个方面着力优化外贸经营环境，如表4-7所示。

表4-7　赣州市优化外贸经营环境举措

名称	具体内容	负责部门
推行进出口货物"提前申报"	企业提前办理申报手续，海关在货物运抵海关监管作业场所后即办理货物查验、放行手续	中华人民共和国赣州海关、中华人民共和国龙南海关
优化实施进口"两步申报"通关模式	企业进行"概要申报"且海关完成风险排查处置后，即允许企业将货物提离	中华人民共和国赣州海关、中华人民共和国龙南海关
规范查验作业流程	推行查验作业全程监控和留痕，允许有条件的地方实行企业自主选择是否陪同查验，减轻企业负担	中华人民共和国赣州海关、中华人民共和国龙南海关

续表

名称	具体内容	负责部门
提高出口退税效率	加快出口退税进度，推行无纸化申报退税	赣州市税务局、中华人民共和国赣州海关、中华人民共和国龙南海关、中国人民银行赣州市中心支行
拓展国际贸易"单一窗口"功能	加快"单一窗口"功能由口岸通关执法向口岸物流、贸易服务等全链条拓展，实现港口收费政府定价和政府指导价收费标准线上公开、在线查询。除涉密等特殊情况外，进出口环节涉及的监管证件原则上都应通过"单一窗口"一口受理，由相关部门在后台分别办理并实施监管，推动实现企业在线缴费、自主打印证件	赣州市商务局、中华人民共和国赣州海关、中华人民共和国龙南海关、赣州市交通运输局、赣州市农业农村局、赣州市市场监督管理局
支持外贸企业出口产品转内销	支持外贸企业用好电商平台，组织内外贸企业线上线下对接，畅通外贸企业线上线下销售渠道。引导鼓励市内金融机构加大对出口转内销企业的信贷支持力度，创新转内销企业信贷服务产品。积极协调解决外贸企业出口转内销遇到的困难和问题 推行以外贸企业自我声明等方式替代有关国内认证，对已经取得相关国际认证且认证标准不低于国内标准的产品，允许外贸企业做出符合国内标准的书面承诺后直接上市销售，并加强事中事后监管	赣州市商务局、赣州市市场监督管理局

资料来源：赣州市人民政府办公室印发关于进一步优化营商环境更好服务市场主体的若干措施的通知（赣市府办字〔2020〕55号）〔EB/OL〕.https：//www.yudu.gov.cn/ydxxxgk/c100264pm/202201/b163364cf85a48fbba801c3f9169eOel.shtml，2022-01-14.

四、降低市场准入门槛

赣州市从下面三个方面降低市场主体的准入门槛，如表4-8所示。

表4-8　赣州市降低市场准入门槛的主要举措

名称	具体内容	负责部门
市场准入负面清单制度和公平竞争审查制度，开展降低市场准入门槛专项清理	围绕工程建设、招投标、教育、医疗、体育、旅游等领域，集中清理有关部门和地方在市场准入方面对企业资质、资金、股比、人员、场所等设置的不合理条件，公开清理结果。制订清理工作方案，列出台账并逐项明确解决措施、责任主体和完成时限	赣州市发展改革委、赣州市商务局、赣州市住房和城乡建设局、赣州市行政审批局、赣州市教育局、赣州市卫生健康委员会、赣州市市场监督管理局、赣州市体育局

续表

名称	具体内容	负责部门
食品经营许可改革	鼓励有条件的地方合理放宽对连锁便利店制售食品在食品处理区面积等方面的审批要求，探索将食品经营许可（仅销售预包装食品）改为备案	赣州市市场监督管理局
推进远程异地评标	根据需要设置远程异地评标席位，通过场地资源、专家资源共享和系统协同，联通跨省、跨市县之间远程异地专家评标系统，实现电子化开标评标和电子化监管，推进传统线下交易向线上电子化交易的过渡。推行无纸化在线备案，降低招投标成本	赣州市发展改革委、赣州市住房和城乡建设局、赣州市交通运输局、赣州市水利局

资料来源：赣州市人民政府办公室印发关于进一步优化营商环境更好服务市场主体的若干措施的通知（赣市府办字〔2020〕55号）［EB/OL］．https：//www.yudu.gov.cn/ydxxxgk/c100264pm/202201/b163364cf85a48fbba801c3f9169eOel.shtml，2022-01-14.

五、提升政务服务效能

为了提升政务服务效能，赣州市从九个方面入手，如表4-9所示。

表4-9 提升赣州政务服务效能的主要举措

名称	具体内容	负责部门
政务服务互联互通	配合省级部门实现省市政务服务平台互联互通，主动打通市县政务服务平台，实现省市县三级业务联动和协同。建立赣州市大数据平台，打通部门间业务信息平台，实现工程建设项目、公安政务服务、不动产登记、公积金、社保等相关业务的跨部门、跨区域、跨层级政务数据统筹共享	赣州市大数据发展管理局、赣州市行政审批局、赣州市住房和城乡建设局、赣州市公安局、赣州市自然资源局、赣州市人力资源和社会保障局、赣州市交通运输局、赣州市水利局
放宽登记经营场所限制	2020年9月底推行放宽小微企业、个体工商户登记经营场所限制	各县（市、区）政府、赣州市市场监督管理局
探索推进"一照含证"改革	实现一张营业执照涵盖所有许可证信息的改革目标，做到办营业执照"最多跑一次"，办理许可证"一次不跑"	赣州市市场监督管理局、赣州市行政审批局
提升基层政务服务能力	加大县级相对集中许可权改革力度，配齐配强专业审批及政务服务队伍，切实提高基层审批承接能力，确保市级权限"放得下、接得住"。持续推进"最多跑一次"改革，推行免费邮寄模式，有关经费由同级财政负担，让企业群众"少跑腿、不跑腿"不断提升群众便利感和满意度	赣州市行政审批局、中共赣州市委机构编制委员会、赣州市财政局

续表

名称	具体内容	负责部门
梳理各类强制登报公告事项	研究推动强制登报公告事项取消或调整为网上免费公告	赣州市行政审批局、赣州市大数据发展管理局
持续提升纳税服务水平	大力推广电子发票的应用。按照国家部署，2020年底基本实现增值税专用发票电子化，主要涉税服务事项基本实现网上办理。执行国家、省要求，简化增值税等税收优惠政策申报程序，原则上不再设置审批环节	赣州市税务局
优化动产担保融资服务	鼓励引导商业银行支持中小企业以应收账款、应退税款、生产设备、产品、车辆、船舶、知识产权等动产和权利进行担保融资。依托人民银行"动产融资统一登记公示系统"，推动建立以担保人名称为索引的电子数据库，分阶段实现对担保品登记状态信息的在线查询、修改或撤销	中国人民银行赣州市中心支行、赣州市发展改革委、赣州市公安局、赣州市交通运输局、赣州市市场监督管理局（赣州市知识产权局）、赣州银保监分局
深化"一网一窗一门"改革	推动政务服务实现"线上进一网、线下进一窗"的便利环境。所有网上办理事项统一由赣州市人民政府网进入办理申报，移动端以"赣服通赣州分厅"为统一办事入口，扩大"赣服通赣州分厅"服务功能，实现95%事项可通过"赣服通赣州分厅"办理，推动高频事项实现"不见面审批"。围绕企业设立、办理建筑许可、获得水电气、登记财产、设立注销、纳税、跨境贸易等重点方面，全面开展"一窗办""只进一扇门"等改革	赣州市行政审批局、赣州市大数据发展管理局
落实政务服务"好差评"工作	开展赣州市政务服务"好差评"系统建设，并完成与省"好差评"系统的对接，做好线上线下政务服务平台升级改造，建立政务服务"好差评"长效工作机制，积极引导企业和群众参与政务服务评价，强化结果运用	赣州市行政审批局、赣州市大数据发展管理局

资料来源：赣州市人民政府办公室印发关于进一步优化营商环境更好服务市场主体的若干措施的通知（赣市府办字〔2020〕55号）〔EB/OL〕. https://www.yudu.gov.cn/ydxxxgk/c100264pm/202201/b163364cf85a48fbba801c3f9169eOel.shtml，2022-01-14.

　　在具体落实过程中，乌县烟草专卖局从群众需求出发，打通信息壁垒，主动对接"国家烟草专卖局政务服务"、"赣服通"APP、支付宝生活号等移动服务平台，于2020年初开通了网上办证业务，烟草专卖零售许可证申请、勘验、审批、发证等均可依托政务服务移动端平台实现网上申请办理，让市民办理业务更省时省力，从"最多跑一次"到"一次都不用跑"，享受到了优质高效的服务。

在 2020 年全国纳税人满意度调查中，上犹县税务局从 414 个被调查单位中脱颖而出，获得了全国第一的佳绩。秉持"一站式"和"店小二式"安商服务理念，该县建立落实项目快速推进和网格化安商服务机制。坚持要素跟着项目走，推行容缺受理、并联审批，做到"四个紧盯"，即对在谈项目，紧盯对方诉求，确保及早签约；对签约项目，紧盯开工前期问题，提高项目开工率、达产率；对在建项目，紧盯建设进度上门服务，解决制约因素；对竣工项目，紧盯投产达效，帮助企业完善各种手续。优质高效的企业服务，为该县产业发展保驾护航。

在争取政策上，赣州市税务局成功助力赣州延续 10 年执行西部大开发企业所得税政策，还出台了支持赣州打造粤港澳大湾区桥头堡 30 条税收服务措施。2021 年，赣州市税务局制定出台了《2021·赣州税务优化税收营商环境 15 条》（以下简称《15 条》），切实贯彻落实中共中央、国务院关于优化营商环境的部署，支持赣州打造对接融入粤港澳大湾区桥头堡和省域副中心城市，以"凡是粤港澳大湾区能做到的，我们都要做到"为目标，推进纳税缴费便利化改革，进一步减少纳税次数、压缩办税时间、降低税费负担、优化报税后流程，最大限度还权还责于纳税人，打造全国一流税收营商环境。《15 条》围绕着纳税人从开业到注销各个税收征管节点制定，共五大类：①减少纳税次数及时间：从方便群众办事角度出发，围绕减少办税成本、压缩办税时间。②提升用票体验：以提升纳税人用票体验为目标，打造以"网上申领，邮政配送"为主、自助办税终端领取为辅的发票申领体系，探索实现网上、终端代开电子发票，为纳税人提供全天候全程自主自助式服务，围绕发票领用、发票代开。③助力国际合作：从促进互利共赢推动国内国际双循环方面谋划，围绕开展赣州综合保税区"一般纳税人资格试点"、规范平台经济发展、加大"一带一路"政策宣传推出一条举措，即保障进出口业务办理质效。④便利办税服务：以提升纳税人缴费人办税体验为目标，围绕办税服务厅建设、宣传培训。⑤创优法制环境：从推行税务部门柔性执法、规范执法出发，围绕推广"首违不罚"、统一执法标准、规范执法行为等方面推出两条举措。如推行轻微违法"首违不罚"、强化办税服务质效考核等。

为帮助企业融资"解渴"，赣州经济技术开发区发挥各类基金引导作用，引入覆盖企业全生命周期的知名投资机构，培育发展本土投资机构，充分发挥"赣南苏区企业路演中心"培育功能，实现企业与投资机构的高效对接；积极推进新型"政银担企"合作模式，大力推广主导产业信贷通、财园信贷通、小微企业信贷通等普惠金融产品，通过融资担保机构、合作银行、财政共担风险，最大限度发挥政策性担保资金撬动作用；发展供应链金融，搭建供应链金融机构与企业融资对接桥梁，支持企业发展。全面推进政府服务"好差评"制度工作的生动缩影。2020年12月，123台"好差评"设备正式上线，分别设置在该区政务服务大厅和六个乡（镇、街道、管理处）便民服务中心。企业和群众办理政务服务事项后，可通过线上线下政务服务评价渠道对相关部门提供的政务服务作出"好差评"评价。

政务服务"好差评"制度倒逼大家不断提高政务服务能力，持续优化营商环境。收到差评和投诉后，按照"谁办理、谁负责"的原则，针对差评意见比较集中的部门和工作人员，由业务办理单位第一时间安排专人回访核实。对情况清楚、诉求合理的，立行立改；对情况复杂、一时难以解决的，说明理由，建立台账，限期整改；对缺乏法定依据的，做好解释说明。核实为误评或恶意评价的，评价结果不予采纳。核实整改情况会通过各种方式及时向群众反馈，确保差评件件有整改、有反馈、有落实，实名差评回访率达到100%。

六、建立透明公开的法治环境

赣州市从四个方面入手，致力于建立透明公开的法治环境，如表4-10所示。

表4-10　赣州市建立透明公开法治环境的主要举措

名称	具体内容	负责部门
完善建筑工程行业信用管理制度	扩大承诺制应用范围，逐步推进由"许可管理"向"信用管理"，政府主管部门加强事中事后监管，保障行业规范实施	赣州市发展改革委、赣州市住房和城乡建设局、赣州市行政审批局
加大司法信息有效公开	赣州市中级人民法院网站公开审判流程、裁判文书、执行信息、庭审直播等相关信息；开设司法数据公开平台，定期、动态向社会公众公开赣州市法院案件结收比、结案率、平均审理时间、平均执行天数等审判质效的司法评估数据。推出网上咨询、网上立案、网上查询等便民举措，实施随机自动分案，试行网上开庭。加快提升破产案件审理质效，推动建立"府院联动"工作机制	赣州市司法局、赣州市中级人民法院、赣州市直有关部门
优化市场监管系统	优化市场监管系统。建立各部门一体化市场监管系统，避免多部门数据重复多次录入，积极推进"互联网+监管"平台的应用。建立跨部门、跨领域"双随机一公开"联合监管执法机制，实现市场监管领域全覆盖，避免多头重复执法，实现"进一次门、查多项事"，避免过度检查，减少对企业的上门打扰。对首次轻微违规经营行为并自觉整改没有造成危害后果的，不予行政处罚	赣州市司法局、赣州市市场监督管理局、赣州市人力资源和社会保障局、赣州市应急管理局、赣州市卫生健康委员会等市直有关部门

续表

名称	具体内容	负责部门
抓好惠企政策兑现	依托"赣服通赣州分厅"平台，梳理公布惠企目录清单和服务指南，根据企业所属行业、规模等主动精准推送政策，政府及部门出台惠企措施时要公布相关负责人及联系方式，实行政策兑现"落实到人"。推行惠企政策"免申即享"，通过政府部门信息共享等方式，实现符合条件的企业免予申报、直接享受政策。对确需企业提出申请的惠企政策，要合理设置并公开申请条件，简化申报手续，加快实现一次申报、全程网办、快速兑现。鼓励各地各部门依托"赣服通赣州分厅"惠企服务专区、办事大厅"政策兑现窗口"，在政务服务大厅设立惠企政策兑现代办窗口，推行线上线下融合办理	赣州市发展改革委、赣州市行政审批局各市直部门、各县（市、区）政府

资料来源：赣州市人民政府办公室印发关于进一步优化营商环境更好服务市场主体的若干措施的通知（赣市府办字〔2020〕55号）〔EB/OL〕. https：//www.yudu.gov.cn/ydxxxgk/c100264pm/202201/b163364cf85a48fbba801c3f9169eOel.shtml，2022-01-14.

为贯彻落实《国务院办公厅关于全面开展工程建设项目审批制度改革的实施意见》《江西省人民政府办公厅关于推进投资项目审批提质增效改革的实施意见》精神，赣州市不断深化"放管服"改革，在赣州市开展企业投资项目"标准地+承诺制"试点工作。"标准地+承诺制"按照"政策性条件引导，企业信用承诺、监管有效约束"的原则，即在土地出让前，政府明确地块产业准入要求等控制性指标，企业依法依规取得项目用地后自愿选择实行承诺、签署承诺书，行政审批职能部门简化审批程序，取消技术性审查或将技术性审查转移至审批后办理，并采取事中事后监管、全过程信用监管等措施，大幅度压减项目开工前的审批时间，确保企业投资项目（备案类）审批时间压减至20个工作日以内（不含施工图事后审查、行政审批职能部门事后技术性审查和事后委托第三方评估评价审查时间）。

在政策实施中，赣州市人力资源和社会保障局、赣州市财政局、中国人民银行赣州市中心支行联合下发《关于进一步加大小微企业创业担保贷款力度的通知》。决定从2021年起，赣州每年将从全市创业担保贷款总规模中安排总量不低于6亿元，专门用于扶持小微企业发展。根据该文件要求，赣州将进一步降低小微企业申请贷款条件。一年内新招用符合创业担保贷款申请条件的人员数量达到企业现有在职职工人数15%（超过100人的企业达到8%），并与其签订一年以上劳动合同；或一年内企业稳定就业岗位达到95%以上的小微企业，小微企业符合上述条件即可申请创业担保贷款。贷款额度最高不超过600万元。小微企业创业担保贷款期限最长不超过两年。对还款积极、带动就业能力强、创业项目好的小微企业，可继续提供创业担保贷款扶持，但累计不得超过三轮。

在贴息利率方面，额度300万元以内的贴息利率上限参照个人创业担保贷款贴息利率执行，一年期LPR-150BP至贴息利率上限范围内的由财政给予贴息，剩余部分由借款企业承担。高层次人才、高技能人才创业项目以及促进就业基地、创业孵化基地创业担保贷款在300万元以内的，在贴息利率上限范围内给予全额贴息。对小微企业（含促进就业基地、创业孵化基地）300万元以上600万元以内的贷款部分，鼓励地方财政给予贴息。

为打通企业投产"最后一公里"，全南县对重点项目实施"专班化"服务，配套一个专班服务团队，点对点帮助企业解决在投产过程中面临的突出问题。针对企业面临的科技难题，组织企业与银行接洽，发放"五个信贷通"贷款和还贷周转金；针对企业生产成本问题，落实一般工商业及其他电价的电力用户按95%的电价水平结算电费等优惠政策，落实相关用地政策和税收政策，同时减征企业社保缴费、失业保险，为企业员工发放培训、稳岗补贴，降低企业人工成本，最大程度惠企利民。

七、优化就业创业发展环境

赣州着力从五个方面优化就业创业发展环境，如表4-11所示。

表4-11 赣州市优化就业创业环境的主要举措

名称	具体内容	负责部门
建立多层次人才培养引进体系	统筹推动高端人才引领行业发展，满足企业不同层次用工需求，放宽对个人能力、业绩和贡献特别突出人才引进的年龄限制，解决人才引进结构和人才年龄结构失衡问题	赣州市人力资源和社会保障局、赣州市直有关部门
树立"赣州工匠"形象	大力弘扬工匠精神，开展"赣州工匠"奖评选工作，激发全民提高技能的活力，营造全民提高技能的良好氛围。组织评选出的赣州工匠到企宣传、进行培训，充分利用电视、电台、微信、网络等各种媒体手段，广泛宣传"赣州工匠"，发挥"赣州工匠"对带动技能提升的模范作用	赣州市总工会、赣州市人力资源和社会保障局、赣州市工业和信息化局、赣州广播电视台
探索"共享用工"模式	建立灵活多元的合法用工形式，推广共享人力资源模式，引导有需求的企业开展"共享用工"。通过用工余缺调剂，提高人力资源配置效率	赣州市人力资源和社会保障局

续表

名称	具体内容	负责部门
引导"地摊"经济发展	落实属地管理责任，指导各地在保障安全卫生、不损害公共利益等条件下，坚持放管结合，合理设定流动摊贩经营场所。推广"电商线下摊位"等新型地摊经济模式，引导地摊经济干净、安全、有序发展	赣州市城市管理局、赣州市卫生健康委员会、赣州市市场监督管理局
完善新业态包容审慎监管措施	抓紧评估已出台的新业态准入和监管政策，坚决清理各类不合理管理措施	赣州市工业和信息化局、赣州市公安局、赣州市市场监督管理局、赣州市大数据发展管理局

资料来源：赣州市人民政府办公室印发关于进一步优化营商环境更好服务市场主体的若干措施的通知（赣市府办字〔2020〕55 号）〔EB/OL〕. https：//www. yudu. gov. cn/ydxxxgk/c100264pm/202201/b163364cf85a48fbba801c3f9169eOel. shtml，2022-01-14.

八、建立优化营商环境长效机制

赣州市主要从四个方面建立优化营商环境长效机制，如表4-12所示。

表4-12　赣州市建立优化营商环境长效机制的主要举措

名称	具体内容	负责部门
健全政策评估机制	以政策效果评估为重点，建立对重大政策开展事前、事后评估的长效机制，推进政策评估工作制度化、规范化，使政策更加科学精准、务实管用	赣州市直各有关部门
建立常态化政企沟通机制	常态化开展"千名干部帮千企"工作，落实好"联点帮扶日"制度。优化提升"赣州12345"政府服务热线和"967788"非公企业维权服务热线，进一步规范服务热线受理、转办、督办、反馈、评价流程，及时回应企业和群众诉求，加快建立营商环境诉求受理和分级办理"一张网"。加大营商环境投诉维权处置力度，充分发挥非公有制企业维权服务中心和涉政府产权纠纷治理、拖欠中小企业欠款治理等协调机制的作用，持续推动涉企权益保护工作	赣州市发展改革委、赣州市行政审批局、赣州市工业和信息化局、赣州市工商业联合会
增强营商环境工作力量	抽调相关单位精干力量到市降成本优环境办集中办公，专门负责赣州市优化营商环境组织协调等日常工作，并由市降成本优环境办负责抽调人员的日常管理及年度考核。各县（市、区）要建立相应的优化营商环境工作推进机制，配齐工作力量，加强上下协调联动，形成工作合力	赣州市发展改革委、中共赣州市委组织部

续表

名称	具体内容	负责部门
加大监督考核力度	每年委托第三方对市直有关部门、各县（市、区）营商环境建设情况开展评价，并将评价结果在一定范围通报。将营商环境工作纳入对市直部门（单位）政务服务、"五型"政府建设等绩效考评指标以及对各县（市、区）高质量发展综合考评体系。加大对优化营商环境各项改革任务落实情况的督促检查力度，对工作滞后、推诿敷衍的督促整改、严肃问责。加强舆论引导监督，深入挖掘和推进赣州市在营商环境建设方面的好经验、好做法、好典型，集中曝光一批典型案例，通报一批不作为、乱作为、慢作为行为	中共赣州市委宣传部、赣州市发展改革委、赣州市行政审批局、赣州市人力资源和社会保障局、赣州市统计局

资料来源：赣州市人民政府办公室印发关于进一步优化营商环境更好服务市场主体的若干措施的通知（赣市府办字〔2020〕55号）〔EB/OL〕. https：//www. yudu. gov. cn/ydxxxgk/c100264pm/202201/b163364 cf85a48fbba801c3f9169eOel. shtml，2022-01-14.

2020年12月，中国亚洲经济发展协会、中国经济新闻联播网等联合主办的"2020中国经济高峰论坛暨第十八届中国经济人物年会"在北京举行。会上公布了"2020中国经济营商环境十大创新示范区"评选结果，赣州经济技术开发区同北京经济技术开发区等十家园区成功入选，成为江西省唯一获此殊荣的县（市、区）。

荣誉的取得，源自全区持续优化营商环境和推动开放型经济发展的不懈努力。近年来，赣州经济技术开发区一方面不断完善产业配套，持续做大做强新能源汽车和电子信息首位产业集群，激发创新活力，提升平台承载力；另一方面，对标一流营商环境，持续深化"放管服"改革，坚持领导干部挂点帮扶，招商引资成果丰硕，项目建设快速推进，产业集群不断发展壮大。具体做法如下：

第一，完善工业承载平台。经济技术开发区扎实推进赣州新能源汽车科技城、电子信息产业园、赣州综合保税区三大产业承接平台提档升级；实施工业标准厂房"梧桐树"计划。实施"一眼两镇两园"（城市之眼，新能源汽车小镇、自贸小镇，赣州空港产业园、赣州高铁货运产业园）引爆计划，提升生产性和生活性服务配套能力。

围绕新能源汽车产业强链补链延链，已聚集项目80余个，其中整车项目6个，国机智骏、凯马汽车、中电汽车实现整车下线；金力永磁成功"牵手"特斯拉成为供应商；孚能科技成功上市，打响了江西省进军科创板的"第一枪"。一批重大项目加快建设，达产后年产能可达100万辆整车、电池年产能可达32.3

亿瓦时，实现产值将超千亿元，逐步形成"整车+零部件+研发+检测+汽车文化"全产业生态链。聚焦半导体材料、芯片制造和显示屏模组等优势领域，规划建设面积 32.5 平方千米的电子信息产业园，全力构建"芯、屏、端、网、器"电子信息产业体系。2020 年前十个月，全区电子信息产业实现主营业务收入同比增长 11.15%。运营全国首个区块链沙盒——赣州区块链金融产业沙盒园和全国首个区块链服务大厅，落户项目 100 余家，数字经济红红火火。

第二，积极实施创新驱动发展战略，创新平台提档升级。近年来，经济技术开发区与中国科学院、清华大学、北京理工大学等科研院所深入合作，拥有研发、检测及基础服务平台 46 个，其中，国家级科技孵化器和科技创新及基础平台达 18 个；拥有授权专利 4343 件，申请 PCT 专利 98 件，居赣州市第一。有博士后科研工作站 1 个，博士后创新实践基地 3 个，海智计划工作站 2 个，院士工作站 5 个，会聚了院士、国家特聘专家、博士等高层次人才 806 名。培育全省首家独角兽企业、种子独角兽企业 1 家和瞪羚企业 4 家；拥有高新技术企业 133 家，数量占赣州市的 1/5。①

第三，在不断完善"硬环境"的同时，全力优化服务提升"软环境"。经济技术开发区持续深入开展全区领导干部挂点联系企业活动，采取县级及以上领导牵头、部门包干负责、干部具体挂点的三级联动挂点联系方式，实现园区重点企业挂点帮扶全覆盖、常态化。安排近百名副科级以上干部常驻全区 58 个重点项目蹲点工地开展"三同"（同办公、同吃住、同推进）活动。同时，在江西省率先创建了"无证明"营商环境，通过数据共享、部门协助、当事人承诺等方式，实现"无证明"是常态，"要证明"是例外。全面梳理优化办事全流程，通过"一窗受理、一个流程、一套材料、一次办好"审批模式，实现"一链办理"，办结时限总体压缩了 159 个工作日，证明材料总体精简了 37 个。

营商环境的不断改善，带动全区招商引资成果丰硕，工业经济发展实现逆势增长。2020 年，经济技术开发区共签约项目 116 个、签约资金 941.56 亿元。规上工业主营业务收入同比增长 6.54%；规上工业增加值同比增长 4.4%；财政总收入同比增长 4.69%；规上工业主营业务收入、财政总收入、进出口总额等 8 项主要经济指标总量多年居赣州市第一。②

2021 年 1 月，江西省总工会印发通知，命名全省首批 4 个"江西省职工创

---

①② 资料来源：改善"硬环境"优化"软环境" ［EB/OL］. http：//www.moa.gov.cn/xw/qg/202012/t20201224_6358769.htm，2020-12-24。

新创业服务站"，赣州国际企业中心职工创新创业服务站成功入选。

赣州国际企业中心职工创新创业服务站（以下简称"服务站"）深入贯彻落实创新驱动发展战略部署，进一步推进职工创新创业服务机制建设，根据江西省总工会、赣州市总工会重点工作安排，由赣州经济技术开发区总工会牵头组建，赣州经济技术开发区直、驻区有关部门（单位）联动服务，赣州国际企业中心联合工会倾力合作打造的一个职工创新创业服务平台。

服务站切实提高服务质量，注重工作实效。按照"3+2"的建设模式，搭建政府与企业、企业与企业、职工与职工之间三个助推双创的服务桥梁，拓宽工会服务与社会化服务两个工作渠道，提供低成本、专业化、开放式的综合服务，力求实现职工来创业，工会来服务的目标。因此，成立了领导机构，建立了联席会议制度，聚集了赣州经开区优质服务资源，明确了十大工作职责，建立了八大服务平台，规范了服务项目、服务流程、服务方式，为入驻企业职工创新创业提供全链一站式服务。

服务站落实了长效运行管理机制，场所、人员、经费有保障。场所由赣州恒科东方实业有限公司无偿提供，人员由赣州经开区总工会和赣州国际企业中心联合工会共同派驻，聘请了专职、兼职工会协理员和工建指导员，运行经费由赣州经开区总工会从工会专项经费中支出。

建立双创服务站，是赣州经济技术开发区总工会围绕中心、服务大局、主动作为的重要举措。服务站自 2020 年建立以来，在指导企业建会职工入会、为创业职工申请"赣工贷""爱工贷"、组织职工开展文体活动和开展创新创业大赛、建设全国职工书屋、宣传双创和惠企政策、提供一站式服务等方面做了大量卓有成效的工作，获得了入驻园区双创企业职工的一致好评，2020 年 12 月被江西省总工会命名为全省首批"江西省职工创新创业服务站"。

第四节　强化人才支撑　助推企业发展

"功以才成，业由才广"。人才是创新的根基，创新驱动实质上是人才驱动，谁拥有一流的创新人才，谁就拥有了科技创新的优势和主导权。创新人才的培养需要持续的投入和长期的积累、沉淀。在这一过程中，既要通过改革现有的学科设置和培养体系，针对市场和产业的实际需求进行人才培养，又要通过校企联合、多学科交叉融合等方式，为创新人才培养创造良好环境。另外，还要重视人才的流动和聚集为创新带来的积极效应。在发挥好现有人才作用的基础上，通过健全人才流动市场机制、畅通人才流动渠道、规范人才流动秩序、完善人才流动服务体系，促进人才顺畅有序流动。

一、"人才新政 30 条"

在中共江西省委组织部的精心指导和赣州市委主要领导高位推动下，2017年 7 月，对标中央、江西省委部署，聚焦赣州产业发展，赣州市出台《关于创新人才政策、推动人才发展体制机制改革的若干意见》（以下简称"人才新政 30条"），贯通人才的"引、育、用、留"全过程，致力探索人才集聚的"赣州方案"。积极推进人才强市战略，加快培养集聚各类人才，为人才工作"引、育、用、留"提供了强有力的政策保证。特别是通过成立招才引智局，组建人才服务中心，为人才创新创业提供了优质高效的服务。赣州始终把人才作为"第一资源"，深入实施人才强市战略，特别是 2017 年 8 月，新政提出的主要目标是：五年重点引进和培养 100 名（个）产业领军人才或团队，引进和培养 1000 名各领域高层次人才，引进和培养 1 万名各行业急需紧缺人才，吸引不少于 10 万名大学毕业生等青年人才到赣州创业创新，推动 100 万名产业工人培养或回归，形成高精尖人才领军、产业骨干人才中坚、基础人才争相涌入的生动局面，努力把赣州打造成为全国知名的人才目的地。

（一）"四化"特点

（1）政策"精准化"。经充分调研论证，将赣州所需人才分为八大类，相应制定 17 个政策包，每个政策包对应不同类别不同层次人才，分类分层提供支持和服务。突出产业导向，重点围绕"两城两谷一带"等首位产业、特色产业进行扶持，变"大水漫灌"为"精准滴灌"。

（2）资助"沿海化"。人才事业需要有大视野、大格局。赣州作为内陆城市，政策待遇努力向沿海发达地区看齐，敢下血本，舍得投入。对带项目到赣州创业的人才，最高给予 2000 万元的无偿资助、600 万元的特殊津贴，同时享受税收返奖、人才住房、家属安置、父母照顾等多方面的优惠支持。顶尖人才，相关待遇"一事一议"。

（3）平台"多元化"。英雄不问出处，出处不如聚处。为给各类人才提供施展才华的舞台，中共赣州市委组织部强化现有八家"国字号"科研平台建设，重点采取"一硬一柔"的方式打造两个平台。"硬"的方式就是集成最优人才政策、招商政策，打造高端人才创业集聚区；"柔"的方式就是建设赣南苏区人才发展合作研究院，打造成赣州市委、市政府柔性引才的高端智库。同时，大力扶持双创平台、创业孵化基地等平台建设，为青年人才创新创业搭建平台。

（4）服务"专业化"。坚持实施人才温暖关爱工程，把做实、做细服务作为人才赶超发达地区、沿海地区的重要法宝。成立招才引智局，推动人才交流中心改革，推动专门的机构为人才提供专业的服务。

（二）落实人才发展目标

"人才新政30条"重点在落实人才发展目标、实施人才分类、完善招才育才举措、深化校地合作、提升人才待遇、构建人才发展平台建设等方面实现较大政策突破和创新。未来五年，赣州市将成立专门人才评审认定委员会，按人才需求科学设置人才类别；构建务实有效的引才育才办法，在市、县成立"虚拟机构，实体运作"的招才引智局，设立"苏区人才伯乐奖"，进一步压实各级各部门招才引智责任。建设四省边界区域性人才市场，定期举办赣南苏区人才峰会，每年重点邀请100名以上海内外行业领军人才、专家及创业投资人士来赣州洽谈合作参观考察。更深层次推进校地合作，组建校地一体发展联盟，与高校共建高层次企业家培训学院；积极推动人才产业园和特色产业小镇建设，对知名高校及科研院所来赣州市建立校区、分支机构或产学研平台的，无偿划拨用地，对其设备购置实际支付资金，给予50%、最高一次性补助300万元。组建"赣南苏区人才发展合作研究院"，对注册落户、新批准立项建设的国家工程技术研究中心、重点工程实验室，给予一次性奖励300万元，对通过国家验收并考核优秀的，给予一次性150万元奖励。

（三）夯实人才工作基础

"人才新政30条"还对进一步夯实人才工作基础、营造尊才爱才氛围作出了相应政策安排。赣州市计划利用五年时间，进一步加大对人才住房、教育、医疗机构建设的保障力度以及人才工作经费的投入。市级财政每年按不低于1000万元安排人才工作经费预算。实施人才关爱温暖工程，推动人才交流中心改革，组建专门人才服务机构，研发人才服务信息平台及网上人才管家APP。每年定期组织开展人才专场文艺汇演，组织各类人才体检、疗养。博士等各类高层次人才可直接申请列席党代会、人代会、政协会，可直接通过市委人才办向市委、市政府提出意见建议。

为了吸引各类人才，消除人才引进后顾之忧，赣州市出台了《关于推进人才住房建设的若干意见》"一揽子"人才新政策。特别是在住房建设上，提出力争在五年时间内，在市县两级筹建10万套人才住房提供给各类人才居住。从人才最关心、最现实的住房问题入手，计划用五年时间筹集建设10万套人才住房，原则上80~180平方米/套，大学本科及以上学历人才，5折租、8折售。出台专门政策，高层次人才、急需紧缺人才，在中心城区购房不受限制。市本级重点在蓉江新区建设人才小镇，打造高品位、高质量、高智能的人才聚集区，现已完成初步选址和规划，首期建设用地127.5亩，2021年开工建设。中心城区和"两城两谷一带"所在地新出让商品住房项目，均按计容面积不少于10%的比例配建人才住房，目前中心城区已配建1400余套，发放租赁补贴8267户。加大人才住房筹建力度和推进人才小镇建设，2021年赣州市新筹集人才住房4.36万套，1.18万套过渡性人才住房，提供给新进人才居住，人才到赣州来，都可实现先"安居"再"乐业"。

同时，根据人才层次、类别不同，赣州市还制定了17个政策包，给予无偿资助、税收返奖、住房优惠及提供人才管家、私人医生，公办景点免票，进出港口车站绿色通道等优惠政策。立足产业特色、发挥比较优势的"一揽子"人才新政实施，将为赣州积蓄振兴苏区经济增长的新动能。

（四）保障人才服务

为把人才服务工作做实做细，做到极致，赣州市委组织部想了不少办法。"线下"，不仅市县成立了"虚拟机构、实体运作"的招才引智局，充实了人员力量，还在行政服务中心办事大厅设立人才服务窗口提供一站式服务，人才"最多跑一次"。"线上"，开发人才管家APP，目前已上线试运营，今后人才津贴申领、子女就学、家属安置、项目扶持、日常生活需求等均可网上提交、网上办理，争取做到部分待遇"一次不用跑"，提供全天候"店小二""保姆式"服务。除"筑巢引凤"外，将招才引智端口前移，主动上门引才，如在宁波市设立人才联络站，选派干部驻站工作，推动"宁波人才赣州用"，取得不错效果。此外，重大政策新闻公开发布，重大演出活动设立人才专席，市外博士公办景点免票观光，指定酒店免费住宿54天（每县3天），目前已有220多名博士申请入住，大力塑造尊才爱才的城市形象。

二、支持主体创业

（一）支持大学生创新创业

为深入贯彻《国务院关于支持赣南等原中央苏区振兴发展的若干意见》及党的十八大、十八届三中全会精神，鼓励市内外优秀大学毕业生来市开发高新技

术项目，创办领办科技型企业，为赣南苏区振兴发展培育更多科技型企业和科技
人才，扎实推进"科教兴市""人才强市"战略，营造良好的创新创业环境，规
范赣州市大学生科技创业扶持资金的使用和管理，赣州市科学技术局制定《赣州
市大学生科技创业扶持资金管理办法（试行）》。

1. 主要扶持对象

赣州市大学生科技创业扶持资金扶持对象为全国普通高校（含大专及高职院
校）大学在校生及大学毕业后三年内的毕业生，以本人名义在赣州市辖区内创办
或领办的科技型经济实体，应符合以下条件，如表 4-13 所示。

表 4-13 扶持对象应具备的基本条件

扶持对象需符合条件
合法经营，按法律规定在赣州市辖区内办理了工商注册、税务登记
企业必须由在校大学生或大学毕业生担任法定代表人
已经正常运转 6 个月以上
吸纳就业人数 3 人以上（含 3 人）
企业法人代表无不良信用记录和违法行为

资料来源：赣州市科学技术局. 赣州市大学生科技创业扶持资金管理办法（试行）［EB/OL］. http：//
kjj. ganzhou. gov. cn/gzskxjsj/c103481/202012/396d4d4eff3c4d1384fdc5ab408fbc0c. shtml，2015-03-22.

赣州市大学生科技创业扶持资金扶持的企业必须符合国家产业指导目录鼓励
类政策、赣州市产业发展导向，具有一定的技术先进性和开发价值，企业正在从
事的项目应符合以下条件，如表 4-14 所示。

表 4-14 扶持项目应具备的条件

项目条件
项目产品应当是拥有发明或实用新型专利或经市级（含市级）以上鉴定为国内先进水平（含国内先进）以上的核心技术或关键技术，有后续的创新潜力和发展空间，对提高相关产品的附加值及市场竞争力有突出的作用
项目计划总投入在 10 万元以上，项目的主要经费已落实，申报时该项目的实际投入已占项目总投入的40%以上，申报项目的技术和经济指标真实可行
实施的专利或科技成果不存在权属纠纷、不侵犯他人已有权利

项目条件
项目应具有带动性、渗透性的关键技术、共性技术、方向性技术及高附加值，对赣州市发展自有品牌、产业自主知识产权的形成有带动作用。

资料来源：赣州市科学技术局. 赣州市大学生科技创业扶持资金管理办法（试行）［EB/OL］. http：//kjj. ganzhou. gov. cn/gzskxjsj/c103481/202012/396d4d4eff3c4d1384fdc5ab408fbc0c. shtml，2015－03－22.

2. 扶持方式

扶持资金分为创业无偿资助和企业成长贷款贴息两种。创业无偿资助扶持分为四档实施，如表4-15所示。

表4-15　无偿资金扶持应具备的条件

档次	创业无偿资助扶持
1	至申报时的最近6个月累计应税销售收入达到10万元，吸纳就业3人（含3人）以上的科技型实体，可一次补贴2万元
2	至申报时的最近6个月累计应税销售收入达到30万元，吸纳就业5人（含5人）以上的科技型实体，可一次补贴5万元
3	至申报时的最近6个月累计应税销售收入达到50万元以上，吸纳就业10人（含10人）以上的科技型实体，可一次补贴8万元
4	至申报时的最近6个月累计应税销售收入达到80万元以上，吸纳就业15人（含15人）以上的科技型实体，可一次补贴10万元

资料来源：赣州市科学技术局. 赣州市大学生科技创业扶持资金管理办法（试行）［EB/OL］. http：//kjj. ganzhou. gov. cn/gzskxjsj/c103481/202012/396d4d4eff3c4d1384fdc5ab408fbc0c. shtml，2015－03－22.

符合上述规定的扶持对象企业，也可申请贷款贴息。

根据科技创业贷款额度、还贷情况及中国人民银行公布的同期贷款利率确定贴息额度。贴息期限2年，贴息额度最多不超过10万元，并在贷款结束或贷款2年后一次性审核拨付贴息资金。

3. 申请拨付程序

（1）申请。每年集中在5~7月进行申请，申请人需要提交基本申请材料：《大学生科技创业扶持资金申请表》、本人身份证、毕业证原件（在校生提供在校证明）及复印件、营业执照、税务登记证、有关高科技高附加值等相关证明材料、详细的创业计划书（项目可行性报告）、申请资助资金投资及使用计划、《劳动合同》、用工备案表、吸纳就业人员名单、社会保险缴纳凭证、企业财务

· 136 ·

报表等。申请贷款贴息的，与基本申请材料同时提交银行贷款合同。以上材料需向市科技局出示原件并留存复印件备案。

（2）受理。赣州市科学技术局负责申请材料受理并进行形式审查，制作申请企业汇总表，提交赣州市人力资源和社会保障局进行实地考察。

（3）审核。赣州市人力资源和社会保障局对列入汇总表的企业进行实地考察，给出考察意见，提出拟扶持对象汇总表。

（4）评审。赣州市科学技术局、市人力资源和社会保障局、市财政局根据拟扶持对象汇总表中的企业所提交材料组织评审，择优选择扶持对象，确定资助等级与金额。

（5）公示。对评审通过的扶持对象和资助等级、金额在赣州市科学技术局、市人力资源和社会保障局网站上进行公示，公示期限为五天。公示期间，任何组织或个人可以书面形式提出异议。经查证属实的，取消扶持对象资格。

（6）批准。经公示无异议的，由赣州市科学技术局、市人力资源和社会保障局、市财政局将扶持对象和资助等级、金额等情况报市政府批准。

（7）拨付。根据赣州市政府批示，由赣州市财政局按照相关程序拨付资金。

三、人才政策实施情况

（一）经济技术开发区：筑巢引凤聚人才

筑得良巢引凤来。为让引进的人才有"良枝"可栖，赣州经济技术开发区积极推动人才住房配建项目。赣州经济技术开发区紧紧围绕五年筹集9000套人才住房的目标要求，认真谋划，积极推进，加快人才住房建设，确保人才住房建设工作落到实处。截至2021年5月，累计筹建人才住房达9120套，占总任务数的101%。其中，2021年计划筹建3198套，实际总开工率达103.75%。[①]

中海·左岸馥园项目是赣州经开区商品房配建项目中最大的人才住房项目，规划建设人才住房130套，2021年6月底前交付使用。

章田人才公寓项目位于赣州经济技术开发区新能源科技城黄沙河路北侧、章田路西侧，占地面积约73.43亩，包含12栋住宅、1座农贸市场及1座幼儿园，总户数约619户。基础工程已完成100%，地下室结构完成95.5%；主体结构完成55%，其中2栋主体结构已封顶。[②]

①② 资料来源：赣州经济技术开发区. 赣州经开区人才住房项目建设有序推进 ［EB/OL］. http：// www. ganzhou. gov. cn/gzszf/c10024/202105/115b5f5d66946471589982afa27c8aaf6. shtml，2021-05-12.

飞翔人才公寓位于飞翔大道北侧、思源路东侧，占地面积约 100 亩，包含 14 栋住宅、1 座农贸市场及 1 座幼儿园，总户数约 859 户。项目于 2020 年底开工，由于当时石方比例较大，打地基困难，正好碰上雨季，建设难度大大提升。面对时间紧、任务重，公司在项目一线成立了临时党支部，充分发挥党员带头作用，从业主代表、监理到施工技术负责人，始终坚守在一线勇挑重担、攻坚克难，确保项目各项生产要素不缺项、不漏项。同时，加大生产调度频率，一周 6 天的通宵"旁站"成为常态，确保第一时间知晓项目现场遇到的问题，第一时间制订解决方案，第一时间将措施落实到位。"项目质量安全是我们的'生命线'，正是团队坚决按照经济技术开发区打好'九大战役'的任务要求，提前谋划，规范操作，才使两个开工项目均进展顺利"。

一直以来，赣州经济技术开发区党工委、管理委员会高度重视人才工作，牢固树立"人才是第一资源"理念，坚持以人才发展促经济发展为抓手，积极推动人才发展机制体制改革和政策创新，先后出台人才创业、生活津贴、人才公寓等支持政策，提升人才幸福指数，为推进"一极两地四中心"建设，打造全国一流现代化国家级经开区提供智力支持。赣州经济技术开发区将人才住房纳入了民生实事项目，以满足人才住房需求，让各层次人才引得来、留得住。

赣州经济技术开发区房地产管理所表示，将进一步加强对人才住房建设工作的指导，在严格落实配建政策的基础上，对各项目采取一周一调度的工作模式，督促项目以竣工交付为节点，倒排方案设计、进场装修、城投验收等计划进度，在人才住房建设上树立经开区标杆。

（二）全南县："聚才引智"助力赶超跨越

全南县牢固树立人才优先理念，通过创新体制机制、搭建创新平台、优化人才队伍，打出聚才、育才、用才、留才"组合拳"，打造人才集聚的最强引擎，凸显人才发展的最优生态，为县域经济高质量跨越式发展提供坚强的人才支撑和智力保障。

1. 求贤若渴，构筑聚才高地

全南县驻北京人才工作联络站的揭牌成立是全南县进一步拓宽招才引智渠道、引进各类高端人才的又一有力举措，将与该县在广州设立的驻粤港澳大湾区人才工作联络站形成一南一北、比翼齐飞的聚才引智新格局。通过这一平台，将加强与在北京的乡贤及其"朋友圈""经济圈"的沟通交流，发挥在北京的全南籍优秀乡贤的智力、资源、信息、人脉优势，宣传推介全南的投资、人才环境及配套政策措施，组织高层次人才参加项目洽谈、文化交流，建立全南与北京企业家、高层次人才及其他各类乡贤人才的沟通合作桥梁，进一步延伸招才引智触角。

放宽视野、主动出击、大力实施全方位、多层次、宽领域的人才引进战略。全南县把招才引智摆在和招商引资同等重要位置，大力推进"双招双引"，将招才引才任务量化、具体化，与中心工作一同推进、一起考核。按照"缺什么、补什么"的思路，深入调研掌握全县产业结构、经济社会发展对人才的需求，完善政策、搭建载体，实现人才工作与产业发展同频共振、有机融合。从出台政策、落实责任、真心关爱等方面齐发力，统筹推进各类人才队伍建设。

2. 内外兼修，激发创新活力

2020 年末，全南县与赣州技师学院签订战略合作协议，采取校地合作、校企对接等形式，为全南培养产业工匠、技术蓝领。

创新是引领发展的第一动力，创新驱动实质是人才驱动。全南县充分发挥人才在推动产业发展中的优势和作用，积极构建有效的合作交流机制，从高校、科研院所引进"主攻工业"博士服务团，建立人才智库，助力工业企业科技创新、跨越发展。该县为高校高层次人才与企业项目合作对接搭建平台，与赣南师范大学、江西理工大学、赣州技师学院确定合作项目 50 余个，与东莞理工学院共建12 万平方米产学研用园区，鼓励和吸引省内外高等院校、科研院所与园区企业通过课题研究、知识产权转让、建立研发机构等方式开展合作，支持高等院校和科研院所进入园区创办、领办科技企业，打造集聚研发中心、孵化机构和高端实体企业的重要平台，园区目前已入驻登峰科技、中瓷科技、量子点膜等八家科技创新型企业。

为进一步加强产学研合作，推动成果转化，充分发挥高校人才和科研优势，提升本地企业竞争力。该县大力实施省级以上创新平台新增计划，在充分发挥已有平台作用的同时，积极争取科研院所、高等院校到全南设立分支机构和重大研发基地，规划建设一批工程研究中心和技术创新中心等高水平创新平台。

3. 双轮驱动，优化人才梯队

全南县着力构建有利于人才成长的培育机制，在吸引人才、培育人才中加速人力资本积累，主动塑造"人才红利"。依托教育大力培育人才，深入实施"名师""名医"工程，加大"金蓝领"工程、"雨露计划"、创业培训等培训力度，培育一支结构合理的本土人才队伍。用好县委党校、职业学校等县内人才培养基地，加快对各类实用型人才的培养和使用。

同时，广泛开展上挂、下派到企业挂职等，引导各类人才向基层一线流动，跨行业、跨条块、跨领域，多途径、多渠道培养和锻炼人才，统筹推进党政人才、企业经营管理人才、农村实用技术人才和社工人才队伍建设，促进各类人才比学赶超、创新争优，为全南高质量跨越式发展提供可靠的人才保证。

要吸引更多更高层次的人才，就必须创造更好的人才环境。全南县持续释放人才政策"虹吸效应"，出台《关于加强人才服务工作的实施意见》，为各类人才提供精准、专业的服务。组建"保姆式"服务团队，"管家式"服务高层次专家人才，为其提供一站式服务绿色通道，一个窗口全程式服务模式。高标准打造1000余套人才住房，设置专家楼、单身公寓等，使之成为人才向往的"暖巢"。

此外，该县加大宣传力度，充分发挥媒体作用，讲好全南的人才故事，推介全南的人才环境，让更多的人才了解全南、投身全南、创业全南。持续开展"名师""名医""全南十大工匠"等人才评选活动，举办青年人才座谈会、联谊会等活动，让人才有更多的荣誉感和获得感，进一步营造尊才、爱才的社会氛围。人才聚，事业兴。随着一项项人才政策的陆续出台、一个个人才培养计划的相继出炉、一批批各类人才的不断成长，全南正成为四方有志之士干事创业的热土。

（三）章贡区：念好人才经，下活发展棋

章贡区把科技人才作为提升区域核心竞争力和引领产业转型升级的关键，探索出了一条科技人才与产业同频共振的新路径，推动经济高质量发展之路越走越宽，越走越实。

1. "人才+项目"增添发展新动能

章贡区引进的第一位高层次人才陈新建带着团队开发了世界首个"眼底彩照+OCT双模态眼底人工智能筛查系统"，并将比格威医疗科技有限公司落户章贡高新技术产业园区。目前，公司研发生产的全自动人工智能眼科光学相干断层扫描仪年产量达500台，为章贡区科技创新与生物医药产业发展带来了生机与活力。

章贡区聚焦生物医药产业，紧盯产业按需精准引才，打造集公共服务、休闲娱乐、运动健身、生活服务四大平台于一体的"人才驿站"服务平台，为高层次人才提供免费或优惠的公共服务。

2. "人才+创新"垒筑发展新高地

2020年，青峰医药集团多个产品获得国家药品监督管理局批准上市，为更多患者带来福音。对于一家药企来说，最核心的能力是产品研发，青峰医药集团每年销售收入的10%用于研发，而研发创新的根本就在于人才。青峰药业自创建以来，积极引智聚才，研发新药，大大提升了企业的核心竞争力，推动了企业高质量发展。如今，章贡区吸引了晶康宇医疗、修正通药、汇仁医药、天羔共享医疗中心等一批生物医药企业，蓬勃发展的生物医药产业集群跃然显现。

3."人才+平台"引领发展新篇章

人才根植创新的沃土，章贡区的数字经济迎来发展的春天。位于章贡高新技术产业园区赣州数字经济产业园的江西超越数控电子科技有限公司，多个机器人正在流水线上高速运作，不到两分钟，一台计算机便完成组装。智能化改造大大提高了生产效率和产品质量，让整个企业脱胎换骨。产业园区内的赣州市深联电路有限公司积极加快"5G+互联网"发展步伐，投资数亿元建设了智能化工厂，企业效能大大提高，吸引了德国西门子、欧洲 ABB 集团等企业纷纷下单，经济形势一片大好。随着航天计算机、太极信息、奇安信、超越数控、同望科技、特来电等数字经济、新基建企业落户，为章贡区经济高质量发展提供了强大引擎。

目前赣州智研院拥有一支 73 人组成的创新团队，其中，博士 10 人、硕士 20 人，建设了赣州市高层次人才俱乐部物理空间、人才平台以及江西省数字经济重点创新平台，累计完成高层次人才、专家学者、企业家、高级管理人员等各类交流培训活动 45 次。创新驱动发展，人才引领创新。赣州智研院通过高层次人才头脑风暴、观点碰撞，为企业聚智聚力，不断优化赣州经济技术开发区营商环境，奋力打造"一极两地四中心"、建设全国一流现代化国家级经开区贡献力量。

（四）赣南科学院：人才倍增三年行动计划

为深入实施"人才新政 30 条"，认真落实中央、江西省、赣州市关于深化人才发展体制机制改革的有关要求，加快推进人才强院建设，着力打造人才集聚新高地，打好六大攻坚战、实现全面同步小康提供坚强的人才保障和智力支撑，结合赣南科学院实际，制订《赣南科学院人才倍增三年行动计划实施方案》。具体如表 4-16 所示。

表 4-16　赣南科学院人才倍增三年行动计划实施方案

序号	名称	具体内容	落实部门
一、加大力度引才			
1	加大公开招聘力度	每年赴重点高校开展招聘及宣传活动，推出赣南科学院紧缺人才招聘计划，招聘岗位的设置从全院科研事业总体规划出发，坚持优先保障重点学科和拟发展的新兴学科，兼顾其他学科的原则，建立人才招录长效机制。每年通过考核方式招聘硕士研究生以上学历人员至少 25 人，根据工作需要，面向社会公开招考大专以上学历的科研和管理一线人才	牵头单位：办公室责任单位：各直属单位

续表

序号	名称	具体内容	落实部门
2	柔性引进高端人才	以不求所有、但求所用,不求常住、但求常来的理念在不改变和影响人才与所属单位人事关系的前提下,以兼职服务、项目合作、服务外包、技术入股、人才租赁等方式吸引省内外优秀人才特别是创新型、技能型和管理型人才聚集赣南科学院,提供智力支持。突出"高精尖缺"导向,重点围绕蔬菜、柑橘、水稻、水产等学科引进两院院士,争取到 2021 年,全院柔性引进两院院士 5 名以上,柔性引进省内外高层次、高技能人才 20 人以上	牵头单位:办公室 责任单位:科管部、各直属单位
3	探索设置创新岗位和流动岗位吸引人才	根据院所科研创新工作的需要,设置开展科技项目开发、科技成果推广和转化、科研社会服务等创新岗位,在创新岗位实行灵活、弹性的工作时间,便于工作人员合理安排时间开展创新工作。探索设立吸引有创新实践经验的管理人才、科技人才兼职的流动岗位,明确具体工作内容、期限、要求、报酬等,吸引社会人才兼职从事科研工作	牵头单位:科管部 责任单位:办公室、各直属单位
二、拓展渠道成才			
4	支持参与各类科研项目	鼓励申报各类国家级、省级、市级科技项目,推荐进入产业技术体系人才队伍,继续加大院所基本科研业务费专项的资助力度,支持科技人才自主开展农业科技前瞻性、创新性和储备性研究,尽快成为科技创新骨干力量。各单位在申请各类科研项目时,优先推荐符合条件的 40 岁以下优秀科技人才担任项目负责人或支持主要参与项目实施工作。将科技人才培养情况纳入项目考核指标体系,充分发挥领军人才的传帮带作用	牵头单位:科管部 责任单位:各直属单位
5	统筹安排培养锻炼	按照面向实践、讲究实用、注重实效的原则,统筹考虑、提前设计人才培养锻炼路径,重点为综合素质好、发展潜力大的优秀年轻人才搭建成长平台。积极向组织部门推荐符合条件的干部到地方挂职、任职。积极选派优秀科技人员到省科学院、省林业科学院、省农业科学院等大院大所挂职锻炼;有计划地安排院机关和直属单位互派干部进行挂职锻炼。抓好全院跟班学习制度,各直属单位每年至少选派 1 名年轻工作人员到院机关跟班学习。组织科技人员深入基层和农业生产一线调研,选派参加科技特派团或开展合作研究等方式,帮助科技人才在实践中了解国情、农情,把握科研重点、明确主攻方向,提高解决农业生产实际问题的能力	牵头单位:党群部 责任单位:科管部、办公室、各直属单位
6	吸纳进入优势科研团队	在优势科研团队建设中,设置首席科学家助理岗位,聘任 35 岁以下优秀青年科技人才;在组建或调整科研团队时,优先聘任优秀青年科技人才担任骨干专家	牵头单位:科管部 责任部室:各直属单位

续表

序号	名称	具体内容	落实部门
三、优化环境留才			
7	拓宽晋升专业技术职称通道	开辟科技人才成长"快车道",对业绩突出且潜力较大的优秀青年科技人才,在专业技术职务评审和专业技术岗位聘用时给予倾斜。设置高级专业技术特设岗位,用于聘任高层次引进人才	牵头单位:办公室 责任单位:科管部、各直属单位
8	提供创新创业支持	自主设立"创新研究和成果转化资助项目",遴选资助优秀青年科技人才自主选题、开展领域前沿探索,以及创新成果产业化工作。探索鼓励青年科技人才创新创业的多种分配方式,推进科技成果、知识产权等技术要素参与收入分配	牵头单位:科管部 责任单位:办公室、各直属单位
9	营造求实创新的学术氛围	定期举办"赣南科学院科技报告会"和学术沙龙,瞄准农业科学研究前沿,交流农业科技最新进展,打造赣南科学院学习品牌,启发创新思维,激发科技人才投身农业科技事业的热情。建立科研诚信档案制度,严厉惩治学术不端行为,倡导学术自由,加强全院科技人才的科研诚信和学风建设	牵头单位:科管部 责任单位:监察审计室、各直属单位
四、保障措施			
10	加强组织领导	坚持院领导班子统一领导部署,坚持各单位"一把手"抓"第一资源",把科技人才引进和培养工作纳入单位重点工作进行调度和考核。各直属单位要做到有计划、有布置、有落实、有评估,扎实推进人才倍增三年行动计划的实施	牵头单位:办公室 责任单位:党群部、各直属单位
11	建立保障机制	加大对科技人才的支持力度,设立科技人才培养专项经费;建立院为引导、所为主体的分级负责、共同投入的机制,稳步增大科技人才培养专项资金的规模;科技人才建设及经费事项,由科管部、办公室提出实施计划和经费预算,按有关规定审批同意后,由计财部列入年度预算,确保经费使用落到实处	牵头单位:计财部 责任单位:科管部、办公室、各直属单位
12	加大督导力度	把人才倍增三年行动计划工作纳入年度考核体系。院人才工作领导小组办公室负责全院各单位工作的督导检查,并向院人才工作领导小组报告督导检查情况。研究所结合实际负责细化人才倍增工作方案,落实到各个职能科室和团队,将人才引进和培养成效作为职能科室、团队负责人的重要考核指标,对在人才引进和培养工作中取得显著成效的,进行表彰奖励	牵头单位:办公室 责任单位:科管部、各直属单位

续表

序号	名称	具体内容	落实部门
13	加大宣传力度	深入挖掘科技人才在推进农业科技创新、支撑农业产业发展等方面的先进事迹,通过报刊、网络、影视等媒介,开展立体式宣传,充分发挥科技人才的示范带动作用,提高他们的学术影响力和社会知名度。深入开展科技人才成长规律研究,积极挖掘典型案例,认真总结人才培养工作经验,做好科技人才队伍建设指导工作	牵头单位:党群部 责任单位:科管部、办公室、各直属单位

资料来源:赣州市政府. 赣南科学院人才倍增三年行动计划实施方案〔EB/OL〕. https://www. gan-zhou. gov. cn/zfxxgk/c100446hm/2019-12/04/content_eccc45a830a84ccf915b64bbabee98dc. shtml,2019-12-04.

第五节　赣南老区产业高质量发展案例分析

一、传统产业

(一)赣州稀土

稀土是重要的战略资源,也是不可再生资源,因此,要加大科技创新工作力度,不断提高开发利用的技术水平,延伸产业链,提高附加值,加强项目环境保护,实现绿色发展、可持续发展。赣州素有"稀土王国"的美誉,是我国南方离子型稀土资源的主要分布区。近年来,赣州在稀土萃取、冶炼分离、稀土深加工及应用产品方面均取得了较为突出的成果,稀土产业已然成为推动当地经济发展、赣州振兴发展的支柱产业。

1. 赣州发展稀土产业的优势分析

(1)拥有独特的资源优势。赣州具有得天独厚的离子型稀土资源优势,素有"稀土王国"之美誉。离子型稀土在赣州市18个县(市、区)都有分布,主要集中在赣县、宁都县、全南县、龙南县、寻乌县、定南县、信丰县、安远县八个县。

(2)具有长期的开发管理经验。由于赣州离子型稀土资源的特殊地位,赣州市历来十分重视稀土资源的开发与管理工作,尤其是近年来赣州坚持"整合资源、控制开采、深度加工、做大产业"的产业发展思路,在资源开发管理中做到"三个一",即出台一系列政策,赣州相继出台了一系列针对稀土资源开发管理的规范性文件;建立了一支专门监管的队伍,市、县、乡、村多级联合监管,设立了相应的矿产监管机构；构建了一套科学的管理机制，实施了"三项制度"和"三个联动机制"，坚持不懈打击非法开采，控制开采总量。借此，赣州在稀土开发监管中取得的显著成效，为产业可持续健康发展营造了良好的外部政策环境。

（3）具有较好的产业发展基础。赣州稀土产业借助了独具特色的离子型稀土资源优势，积极响应国家大力扶持稀土产业政策的基础上持续快速发展。通过大力发展精深加工及应用产业，赣州稀土产业结构也得以优化和升级，产业链条加速向深加工及应用方向延伸发展，已经形成包括采、选、冶，加到应用的十分完整的产业体系。新型材料的钕铁硼磁性材料和发光材料的发展也具备了相当基础，一些产品的质量已经达到了国际、国内先进水平，在国内外稀土市场具有较大的影响力。

2. 赣州稀土产业发展方向分析

稀土产业链的重点延伸方向是稀土永磁电机产业，稀土产业向稀土应用领域延伸是必然趋势，已成为各方共识，但由于稀土性能具有鲜明的多样性，可延伸的产业路径多达150多条，在产业链延伸的重点领域和突破方向上，主管部门、学术界、产业界长期争论，难以达成一致，在一定程度上影响了稀土产业提质发展，导致我国在稀土应用领域与先进国家的差距较大。由于我国稀土应用研发起步较晚、科技积累不足，目前在很多稀土应用领域尤其是高端应用领域尚处于研究阶段，短时间内要突破稀土应用的所有领域就需要寻找相对最有利的突破方向，集中力量加紧推进。

（二）南康家具产业集群

1. 发展现状

南康家具产业集群属于国内第六大家具专业化产区——中部家具产区，具有较完备加工制造、专业配套、销售流通的全产业链，是产值达千亿的产业集群，曾被授予"全国优秀家具产业集群""江西省首批重点示范工业产业集群""全国第三批产业集群区域品牌示范区"等称号。南康也由此发展成为国内最大的实木家具生产基地和中部最大的家具产业基地，被称为"中国实木家具之都"。

（1）家具制造业产值逐年快速增长。在南康城市快速工业化进程中，家具制造业表现突出，逐步成为南康四大主导产业（家具制造、矿产品加工、服装制造、电子信息产业）之首，是推动南康工业化进程、提升城镇化率的主要力量。家具制造业产值占工业总产值比例波动式升高。南康家具制造业在南康工业体系中的首位度较高，且呈现不断上升的趋势，家具产业的发展对南康工业与城镇化率的提升起到重要推动作用。

（2）南康家具产业企业数量及空间分布。家具生产制造业包含木质、竹藤、金属、塑料家具等。为探求南康家具产业空间分布情况，本书将注册地为南康的家具生产制造业与国家工商企业信用公示系统匹配，截至 2019 年底，南康共有经营状态为存续与在业的家具生产制造厂商 10722 家，分布在所辖除隆木乡外的 17 个乡镇和蓉江、东山 2 个街道办事处。其中，分布数量最多的为龙岭镇，共计 2992 家，占家具生产企业总数的 27.91%。由于南康家具产业已经具有集群化特征，集群不仅是家具企业在空间上的简单集聚，而且是围绕家具产业链，形成的家具制造企业、配套企业（板材、油漆、五金等）、专业市场、物流销售网络以及专业机构等组成的有机整体。因此，在分析生产企业的空间分布情况时，应将家具的本地配套生产企业纳入考虑，但由于数据的可获取性和行业分类标准的差异，本书将家具生产的上游企业——木材加工业纳入分析。截至 2019 年底，全区共有木材加工企业 1121 家，分布于除十八塘乡外的 19 个乡镇和街道办事处。首先是东山街道分布数量最多，具有 304 家，占总量的 27.12%；其次为龙岭镇，为 268 家，占总量的 23.91%（见表 4-17）。

表 4-17　2019 年南康家具生产制造与木材加工企业（存续/在业）数量统计

单位：家

行业 ＼ 单位	蓉江街道	东山街道	唐江镇	凤岗镇	龙岭镇	镜坝镇	龙回镇
家具制造业	1141	2542	931	15	2992	854	765
木材加工业	68	304	53	8	268	33	182
行业 ＼ 单位	横市镇	浮石乡	赤土乡	横寨乡	朱坊乡	太窝乡	三江乡
家具制造业	4	244	93	189	219	539	20
木材加工业	5	10	15	9	12	15	3
行业 ＼ 单位	龙华乡	十八塘乡	大坪乡	麻双乡	坪市乡	隆木乡	共计
家具制造业	160	7	5	1	1	0	10722
木材加工业	41	0	7	7	52	29	1121

资料来源：徐竞潇. 江西南康家具产业集群演变特征及动力机制研究［D］. 江西理工大学硕士学位论文，2020.

（3）南康家具生产销售网络。南康家具产业集群现已基本形成从加工到销售的全产业链，产销网络较为发达。

1）产品类型以实木家具为主，覆盖高中低档。南康被称为"中国实木家居之都"，产品类型主要以实木家具为主，包括实木床、实木沙发、餐桌椅以及实木套系产品，产品档次覆盖高中低档。实木家具生产主要用料为橡胶木、松木、白蜡木、胡桃木等，南康家具每年用料约为 400 万立方米，木材原料主要为东南亚进口木材。在加工制造环节上，大型企业通过路径创造，引进生产设备并改良生产技术，中小企业通过路径依赖学习本地大企业的生产制造与管理经验，集群内生产企业逐步完成了由家庭作坊向企业的转变，实现流水线式生产，提高了集群的生产效率与产品质量。

2）专业市场与配套服务日趋完善。集群内的专业市场已形成生产原料、配套木工机械与成品销售三大市场类型，分别服务于家具生产企业的上游材料、中游设备、下游销售等环节。根据实地走访调研，集群内现有专业市场 16 家，其中生产原料专业市场 4 家，配套木工机械专业市场 3 家，成品销售专业市场 9 家，市场的数量与规模基本满足现阶段集群发展需求（见表 4-18）。

表 4-18　南康家具产业集群专业市场统计

市场类型	市场名称	销售产品类型
生产原料市场	板材城家具白坯市场、中部物流商贸城材料市场、鱼珠木材市场、佳兴木材城	白坯材料、板材、油漆涂料、布艺、皮革等软体生产原料
配套木工机械市场	南康家具配套市场、亚琦家居板材城、万茂商业广场等	连接件、数控机床等木工机械
成品销售市场	国际家私城、光明家具城、家具博览中心、名优家具汇展中心、中心市场、泓泰家具交易市场、亚琦家具会展中心、家具大世界等	实木家具、板式家具、软包家具等高中低档各类家具产品

资料来源：徐竞潇. 江西南康家具产业集群演变特征及动力机制研究［D］. 江西理工大学硕士学位论文，2020.

随着"检测、展销、喷涂、园区、烘干、融资、研发、物流、港口"九大平台建设的逐步落实，南康本地的服务设施日趋完善，有力地推动了集群向高质量发展转变。

3）产品销售线上与线下、内贸与外贸兼顾。从产品的销售渠道来看，主要分为线上与线下两个渠道，其中线下渠道除传统的门店销售外，还有每年一度的南康家具博览会，以展促销的方式带来大量的成交订单。门店销售一方面依靠的是本地的专业市场进行零售与批发，另一方面依托区域代理商销往全国各地。对于线上销售主要以淘宝店铺、本地销售网络平台"康居网"为主。近年来，随着赣州内陆港跨境电商专列的开通使用，截至 2017 年，已有 20 家家具企业涉足海外贸易，促成了内贸与外贸兼顾的销售局面。

2. 南康家具产业集群发展历程与阶段划分

南康家具产业集群发展历程与阶段划分如表 4-19 所示。

表 4-19 南康家具产业集群发展过程大事件

年份	事件
1993	南康首家家具厂注册成立
1997	出台"个私兴康"战略、《家具产业发展五年规划》
2001	开展"主攻工业年"活动，提出"以工业化为核心，建设都市化新南康"
2006	家具产业发展办公室、家具协会成立；获得"省家具产业基地"荣誉
2009	出台《家具企业补办证照工作方案》；成立家具研发中心
2012	苏区振兴《国务院关于支持赣南等原中央苏区振兴发展的若干意见》实施
2014	召开第一届家具博览会；进口木料监管区、家具质量监督检验中心建成
2015	出台"主攻工业、三年翻番"发展战略，提出"九大平台"建设；赣州港直通运营
2016	木材价格指数在南康发布；启动规上企业申报与 1000 万平方米标准厂房建设
2017	授予"中国实木家居之都"称号；推行"拆、转、建"政策
2018	南康家居小镇运营；"南康家具"注册集体商标

资料来源：徐竞潇. 江西南康家具产业集群演变特征及动力机制研究［D］. 江西理工大学硕士学位论文，2020.

（1）产业集群萌芽形成阶段。1993~2005 年，南康家具产业起步于 20 世纪 90 年代，在改革开放政策的推动下，广东、深圳凭借地理临近港澳的优势和开放特区的政策支持迅速发展。相对廉价的土地和人力资本，催生了大批外来投资者至此投资建厂，而人力资源的缺口吸引着大量外来务工人员，其中不乏南康的南下打工者。此时，家具行业作为传统的劳动密集型生产制造业，需要大量劳动工人，且文化程度要求不高、技术简单易学，而南康又是传统的"木匠之乡"，当地居民深受木匠工艺和技术的熏陶与传承。因此，木匠成为多数来粤打工的南康人的从业首选。在这批打工手艺人积攒了资本经验后，返乡办厂使之成为南康家具产业的先行者。1993 年第一家返乡创办的家具厂在南康设立，标志着南康家具产业破土发芽，实现了"从无到有"的转变。返乡创业者学习沿海开放城市的创业理念，在 105 国道、323 国道旁边搭建松皮棚，生产简易家具向过路的司机和商旅销售，形成了"前店后厂"的家具生产制造模式。政府以政策引导在外南康人返乡创业，并于 1997 年出台《南康市家具产业发展五年规划》，正式把家具业作为一项产业提到议事日程上来。随后的几年中，政府与企业联建工业园区，成立行业协会，开工兴建、改扩建家具市场等一系列措施相继实施。在经过 10 多年的艰苦创业，2005 年南康家具产业成为当地最具活力和潜力的产业。南康家具产业破土萌芽并走向成长，该阶段的特点可以归纳总结为：企业粗放发展，政府"放水养鱼"。

（2）产业集群成长阶段。2005～2016 年，在集群成长初期，疯狂无序的增长使得南康家具产业陷入"低小散乱"，产品低端化、同质化是这一时期的主要特征，产业发展陷入"水货"家具的低谷，产品销路不畅，迫使南康家具产业改变以前粗放增长模式，向集群化发展转变。此时政府开始对企业规范化引导，引导南康家具企业扩大规模、提升品质。在产品质量上，部分家具企业逐步意识到品质的重要性，开始积极引进优质设备、原料和高质量人才，从杂木转变为以橡胶木为主材，南康家具的品质迅速提升。随后在《国务院关于支持赣南等原中央苏区振兴发展的若干意见》推动下，地方政府实施出台"主攻工业，三年翻番"战略，提出了"国内乃至全球家具集散中心"的目标。并具体落实到九大平台建设上，帮助企业做到降低生产成本、优化发展环境，推行"拆、转、建"措施，即拆除不达环保标准的铁皮棚，腾出发展空间；标准厂房建设，集约发展；个转企，小升规，龙头引领、中小报团的发展模式。这一阶段的特点可以总结为：企业集群发展，政府"建链强链"。

（3）产业集群转型升级阶段。2016 年后，面对南康家具产业仍处于价值链中低端，存在利润低、品牌差、设计能力弱等问题，集群开始谋求向高附加值、具有核心竞争力、具有较强品牌影响力、具有创新研发能力和市场话语权的高质量集群转型，并展开了四个方面的建设：

1）研发设计。与研发院合作出台实木床、餐桌椅等行业标准；与南京林业大学、北京林业大学等高等院校合作建立家具部件库；家居小镇引入设计团队，实现由模仿到设计的转变。

2）品牌升级。打造"南康家具"集体商标，并成立品牌的运营机构，出台集体商标使用规范，并经过卖场与门店主动推广区域品牌，提升品牌知名度。

3）智能制造。由传统生产工艺向数字化、智能化转变，依托北京理工大学等高等院校资源，合作打造智能化生产示范线，有效地降低了企业生产成本，提高了生产效率。

4)"一港一镇"建设。一港即依托赣州港对外平台,建设世界家具木材集散地,实现木料采全球,家具售全球;一镇即依托家具小镇,集聚高端生产要素,实现南康家具业集群的高质量发展。

3. 产业集群产生动力分析

(1)木匠技艺的传承培养大批木匠工人。南康是中原客家先民南迁后的主要定居地之一,木匠技艺作为南康客家人的传统行当世世代代传承。南康本地流传着客家的传统歌谣"嫁个木匠真正好,一有橱柜二有箱,还有火笼烤衣裳",所描绘的就是南康客家人崇尚木匠文化的情境。据《南康记》记载,秦代赣南地区多良木,修建阿房宫时从中原派来大量伐木的"梓人",世代生息成为南康人的祖先。此后宋元两代造船业的发展、明清客家南迁、客家围屋的修建等培养了大批木匠工人,木匠技艺也就此流传,成就了传统的木匠之乡。世世代代从事的行当营造了南康当地崇尚木匠的氛围,培养了大批木匠工人。同时木匠行当成为南下打工者的从业首选,而这批木匠传承手艺人就成了南康家具产业的先行者。

(2)打工木匠企业家的拓荒精神。一个地区产业集群的形成离不开最初一批勇敢的"拓荒者",而这批"拓荒者"的成败决定了该地区产业集群的形成与否,他们所创造的企业类型、产销方式也将会在一段时间内成为集群内其他企业路径依赖的对象。在南康家具产业集群的实地调研中了解到,最初一批南康家具企业老板几乎都为南康南下广东打工者,在积蓄到一定资金、学到现代化的家具生产技术和管理经验后,怀着满腔热血回乡办厂。南康家具厂最初的模式是基于血缘、亲缘、地缘的"家族化网络",并且该模式得到复制,在家族化网络的形成过程中,不断融入人力、物力、财力等,由此带动"圈内"一个又一个家庭走入家具行业。

(3)原料市场、劳动力等生产要素充足。家具生产属于劳动密集型制造业,且存在原料消耗大、运输成本高、工人需求多等特点。从生产原料上来看,潭口镇从20世纪80年代初就形成了江西省最大的木材市场,成了闽粤湘赣的木材集散地,因此在生产原料上南康便具有了无形的地缘优势,一方面降低了木材等原料采购的难度,另一方面地理临近降低了运输成本。从劳动力要素上看,南康地区劳动力资源较为丰富,且受木匠传统文化的熏陶和南下广东、顺德打工的技术培养,拥有大量从事家具制造行业的熟练工人。原料市场、熟练劳动力等生产要素的充足为南康家具产业集群的形成提供了本地物质基础。

（4）订单生产企业的地理临近性。从家具产品的销售市场来看，一方面本地众多的人口带来了庞大的消费市场；另一方面由于与广东、福建等发达省份邻近，南康早期家具生产企业多为生产配套产品和半成品，以白坯的形式销往周边发达省份进行喷漆、打磨等进一步深加工，具有订单式生产的特性。家具产品具有运输成本高的特点，南康的地理邻近性和大广高速、厦蓉高速等便捷的交通路网条件，既可以使闽、粤地区客商节省运输成本，又加快了时效，节约了时间成本。因此，闽、粤地区家具生产商更愿选择南康企业生产配套产品，客观上促进了南康家具产业的萌芽。

（5）鼓励个体私营经济发展政策激发返乡创业热情。南康家具企业在最初创立时恰逢改革开放初期，由于管理与收费不规范、林木资源管控限制等诸多问题使打工返乡者心生顾虑，影响了创业热情。直至1994年南康县委、县政府明确鼓励民营经济发展。1997年出台"个私兴康"战略，正式将家具产业纳入南康重点发展的主导产业，并在1997~2005年实施了建设金鸡、蓉江、罗边三个工业小区；建设东山工业园3000亩；建设龙岭工业园4000亩；建设太窝、镜坝、龙华、唐江四个家具生产基地，以及各类市政公用设施的建设为家具企业的快速扩张提供了平台。"工业强市，民营兴市""推动和谐创业，加快富民兴赣"等一系列目标口号的提出，更能进一步激发返乡打工者的创业热情。

（三）赣州纺织服装产业带

1. 赣州纺织服装产业带发展现状

纺织服装产业属于赣州市重点打造的"三个三"产业集群中的轻纺产业。2013年起，主营业务收入达103.8亿元，首次突破百亿元大关，同比增长17.3%；实现利税7.7亿元，同比增长33.8%，其中利润3.8亿元，同比增长38.4%。[①] 以于都、兴国、宁都、石城、龙南、瑞金、全南、南康、赣县、章贡区、赣州经济技术开发区11个县（市、区）为主，赣州市扎实推进纺织服装产业转型升级和跨越发展。截至2020年初，2019年，赣州市规模以上纺织服装业企业236家，产值突破700亿元，这些地区占全市规模以上纺织服装企业户数的95%，主营业务收入的90.9%。赣州市纺织服装行业的主导产品是女性内衣、针织毛衫、西服、西裤及各类成衣。生产西服西裤并已形成产业集聚发展特色的南康市是江西省五大省级纺织服装产业基地之一。其他时装、运动、休闲等各类

---

① 资料来源：客家新闻网．"时尚赣州"织锦绣［EB/OL］．https：//baijiahao.baidu.com/s？id=1640503737110776617&wfr=spider&for=pc，2019-07-31.

服装则在以上 11 个县（市、区）均有分布。① 赣州市纺织服装行业属典型的以出口为主的加工型产业，毛针织和女性内衣产量在江西省纺织行业中占有相当分量，具有较好的发展优势。

目前已引进投产了赢家服饰、脉动智能制造、曼妮芬服饰、易富科技、新百伦等知名服装品牌生产企业。于都县被授予"中国品牌服装制造名城"，其正在大力实施"增品种、提品质、创品牌"战略，规划建设了智造基地、设计中心、展销中心、检测中心、物流中心、面辅料市场、服装学校、水洗产业园等公共服务及配套平台，优化产业结构，培植行业龙头，完善产业链条。

2. 赣州纺织服装产业带产业特点

（1）产品种类不断丰富。赣州市服装产品主要有西服、衬衣、西裤、内衣、童装、礼服、针织品等。通过近几年的发展，企业正在由生产加工向品牌塑造、由单一产品向系列化方向转化，涌现了一批品牌企业。其中，新雅长生制衣、富翔服饰实现了西服、衬衫、西裤、休闲产品的系列化生产，江西曼妮芬服装有限公司已拥有品牌内衣等产品的大规模化生产能力。

（2）逐渐形成了较为稳定的国内外销售市场。经过多年的高速发展，赣州市的服装市场不断扩大。在外贸市场方面，富翔（赣州市）服饰有限公司的产品已销往中东地区、南美洲以及中国香港等；裕峰制衣厂的童装、力荣针织公司的针织衫成功打入了欧美市场；祺鸿羽绒制品、日凯纺织品等产品在上海、广东等地有了稳定的消费群体。全市服装产业的市场覆盖区域发展稳定并不断扩大。

（3）技术水平不断提升。江西曼妮芬服装有限公司已建成实验室并开展了产品研发工作，从美国进口的 CNC 加工机及对色仪等设备，为产品研发提供了更准确的数据，使产品更舒适更符合人体的需求。新雅长生制衣公司的赣州服装研发展示服务平台已经建成，将有效改善赣州服装企业内部发展环境，夯实产业研发基础，进一步提升服装企业运营能力及管理水平。同时，产品档次明显提升，由最初以普通面料为主等发展为以精纺面料为主，经营模式则由原来的单纯贴牌加工为主向发展自有品牌过渡。

（4）发展后劲不断增强。通过承接产业转移，很多沿海地区服装产业将产品制造基地迁移至赣州。如江西曼妮芬工业园、赣州荣创服饰创意园项目已经建成并投入使用。大批沿海企业的迁入为赣州服装产业的发展注入了活力，并形成

① 资料来源：澎湃政务．回眸"十三五"赣州足音铿锵一路向前［EB/OL］．https：//m. thepaper. cn/baijiahao_ 10182430, 2020-11-28.

了一定的产业集聚效应。

二、现代产业

（一）赣州市新能源汽车科技城

1. 赣州新能源汽车科技城产业发展的基础

经过多年发展，赣州已基本形成了以经济技术开发区、沙河工业园等为载体，整车（主要是改装车、专用车）及零部件协同发展的集群化发展体系，特别是在稀土永磁材料、驱动电机和锂离子动力电池方面具有一定的产业优势。赣州新能源汽车科技城首期规划 35.2 平方千米，获批省级战略性新兴产业集聚区，已落户项目有国机智骏、凯马、中电汽车、昶洧、孚能科技等，其中孚能科技被认定为江西省第一家"独角兽"企业，已挂牌上市。赣州市政府出台了扶持新能源汽车及配套产业发展的政策措施，对取得生产资质的企业给予 100 万元至5000 万元奖励，给予采购总额 2% 的本地采购补贴。国机智骏汽车、凯马汽车已于 2019 年 8 月 6 日同时投产下线，一座集"新能源汽车制造、产学研同步、产居融合、产景兼优"的综合型生态新能源汽车科技新城已初具雏形。目前，能源汽车科技城正按照"整车+零部件+研发+检测+汽车文化"实现完整生态链闭环的发展思路，着力打造全国重要的新能源汽车研发和制造基地，预计到 2025 年形成年产 100 万辆以上整车的产能。主要新能源汽车及零部件企业发展情况如下。

（1）江西玖发专用车有限公司。江西玖发专用车有限公司位于赣州市南康区，目前主产产品为纯电动专用车。公司产品主要分三大类：第一类是纯电动作业类专用车，即纯电动环卫车；第二类是纯电动运输类专用车，如家具物流车，专用于南康区内家具厂的货物运送；第三类是纯电动特种专用车，海关、民航等特殊领域纯电动特种车；水果蔬菜等销售专用车，主要用于农村和城镇地区。

目前该公司已生产出多款纯电动样车并申请了 13 个国家工业和信息化部的新能源汽车产品公告，形成了 2.5 吨环卫物流系列和 1.5 吨快递物流系列产品，在国内同行业中产品性价比较高。同时公司研发的纯电动环卫车及其无线网络垃圾回收系统，也在赣州南康区获得大面积推广应用，该系统开创性地将新能源电动汽车与无线互联网信息技术完美结合，通过对垃圾箱加入重力传感器和超声传感器的智能改造，采用 GPS 定位和互联网技术，将垃圾箱的工况以短信方式发至环卫人员和管理中心，科学安排垃圾收集车按合理线路更换收集，节约车辆和时间，提高环卫工作的经济社会效益，成为互联网智慧型城市的一部分。公司以集成创新和产业化为开发目标，整车方面，积极引进美国电动模块化动力总成系统和电池能源管理系统，与北京航空航天大学材料学院合作，成立北航—江西玖发新能源汽车高新技术研究中心，该研究中心已开展整车轻量化课题研究，在确保稳定提升汽车性能的基础上，节能化设计各总成零部件，持续优化车型谱，提高整车运行效能。电传动系统方面，与湘电集团技术合作，同时利用赣州的稀土资源优势，合作研发出高效稀土永磁电机及其电控系统，应用于新能源汽车，在江西打造了一条"稀土永磁材料—稀土永磁电机电控—新能源电动汽车"的优势产业链。

（2）孚能科技（赣州）有限公司。孚能科技（赣州）有限公司主要从事高科技、新能源、车用动力锂离子电池系统的生产、研发，产品涵盖单体动力锂离子电池、电池模块及系统，为混合动力汽车、电动汽车以及电动工具、电动自行车等产品提供配套服务。

（3）格特拉克（江西）传动系统有限公司（赣州分公司）。格特拉克（江西）传动系统有限公司是德国格特拉克（GETRAG）集团与江铃汽车集团（JMCG）强强联合，共同打造的全球汽车传动技术产品与服务提供商，于2007年1月在江西南昌正式投入运营。公司坐落于江西南昌昌北经济技术开发区，下辖四个工厂，分别为两个南昌工厂、赣州工厂、于都工厂。

格特拉克（江西）传动系统有限公司赣州分公司位于江西省赣州经济技术开发区，公司拥有较为先进的齿轮加工和变速器装配生产线。赣州分公司目前有B5A/IB5、452MT/AMT、B6、HM516、R5M21、JC630等系列产品，主要为吉利汽车、观致汽车、美国福特汽车公司、美国通用汽车公司、江铃股份、海马汽车、北京奔驰—戴克、东风汽车、东南汽车、郑州日产、江淮乘用车、长城汽车、长丰汽车等诸多国内外知名汽车品牌制造商提供配套服务。

（4）赣州五环机器有限责任公司。赣州五环机器股份有限公司创建于1999年，位于赣州经济技术开发区金岭西路。公司主营业务为新能源汽车、工业车辆的传动减速装置，主导产品有电动车变速箱、电动车减速桥、汽车取力器等。目前已具备年产60000台新能源汽车变速器的生产能力。公司拥有一流的生产、检测设备和独立的总成检测室，通过了行业相关质量管理体系认证。主要生产设备有卧式加工中心、立式加工中心、数控车床、滚齿机、磨齿机、内外磨床及现代化装配线等。

公司还自主开发了三大系列新能源电动汽车变速器与驱动桥，共获得专利技术九项，其中，WH183系列产品总体技术经中国科学院上海科技查新咨询中心查新,技术水平为国际先进、国内领先。该系列产品利用双中间轴小模数变位齿轮强度设计技术、齿轮修形、降噪设计和制造技术、自动智能数字控制换挡新技术的应用,匹配电机最大输入功率为 220 千瓦、最大输入扭矩 1000 纳米。产品具备自动测速换挡、自动驻车等先进技术;同时满足节能环保、低噪声、高效率、驾驶舒适性、安全性等特点,确保产品符合设计要求和用户要求。

公司研发力量较为雄厚,零部件产品以实现与国内主要工程机械主机生产厂商以及主要汽车变速器生产厂商配套。并成为合力叉车、杭州叉车、斗山工程机械、玉柴机器、北京现代、杭州友高、中国一拖、格特拉克(江西)传动系统有限公司、江铃 VM 发动机等的关键供应商,部分产品通过主机厂家出口欧美国家。作为江西省首家规模生产新能源车辆变速箱的企业,目前可年产新能源汽车动力总成 50000 台。

2. 新能源汽车科技城发展优势分析

(1)各级政府高度重视赣州市新能源汽车产业发展。2012 年 6 月,《国务院关于支持赣南等原中央苏区振兴发展的若干意见》出台,明确支持赣州积极培育发展新能源汽车及其关键零部件产业和支持国内整车企业在赣州设分厂,明确提出从基础设施、产业政策、财政税务、金融投资、土地资源等方面对赣州市给予支持。同时,中共中央组织部和国家发展改革委牵头,39 个国家相关部委对口支援赣州,大力支持赣州发展。此外,财政部、国家税务总局、中华人民共和国海关总署联合下发了《关于赣州市执行西部大开发税收政策问题的通知》(财税〔2013〕4 号),对投资整车制造和配套产业等鼓励类企业所得税,减按 15% 税率征收,进口自用设备免征关税,研发费用加计扣除。江西省委、省政府对赣州十分关注,明确了赣州发展新能源汽车产业的定位,要求江西省发展改革委、省工业和信息化厅共同推进。赣州市委、市政府引进新能源整车的愿望十分强烈,省委常委、赣州市委 2015 年 9 月提出了三年工业翻番目标,要求举赣州市之力把新能源汽车打造成为千亿产业集群。

(2)在动力电池、车辆传动系统方面已有较好发展基础。近年来,赣州充分利用自身区位、资源优势,把握国家政策机遇,大力发展汽车关键零部件产业,在动力电池、驱动电机、变速器等方面已取得较好成绩。在动力电池方面,赣州现有两家较具规模的锂离子动力电池生产企业,孚能科技(赣州)有限公司和赣州雄博新能源科技有限公司。孚能拥有世界先进的动力锂电池生产、研发能力,并拥有独特的电池管理技术。目前,其在赣州的生产基地产能超过 300 毫瓦时,产品大部分出口,并计划与国内新能源汽车产品实现规模化配套。此外,赣州雄博新能源科技有限公司也已具备日产 30000 个锂离子电池的生产能力。在驱动电机方面，规模以上电机企业有 5 家，已具备 200 万台稀土永磁电机生产能力。同时，格特拉克、五环机器等企业的变速器、驱动桥产品也已为国内主流企业配套，市场反响良好，在传动系统领域具有一定的市场地位。

（3）聚集了大量的汽车专业人才。赣州有江西理工大学、赣南师范学院、江西应用技术学院等 7 所高等院校，37 所中专和职业技术学校，多个学校设有汽车、机械、电子、材料、信息等汽车设计制造及相关专业。拥有国家离子型稀土资源高效开发利用工程技术研究中心等国家级科技创新平台 11 个、省级科技创新平台 30 个、省级优势科技创新团队 7 个、院士工作站 4 个、博士工作站 3 个。同时，赣州还拥有一批技术领先的科研团队。

（二）赣州电子信息产业带

1. 赣州市电子信息产业带发展现状

赣州电子信息产业带沿着京九高铁，按照"3+6"进行总体布局，以赣州经济技术开发区、信丰县、龙南县作为核心发展区域，以章贡区、南康区、安远县、定南县、全南县、兴国县作为辐射发展区域，重点围绕智慧城市、智能光电、智能终端、5G 及物联网应用等领域构建产业链，着力打造新型电子材料及元器件、新型光电显示、智能终端制造、汽车电子、软件与信息服务业五大产业集群。引进了名冠微电子、合力泰·比亚迪电子、众恒光电、爱康光电四个百亿元项目，以及江西省最大外资工业项目——投资 5 亿美元的技研新阳高端线路板和车载电子项目。2019 年，已有规模以上电子信息产业企业 321 家，产值突破 600 亿元，印刷电路板、光电显示、LED 应用等领域已建立相对完整的产业链。2021 年，赣州市电子信息产业营业收入突破 1000 亿元，成为全国重要的电子信息产业集聚地。在建设电子信息产业带过程中，全南县、赣州经济技术开发区表现最为突出。

2. 全南县

（1）着力打造产业集群。在电子信息产业发展中，全南县着力打造承接大湾区电子信息产业转移基地，争取早日建设成为赣州电子信息产业带的重要节点。集群引进 5G 智能产业园、科昂电子、络鑫电子等 43 家电子信息企业，逐步向高端化、集群化、链式化迈进。

全南县聚焦光电显示、电子新材料细分领域，全南厚植电子元器件和电子基础材料优势，重点引进中高端企业、产业链配套企业、头部企业，聚力发展电子组件，向手机、电脑、汽车电子、工控医疗、智能家居等终端产品延伸。

在光电显示领域，该县重点发展玻璃基板、背光源等原材料，拓展面板、显示模块、显示终端等方向；在电子信息基础材料领域，该县引进落地高频线、数据线、电子线企业，拓展挠性线路板、5G 天线、薄膜太阳能等方向。同时，全南县聚焦 5G 智能制造领域，重点发展新型传感器、摄像头、5G 通信组件、仪器仪表、智能数控设备等产品，拓展集成应用和 5G 智慧平台系统等方向，确保产业之间、企业之间形成要素配套、加速集群集聚。

（2）培育新兴"增长极"。全南与粤港澳大湾区高校合作，共建产学研用科技产业园，现已入驻登峰科技、中瓷科技、量子点膜等八家科技创新型企业；创建了晶晖锆铪、松岩铝钛基合金省级工程研究中心，氟新材料、稀土新材料产业稳步发展；建立博士工作站 1 个，市级以上创新平台及载体 16 个；支持佳信捷、华派光电分别与中科院共建实验室，高新技术企业数量比 2016 年增长 13 倍，连续三年获评"全省专利工作进步十强县"。其中，华派光电是全南县突出引进的"5020"项目之一。近年来，全南县全面对接、融入、服务、协同粤港澳大湾区，以承接、引进、联通项目为主攻点，高质量建设承接粤港澳大湾区电子信息产业转移基地。华派光电无尘车间，自动化生产线一字排开，摄像头盖板、IR 截止滤光片等产品源源不断从生产线上出来。

全南晶环科技股份有限责任公司通过增加研发投入提升创新能力，运用新一代生态环保型工艺，可实现锆铪新材料年产能逾 5000 吨。公司已拥有六项发明专利授权、两项实用新型专利授权。

加强产学研合作，推动成果转化。全南实施"一主三优二育"产业战略，持续培育壮大不锈钢、氟新材料、稀土新材料等优势产业向高端化、高附加值、多领域延伸。不锈钢产业加快推进阳城机械投产，加速励晟智能家居项目建设，氟新材料产业精深开发高附加值军工产品，稀土新材料产业在锆铪合金规模化生产上取得突破进展。

（3）构筑发展"暖巢"。2021 年初，全南县汇成医疗科技有限公司、江西纯品元生物医药科技有限公司、全南全芯智能有限公司等"僵尸企业"被清退，一场"亩产论英雄"改革在该县工业园区如火如荼进行。近年来，全南县科学规划布局产业园区，沿绕城公路征收产业用地，扩大园区规模；积极稳妥腾退工业园区"僵尸企业"、低端企业，通过"腾笼换鸟"、高端替代促进园区迭代升级，最大限度挖掘释放园区承载潜力。

全南县对建筑用地进行统一供应管理，该县依据园区用地和建设规划，合理确定用地结构。同时，盘活存量用地，做好做足存量土地文章，重点保障电子信息工业首位产业、氟新材料、锆铪应用新材料、不锈钢等产业用地。

全南推行工业用地长期租赁、先租后让、租让结合及弹性使用年限制度，提高土地利用率；高标准建设标准厂房，企业可享受成本价购买厂房以及前三年"先交后返"租赁政策，充分利用存量厂房，成为电子信息产业集聚发展的"暖巢"。

3. 经济技术开发区

自赣州经济技术开发区开展春季攻势专项行动以来，经开区电子信息产业项目建设成果"破土而出"：同兴达三期（金凤梅园厂区）正式投产，向营收破百亿元目标迈出坚实步伐；锐晶科技功率芯片制造项目开工装修。

近年来，赣州经济技术开发区大力发展电子信息首位产业，以基础设施平台建设为先导，电子信息产业园开发建设跑出"加速度"。涌泉大道、叶山大道等"两横三纵"路网加速畅通。园区玲珑西带状绿地项目启动设计，绿化美化加速提升。涌泉商业综合体项目已进场开挖土方，建成后园区功能将进一步完善。

项目建设的"赛马场"不分伯仲，作为赣州经济技术开发区"梧桐树"计划首个开园项目，华昌电子及新材料产业园内已呈现一片忙碌有序的景象，新投产的电子元器件企业讯康电子，近百台机器正马不停蹄地生产着滤波器。涌泉科技园、泉岗科技园等标准厂房交付在即。九木大数据等一批新入驻项目即将进场装修，为电子信息产业发展增添新动能。

为加速推进项目建设"春笋"行动，江西赣州经济技术开发区电子信息产业园建设指挥部坚持"项目为王"理念，总体协调推进片区基础设施、工业项目、标准厂房、配套项目建设，根据详细倒计时安排，对重点项目高频督促推进，推动了一批主干道路建设、杆线迁改、水电配套、绿化美化等事项落实，进一步强化电子信息产业园要素保障，加快落地项目的开工、投产。

赣州经济技术开发区电子信息产业已初步形成以智能终端生产制造为重点，芯片加工制造和封装测试、触显一体化模组、5G通信模组、智能手机生产等一体化全链式产业发展格局，电子信息产业发展整体科技含量和发展层次明显提升。

（三）数字经济产业

随着物联网、大数据等新技术与农业的不断融合，"互联网+"已成为现代农业发展的新引擎，不仅推动着农业发展方式的有效转变，还培育和催生着农业发展的新动力。赣州市抓住这个机遇，大力发展数字经济。

1. 江西中新云农科技有限公司：江西省首个国家数字农业建设实施试点单位

江西中新云农科技有限公司是一家集信息咨询、软件研发、平台运营与电商销售的农业互联网高新技术企业。作为科技部地方创新项目"智慧农业+绿色果蔬"实施单位、江西省首个国家数字农业建设实施试点单位、赣州国家农业科技园区、赣县区国家现代农业示范区智慧农业建设与运营商,江西中新云农科技有限公司积极探索"互联网+农业"的发展升级之道,先后创建了"春秋传橙""橙先森""梓得福"等农产品品牌,致力于打造"农业产业+科技+金融"的第一平台。

江西中新云农科技有限公司拥有近万亩的赣南脐橙产业园、南方首个数字化蔬菜育苗基地、3000亩赣南茶油有机种植基地,是江西省农业龙头企业、江西省农业物联网示范企业、赣州市电子商务示范企业,是三大运营商江西省分公司的战略合作伙伴,并与中国空间技术研究院、江西农业大学、江西理工大学签订了"产学研用"的战略合作协议。

江西中新云农科技有限公司聚焦农业行业信息化建设,从大数据专业及人才培养做起,陆续在智慧农业、农业互联网等方面发力。公司聚焦农业行业信息化建设,专注于垂直细分领域柑橘类产业化,以深耕赣南脐橙产业化为切入点,整合全国柑橘类全产业链数据,引导柑橘类第一、第二、第三产业融合,生产端集约化,规模化形成、平台化运营、金融化服务,联合科学、技术、市场信息等多元素进行配合,从数字资源、数字模型、数据应用、商业构造四个层面进行商业布局,通过与产业园和果业园的合作使果农能够利用推广平台进行专业服务的信息输出,致力于成为以赣南脐橙产业为核心,全国柑橘类细分领域全产业产融融合的平台级公司。

江西中新云农科技有限公司针对赣南脐橙的产业发展,结合"三农"与数字果园的融合发展,打造柑橘"产业大数据+特色农业"模式助力乡村产业振兴,构建脐橙大数据资源体系,为当地脐橙产业规划、农业资源管理、农业生产指导、市场预警、质量监管等提供决策支持。

公司通过平台建设,助力整个脐橙生产环节,实现政府、市场、生产之间脐橙数据互通共享。同时,通过对农业大数据更新、产品升级,借助卫星、气象、无人机、物联网等技术,结合果园基地、地面专家知识数据,使大数据变成脐橙管理指挥棒,提升产业附加值,助力当地脐橙生态农业走向"产出高效、绿色安全、资源节约、环境友好"的现代化道路。

2016年以来,江西中新云农科技有限公司先后承接了赣县国家现代农业示范区智慧农业项目、江西省农业厅智慧农业软件服务项目和江西省信息中心平台演示项目等,其智慧农业项目获得了江西省委、省政府和赣州市委、市政府的主要领导的高度评价。

公司以科技发展之龙头，坚持以打造"中国互联网+农业第一平台"为目标，秉承创新、开放、绿色、共享的理念，通过不断创新突破，为打造数字果园现代信息化服务建设，使现代信息技术与农业各个环节实现有效融合，抢抓赣南苏区振兴发展机遇，加快农业物联网技术示范应用，积极推进信息为农服务，推动赣南果蔬转型升级。公司结合赣州主导农业产业赣南脐橙，打造数字化果园，与北京中国空间技术研究院共同实施了脐橙生理监测系统，通过天空土地一体化监测，结合 NB-IOT 与 LORA 网络应用，在春秋农庄建立了脐橙大数据的产量预估与果品评级系统。

江西中新云农科技有限公司未来将完善脐橙的生产、加工、销售全产业链的信息采集与服务，培育脐橙绿色农产品品牌，打造地理标志特色农产品，建立绿色生态产品全产业链数据支持和管理级服务，利用脐橙大数据来指导柑橘产业，打造"绿色无公害"；推进农业绿色化、优质化、特色化、品牌化发展。

2. 裕丰科技："5G+赣南脐橙大数据平台"

（1）发展历程。裕丰科技是一家以"物联网传感器开发+大数据分析应用+人工智能"为基础，专业从事物联网硬件设备研发、生产、销售，AI+大数据算法研究，区块链应用解决方案，无人机行业应用服务为一体的国家高新技术企业。

1）从无到有。2017 年 12 月，裕丰科技正式落户赣州经济技术开发区，瞄准智慧物联网行业，紧抓大数据核心，开始研发自己的大数据应用平台，朝着将企业打造成为数字经济标杆型企业，为果业、环保、旅游等行业提供智能化、精准化、数据化的高效管理目标深耕。一年市场调研、软件研发，一年精心调试并成功投入市场，裕丰科技仅用了两年时间，便实现了质的跨越和突破。2018 年，首款智慧物联网设备"蜂语者""丰观 720°"面市。

智能物联网设备首先用在以赣南脐橙为代表的果业领域。"果农不需要走进果园，就能通过设备实时看到果园的生态环境，乃至果子的成长数据。"驻足"蜂语者"展示区前，裕丰科技总经理助理介绍道。"蜂语者"外形好似路灯，但用途却比路灯多很多。温度检测、降雨量统计、土壤分析等 14 项数据采集分析，它用精准、智能、可靠这三大优点足以折服每一位拥有果园的果农。

2）从有到优。"丰观 720°"全景图像采集设备则能全方位清晰观测作物生长态势以及作物生长环境，代替传统巡田和安全监控。"蜂语者"和"丰观720°"构成了物联网智能监测平台，传递回果园每棵果树、每个果子的详细信息，预判果树来年的长势，智能"诊断"出患有何种虫害疾病的可能性，从而为果农拉响警报、及时止损、对症下药、提高产量。

除了服务果农之外，裕丰科技还提供果林大数据项目服务。据了解，裕丰科技已经完成了会昌、宁都、崇义、兴国、赣县等赣州市 15 个县的果林数据采集，并对 180 余万亩果林同步进行了株数统计，预计果树 7200 余万株。只要通过手机端，或者扫描果子上的"身份证"，就能了解过去的时间里，它们有着怎样的变化，让你吃得放心，也让每一颗赣南脐橙都被世人清楚地了解。这就是区块链技术，带动了整个产业的创新商业模式升级。在裕丰科技的物联网智能监测平台上，每一颗果子都有多个信息，籍贯、品名、果径、甜度，真正实现数据先行。如今，从服务单一的果园，到发展脐橙区块链，再到发展 5G 数字环保、数字 VR 旅游等，裕丰科技正助力各行业智能化变革。

3）从优到强。成立四年多来，裕丰科技已形成以物联网智能设备系统、果业大数据采集监测平台、智慧源产地产品安全追溯平台、无人机行业应用平台等为代表的几大平台服务，已经为会昌县果业局、赣州市果业局、抚州农业农村局、南丰县现代柑橘产业科技示范园等提供了服务。"人才是公司最宝贵的财富。"2019 年，裕丰科技生产基地正式落户赣州经济技术开发区，建有研发中心1600 平方米。目前裕丰科技研发团队 90% 以上为中高级工程师，其中传感器开发和图像算法分别由两位博士带队，在图像和大数据分析应用上一直处于全国前列。

（2）5G+赣南脐橙大数据平台。裕丰科技的 5G+赣南脐橙大数据平台，旨在将"5G、大数据、物联网"技术与果园农业生产相结合，以赣南脐橙基础数据系统、赣南脐橙大数据应用系统、赣南脐橙数字经济交易系统三大系统为基础，以 5G+蜂语者生态环境传感器、5G+丰观 720° 全景摄像感知硬件两大智能产品为支撑，以溯源小程序、果农赣南脐橙管理 APP 为工具，为赣南脐橙构建了一个智慧果业生产体系和经营管理体系，可以全面提高赣南脐橙的规模和效率，改善赣南脐橙经济效益和品牌竞争力，节约人力成本的同时提高品质控制能力，形成完备的现代化产业链。

5G+赣南脐橙大数据平台针对赣南脐橙果园的需求现状，提供了一个先进、全面的整体解决方案，解决方案集生产环境监测、智能设备控制、标准化生产管理、农技生产指导、农产品溯源和农企互联网营销等于一体。一举解决脐橙产业生产管理技术落后、质量参差不齐、信息化程度低的主要问题，以及脐橙产业品牌维护能力低、营销网络滞后的技术问题。

对果农来说，5G+赣南脐橙大数据平台可以对监控区域的土壤资源、水资源、环境气候及农情信息等进行全程精准监测研究，为农户提供实时、历史的农情数据科学分析，以及果园种植所必需的智能决策支持。协助农户做到对农产品从开花、结果到成熟整个生长过程的精准把控。据数据显示，通过使用该平台，脐橙种植水电成本下降了30%，果园单产提高10%，每亩增产约15%，每亩均增效可达1500元，且减少对周边环境污染，综合经济效益提高20%。

作为5G+赣南脐橙大数据平台的研发企业，裕丰科技本身的愿景就是将智慧数据、无人机、人工智能等先进技术广泛应用到农业领域，为了将这些技术落到实地，裕丰科技组建了160人的技术开发团队。

（3）发展成果。2020年12月，江西省推进新一代宽带无线移动通信网国家科技重大专项成果转移转化试点示范工作领导小组办公室组织召开2020年03专项及5G启动暨5G+智慧工厂项目（以下简称03专项）优秀专家表彰会。由裕丰科技研发的5G+赣南脐橙大数据平台在众多申报项目中脱颖而出，成功入选2020年江西省03专项及5G项目。

其中，03专项是江西省人民政府与科技部、工业和信息化部签订的国家03专项成果转移转化试点示范框架协议。03专项实施三年来，江西省在网络、平台、应用、产业四个方面同步发力，取得了明显成效。如今的03专项已经成为江西省推动科技发展的重要举措，入选的项目代表着各自领域的先进技术和发展方向，对相关产业的未来发展能起到极大的推动及示范作用。5G+赣南脐橙大数据平台入选03专项及5G项目，对赣南脐橙产业链实现智慧种植有积极影响，对移动物联网在农业领域的应用将起到示范作用。同时，这也将对一直致力于将物联网、大数据等先进技术应用于农业领域的众多企业及从业者起到鼓舞作用。此次裕丰科技开发的5G+赣南脐橙大数据平台成功入选，将带动赣南脐橙产业的智能化转型，并为5G、大数据、物联网等技术在农业领域的应用指明方向。

3. 江西于都南方万年青水泥有限公司

江西于都南方万年青水泥有限公司，2003年1月28日成立。2019年11月，为贯彻江西省委、省政府部署要求，加快推进省出资监管企业03专项试点建设，促进企业数字化、网络化、信息化转型升级，江西于都南方万年青水泥有限公司召开了江西省首个启动大会。期望通过以03专项试点建设为契机，大力推进5G无线移动通信技术、物联网技术和设备传感器技术在水泥工业推广应用，同时，结合公司现有自动化、信息化基础进行综合集成与应用开发，建设具有水泥工业特色MES系统和智慧工厂，实现公司在设备管理、质量管理、能源管理等方面综合管理水平的提升。

如今，江西于都南方万年青水泥有限公司已打造基于"5G+工业互联网"的5G智慧工厂，辅助公司领导决策、中层管理，辅助巡检。生产安环等相关工作基本实现无纸化，大大减少现场工作量，降低了生产运维成本10%，减少岗位员工10人；降低了设备维护成本15%，减少原有各条产线设备的定期维护成本；提升了设备运行情况和故障的判断准确率30%。

三、特色产业

（一）赣南脐橙："电商+"寄递模式助发展

赣州是全国最大的脐橙主产区，2016年，赣州获评首批"全国快递服务现代农业示范基地"，赣州大力发展"电商+"寄递模式，赣南脐橙项目业务量实现持续快速增长。

1. 多维发展，拓展脐橙流通新图景

随着区块链、新物流、无人机等新技术在行业内的运用，脐橙寄递有了"新玩法"。赣州市运用区块链、大数据、物联网等新技术，把果园、采摘、收储、加工、销售的每一个信息都上链存证，建立"赣南脐橙链"，从而实现防伪溯源、识真打假等功能，保障和提升赣南脐橙品牌价值。

在脐橙主产区之一安远县，安远县智运快线村村通试验区项目规划建设一个县级智能配送总仓，18个乡镇智能配送分仓，102个村级基站，全线长约360千米。在整个县域乡村低空架设一张连接县—乡—村的自动化运输网络系统，形成"智慧产业园+智运商城+智运快线"的一种新型电商物流模式。

在南康区，江西丰羽顺途科技有限公司探索出一套无人机物流运输模式。2020年，赣州市获批建设全国首批民用无人驾驶航空试验区，无人机物流试点范围和运用场景将进一步扩大。

首批全国快递服务现代农业示范基地赣南脐橙项目这块"金字招牌"也十分亮眼。在赣南脐橙项目的示范引领下，赣州市邮政快递业深入实施"邮政在乡""快递进村"工程，推广"寄递+电商+农特产品+农户"的产业模式，涌现出廖奶奶咸鸭蛋、瑞金华屋蔬菜、宁都山茶油、寻乌百香果、安远红薯等一批对接农产品、助农增收的"寄递+电商"典型项目。

2. 多方发力，畅通脐橙销售路

如今的赣南乡村，直播带货已经成为脐橙种植户的必备技能之一。这仅仅是"电商+"寄递模式服务赣南脐橙产业的一个缩影。为打造赣南脐橙品牌，推动销售转型升级，2013年起，赣州市将线下的脐橙节转为线上的赣南脐橙网络博览会，开展全网营销。赣州市政府先后与阿里巴巴集团、苏宁云商集团、京东集团、顺丰集团签约，在推动农产品上行、物流快递、人才培训及公共服务体系建设等方面开展合作，拓宽了赣南脐橙的销售渠道，提升了赣南脐橙品牌知名度。

赣州市邮政管理局抢抓国家电子商务进农村综合示范试点契机，加强与果业、商务、供销等部门的沟通联系，积极搭建寄递企业与脐橙电商企业对接交流平台，深化部门间、产业间、企业间的紧密协作。为夯实赣南脐橙项目寄递渠道基础，赣州市邮政管理局深入推进"快递下乡""快递进村"工程，积极引导赣州市邮政快递企业整合资源、下沉服务，赣州市寄递企业累计可以享受农村物流、电商等各类奖补资金，县—乡—村三级电商快递服务网络体系不断健全，有力地保障了脐橙等农产品的畅通、快速销售。

3. 多元服务，织密脐橙物流保障网

近年来，为保障服务质量，赣州市寄递企业通过专属价格、扩建场地、升级设备、新增人员、驻园揽收、专线直发等一系列多元化、订制式服务，全力保障赣南脐橙快速流通、新鲜到家。在运资方面，中国邮政、顺丰、京东、韵达、圆通等物流企业都通过提高单票首重、大客户"一客一议"等方式，出台脐橙寄递专属优惠价格。

在揽收处理前端，以中国邮政、顺丰、京东、德邦为代表，赣州市寄递企业在脐橙主产区新设集散中心、中转场、服务网点，不断发展合作代理商、市场收寄点，采取"寄递+基地""寄递+工厂"的模式，将收货点延伸到果园、果品加工厂，靠前服务、就近发货，有效缩短了流通时间。

在营销推广方面，寄递企业也扮演着重要角色。赣州邮政依托邮乐网、尚邮生活、微信公众号等平台，开展赣南脐橙线上推广活动。同时，深入开展赣南脐橙项目"跨省协作"对接活动，采取"市公司统筹、中标县一对一营销"的形式，赣州市多个县公司参与竞标，与山西、陕西、宁夏、安徽等省的中国邮政公司达成合作。

（二）赣南高山茶：打响品牌形象力

1. 政策支持

赣州种茶历史悠久，赣州市委、市政府高度重视茶产业发展，曾出台区域公用品牌培育、推进"互联网+"茶叶等系列方案，连续实施奖补扶持政策，有力推动了茶产业的高质量发展。2021年，策应"赣南高山茶"品牌建设要求，紧扣产业发展新形势，赣州市将从品牌培育项目、茶叶基地新（扩）建项目等五个方面给予扶持。

品牌培育项目包括"赣南高山茶"获奖奖励、"赣南高山茶"茶叶包装印制补助、茶叶电商奖补等三项奖补。对市内使用"赣南高山茶"集体商标标识的茶叶生产经营主体,由市农业农村局邀请参加各级茶叶博览会(展会)等,获特(别)金奖、金奖的分别奖励 3 万元、2 万元,单个主体年度获得奖励最高不超过 6 万元。对印制使用"赣南高山茶"集体商标标识的一套包装,按照包装印制发票额的 20% 给予补助,单个主体年度包装印制补助最高不超过 10 万元。对在第三方电商平台开设网店进行在线销售,且连续经营一年以上的,按平台收取基础服务费用的 50% 奖补,最高奖补不超过 2 万元。

新(扩)建茶园相对集中连片 50 亩及以上,且茶苗成活率达 85% 以上的,按每亩 300 元的标准进行奖补。占用永久基本农田、擅自毁林开垦种植茶叶的不予奖补。购置茶叶加工、贮藏设备,且投资额在 2 万元及以上的,按发票金额的 30% 进行奖补。按竞争性奖补原则,每年评选确定 3~5 个市级茶叶标准生态园。对入选的标准生态园给予创建奖补,每个茶叶生产经营主体奖补不超过 10 万元。

在品牌宣传推广扶持方面,安排一定的资金用于茶叶品牌整合、咨询、设计、运营、宣传推介、协调服务、技术培训、开展茶叶科技攻关和技术成果推广、项目验收等,组织茶叶企业参加相关茶叶博览、展示展销会等,提升品牌知名度。

2. 产业发展

2021 年,国家知识产权局正式向江西省赣州市核发"赣南高山茶"集体商标注册证(第 34505269 号),这是继"赣南脐橙""赣南油茶"后赣州市又一个成功注册冠以"赣南"的农业产业类集体商标,标志着"赣南高山茶"品牌建设迈出重要一步,对于提高赣州市茶产品市场美誉度和占有率,推动茶产业高质量发展,引领乡村经济发展具有重大意义。

目前,赣州市推广种植龙井 43、安吉白茶、黄金芽等 10 多个优良品种,生产绿茶、白茶、红茶、黄茶等多类产品,产品销往北京、上海、香港、广州等地市场,并远销美国、德国、日本等国。赣州市已培育规模茶企 96 家,其中省级、市级茶叶龙头企业 16 家,打造了馨阳岭、益香园等一批知名富硒茶基地,大力发展绿色有机茶生产,多个产品获中国有机茶、AA 级绿色食品认证。

茶产业对于调优赣州市农业产业结构、促进农民增收、推进乡村振兴等发挥了积极作用。未来赣州市将抓紧制定"赣南高山茶"生产标准,实施准入制度,规范品牌运营,推行"母子商标"模式,唱响"一个声音";主动对接融入粤港澳大湾区市场,加大品牌宣传推广、市场开拓力度,全力提升品牌知名度、美誉度和影响力；加快推进良种引进培育，着力提升加工工艺，建设标准生态茶园，持续做优做精赣南茶产业，为产业兴旺提供有力支撑。

（三）赣南富硒农业：宝地苏醒新"硒"望

赣南富硒蔬菜基地的丝瓜、辣椒直销粤港澳大湾区；赣南高山富硒茶叶远销国外；刚上市的富硒赣南夏橙热销网络，初夏时节，赣南大地升腾起老区人民在小康路上的新"硒"望。赣州市立足赣南天然富硒土壤资源优势，高质量推进富硒产业发展，切实将资源优势转化为产业优势和经济优势，让宝地苏醒、"富硒"富民，为赣州经济发展增添新动能。

1. 谋划"硒"蓝图

赣州围绕"富硒"做好产业增量、增值，通过开展地质调查、整体规划打造等方式，在发展"富硒"产业方面下"先手棋"，深耕"试验田"。根据调查成果编制的《赣州土地质量地球化学调查特色农业基地档案集》，为赣州市发展富硒农业产业提供了坚实基础。2020 年，《赣州市富硒农业产业发展规划（2020—2030 年）》出台，规划明确了赣州市富硒产业发展的时间表和路线图，通过规划引领产业长远发展。2020 年 12 月，江西省市场监督管理局批复同意在赣州市产品质量监督检验所的基础上，筹建"江西省富硒产品质量监督检验中心"。该中心应富硒产品的检验检测需要提供便捷服务，推进富硒产业高质量发展。

于都县从 2019 年 5 月底起，对茄子、苦瓜、豆角、辣椒、丝瓜等 20 余种蔬菜进行了含硒量检测，检出菜豆、辣椒、丝瓜等 3 种硒含量相对较高的蔬菜。根据检测结果，于都县在梓山、黄麟、桥头、段屋等乡镇打造了 9 个富硒蔬菜产业基地，其中梓山、禾丰、银坑已成为赣州市富硒蔬菜种植示范基地。兴国县按照"现代农业+富硒产业"发展思路，加快推动富硒产业规模化、集约化发展。

2. 做大"硒"产业

赣州抓住大自然赐予的宝贵财富，大力发展"硒"望新产业。于都县梓山镇的土壤富含微量元素硒，近年来，于都利用好富硒的自然资源，引进农业龙头企业，大力发展富硒农业产业。梓山万亩富硒蔬菜产业园不仅吸引广大党员干部群众学习技术，还成为富硒产业龙头。该园南区 330 大棚以种植丝瓜为主，年产丝瓜约 130 吨，产值可达 50 万元。通过梓山 330 大棚的示范带动，辐射周边乡（镇）、村、组的农户都投入到蔬菜产业发展的热潮中。芝麻开花节节高，从最初的没人种到现在的抢着种，从蔬菜运到县城销售到现在游客上门采摘，于都县把资源优势转化为经济优势，通过"龙头企业+合作社+农户"的模式，引进十余家省外龙头企业，推动建设规模蔬菜基地，带动村民致富。

中化现代农业有限公司为发展富硒产业，公司入驻于都县梓山镇后，先行先试，在梓山镇合和村选取了10亩地作为试验田。他们将试验田分成6小块，选取6个不同品种进行种植试验，把适合当地种植的优良品种推荐给农户种植。其中水稻有效颗粒数407粒，比常规稻足足多出100多粒。

兴国县丰硒农业公司自主研发"生物硒"技术，带动村民参与种植富硒脐橙、茶叶、水稻、蔬菜等2000余亩；在龙南、定南、全南等地，当地党委、政府通过引进龙头企业，链接当地村民参与种植生态富硒蔬菜，让富硒蔬菜直接供应粤港澳大湾区，进入沿海发达城市居民餐桌。

赣州引导农业龙头企业参与富硒产业生产经营的同时，加强对硒资源的保护与开发利用，对建议区内337个100亩以上的富硒产业基地全部树立标志牌。按照"七个有"（有办公室、有组织机构、有技术规范、有发展规划、有管理制度、有产品展示柜、有注册品牌）的标准打造示范基地74个，通过基地带动更多农户增收致富。

3. 打响"硒"品牌

赣州着力培育富硒农产品品牌，并在激烈的品牌市场竞争中崭露头角。安远县在打好富硒品牌中，立足境内土壤硒含量远高于国家标准的资源禀赋，大胆先行先试，探索以硒富民兴农的新路子。目前，安远县累计培育富硒脐橙、富硒红薯等农产品10余种。兴国县围绕"富硒芦笋"等主打品种，举办富硒农业生产技术、富硒芦笋种植等培训，持续提升农户种植技术。引导农业龙头企业参与富硒产业生产经营，兴国县丰硒农业公司自主研发"生物硒"技术，带动村民参与种植富硒脐橙、茶叶、水稻、蔬菜等2000余亩。定南县梦江南公司精心运营"梦江南"富硒脐橙及富硒脐橙国酒等加工产品，获得"中国十佳"富硒食品品牌荣誉。江西虔农公司在宁都种植富硒"虎蛙稻"2000余亩，出产的富硒大米在"北上广"市场售每千克120多元，年销量400吨。富硒品牌的打响让富硒土壤流金淌银。

赣南富硒脐橙、富硒蔬菜、富硒芦笋、富硒茶业、富硒禽蛋……一个个富硒品牌进入市场，成为农产品中的佼佼者。如今，赣州已完成富硒产品认证102个，注册富硒农产品企业商标85个，赣州市培育蔬菜、大米、脐橙、茶叶、禽蛋等10多类近百种富硒农产品品牌。为全面提升产业发展的知名度和影响力，在打响赣南富硒品牌中，赣州携手广州市农业农村局共建粤港澳大湾区菜篮子平台，粤港澳大湾区菜篮子配送分中心（赣州）建设项目已启动建设；组织富硒蔬菜、富硒大米、富硒茶叶等通过专柜形式，参加中国农民丰收节、中国国际农产品交易会、江西"生态鄱阳湖——绿色农产品"（上海、广州）展销会，宣传推介赣州富硒资源和优质富硒农产品。

随着赣州富硒品牌影响力的提升，富硒产品销售半径也在不断扩大。赣南富硒蔬菜不仅畅销本土，还走出赣南，销往粤港澳大湾区、长三角地区、海峡西岸经济区。此外，借助赣州国际陆港中欧班列，赣南富硒蔬菜、富硒大米、富硒脐橙远销"一带一路"沿线国家及地区，成功走向国际市场。

第五章　新时代赣南老区高质量创新发展的成效分析

第一节　赣南老区高质量开放发展成效分析

江西赣州市地处内陆欠发达地区，处于开放"末梢"。改革开放40多年，尤其是党的十八大以来，赣州市坚持以改革开放促振兴发展，建港开埠打造内陆口岸，破解区位困局，将老区从内陆腹地推向开放前沿，赣州正在崛起成为江西开放合作的新高地。

一、开放通道初步形成

（一）坚持"北上南下"

赣州市坚持"北上南下"，用好国家扶持政策，坚持市场导向，寻找市场资源，进一步扩大开放，积极融入珠三角、海西经济区，加快与"一带一路"、长江经济带、广东自贸区和福建自贸区的互联互通。

赣州市始终把南下招商引资作为一项重点工作开展，珠三角地区、海西经济区是赣州市招商引资的主要目的地。在"北上南下"过程中，赣州市以项目为突破口，瞄准国家鼓励的产业发展方向，精心包装、谋划了一批有带动力、影响力的重大项目进行推介。深赣港产城一体化合作区启动建设，格力电器（赣州）智能制造基地、中车产业园、"一带一路"进境粮谷产业园、上海证券交易所资本市场服务江西基地落户赣州，外资外贸逆势增长，越来越多的大企业看好赣州，越来越多的大项目落户赣州。

（二）打造赣州国际陆港

赣州港作为江西省第一个陆路口岸，设在不靠海的内陆赣州市南康区，与当地的家具产业一样，完全是"无中生有"的产物。

赣州港自 2014 年 10 月开工建设以来，创造了四个最快。在建设过程中，赣州港仅用一个月的时间就完成了港区 3000 亩地的征地拆迁、25 天内完成了铁路专用线 3.7 千米的征迁，3 个月建成监管区核心功能区、一年多基本建成赣州港，不到半年获批永久性对外开放口岸，一个月铁路一期运量就达到饱和。创造了征地拆迁、建设时间、获批速度、运营速度四个最快。

2016 年 9 月，赣州港获批成为全国内陆第 8 个永久对外开放口岸和中国内陆首个国检监管试验区。

2020 年 1~5 月，赣州国际陆港铁路运输吞吐量达 6.1 万标箱，吞吐量约同比增长 4.56%，其中铁海联运"三同"班列业务量增长喜人，外贸出口保持稳定增长。2014 年以来，陆续建成了铁路赣州国际港站、国际铁路集装箱中心、海关监管作业场、保税中心、现代仓储物流中心、公路口岸、临港产业园等核心功能区。

赣州国际陆港自运营以来，已经由最初木材进口、家具出口的单一通道，发展成为集外贸、物流、仓储、金融等多元口岸经济为一体的综合性开放口岸。2019 年，汽车整车进口指定口岸和肉类指定口岸通过验收，成为全国功能最齐全的内陆口岸之一。物流枢纽作用日益凸显，开行中欧（亚）班列 370 列，开行总数仅次于成都、重庆、郑州、西安，位于全国主要发运城市前列，成为江西省中欧（亚）班列中心港口；开行"三同"班列 1103 列，"一带一路"节点城市和国际货物集散地加速形成；获批首批 23 个国家物流枢纽城市之一，确立了赣州在物流枢纽主通道地位。

2020 年 5 月 12 日，首趟"深赣欧"（深圳—赣州—杜伊斯堡）班列从盐田港首发启程，这是深赣两地联动开行中欧班列的重大创新，将对内陆赣州打造对接融入粤港澳大湾区的桥头堡和国际货物集散地产生巨大带动效应。赣州国际陆港发展集团有限公司与深圳签署了共建深赣"港产城"一体化示范区合作协议，分别与盐田港、珠海港、广州港签订了战略合作协议，为助推赣州打造成连接"一带一路"的重要节点城市，江西省对外开放的"南大门"，国际货物集散地奠定了坚实的基础。

2020 年 6 月 17 日，赣州国际陆港已开行中欧（亚）班列 65 列，开行铁海联运"三同"班列 559 列，开行内贸班列 318 列。赣州国际陆港将大力推动"一港一区四口岸"建设,对标国内一流大港,把赣州国际陆港打造成为多要素集聚、内外贸融合、港产城一体化的内陆开放型经济试验区样板。

(三) 对接"一带一路"

主动对接融入"一带一路",打造对外开放新高地,做大做强国家级开放平台,深度融入经济发达地区。加快打造"一带一路"重要节点城市,建设对接融入粤港澳大湾区的"桥头堡"。

同时,主动加强与广州、深圳、厦门等沿海发达地区的开放合作,推动赣粤、赣闽产业合作区建设。与此同时,赣州发挥"沿海腹地、内地前沿"区位优势,加强内外联动,超前谋划、主动布局京九高铁经济带建设,深度融入"一带一路"及粤港澳大湾区、海西经济区建设,拓展大开放格局,加快建设省域副中心城市,打造江西南部重要增长板块。

赣州港的运营,开启了赣州口岸经济的新时代,让南康与世界更紧密,让苏区建设搭上"一带一路"发展列车,赣州乃至江西全面对接融入了"一带一路"。

赣州港建成投入使用后,南康外贸企业由 2014 年的 3 家猛增到 2021 年的 400 余家,有 6 家本土企业在海外设立了营销部,越来越多的企业开始主动"请进来、走出去",开放意识、创新意识明显增强,全面参与"一带一路"和全球经济竞争,外贸呈现跃变式发展。特别是以港口为核心,规划建设了临港经济区和家居特色小镇,成功引进顺丰、京东、德邦、申通、中国邮政、圆通、中通、韵达全国八大物流企业。

此外,高端装备制造、电子信息、新能源汽车等产业龙头企业相继"抢滩登陆",港区建设拉开百亿元投资规模框架。凭借赣州港的独特优势,加上即将跨入高铁时代,以及企业上市 IPO"绿色通道"等政策优势,赣南苏区已成为沿海产业向内陆转移、沿海港口功能向腹地延伸的首选地。

赣州港大力推动多口岸直通、多品种运营、多方式联运。积极申报设立进境粮食、水果、整车汽车进口等指定口岸,打通物流新通道,把赣州港建设成为开行班列最多、线路最优、成本最低的"一带一路"物流节点,成为全国内陆示范港、国际货物集散地,为赣州打造"一带一路"重要节点城市和国际货物集散地,打造内陆地区双向开放的新高地提供强大支撑。

二、产业集群逐步形成

赣州市围绕建设全国稀有金属产业基地、先进制造业基地和特色农产品深加工基地,转型升级步伐不断加快。规模以上工业企业主营业务收入、工业固定资产投资实现三年翻番，营业收入超 50 亿元的工业企业实现零突破。新能源汽车科技城、现代家居城、"中国稀金谷"电子信息产业带、纺织服装产业带等"两城两谷两带"产业集群加快推进。

（一）家具产业

赣州加快打造中国家居之都，引进总投资 8 亿元的汇明木业、爱格森人造板项目、建设总投资 39.5 亿元的南康家居小镇等，加速打造现代家居城。仅南康区现有家具生产企业 7500 多家，规模以上家具企业 528 家，规模以上企业总量位居全省县（市、区）第一；建成和在建标准厂房 1120 万平方米，年进口木材用量约 1000 万立方米，占全国年进口木材量的 1/10。"南康家具"成为全国首个以县级区划命名的工业集体商标，品牌价值突破 100 亿元，居全国家具行业之首、全省制造业第一。"现代家居城"建成全国第一条实木家具自动化生产示范线，国家家具产品质量监督检验中心建成运营，"南康家具"品牌价值居全国家具行业第一，家具产业集群产值突破 1800 亿元，赣州成为国内三大家具基地之一。

（二）稀土产业

赣州加快"中国稀金谷"建设，中国科学院整合全院力量，在赣州已挂牌成立稀土研究院，正在申请设立稀土科技与材料国家实验室。筹集了 100 亿元基础设施建设引导基金和 100 亿元产业发展引导基金，与中国科学院海西研究院等八家单位达成合作，入驻国检中心分支机构等三个质量检测平台，获批省级制造业创新中心，已被列入国家稀土行业、有色金属工业发展规划，相继引进了洛太奇移动机器人等高端制造项目。

（三）医药产业

赣州加快医药产业发展。以青峰药业为龙头，集聚大健康关联企业 80 家，已签约落地修正药业等 16 个药品研发制造项目，创建了创新天然药物与中药注射剂国家重点实验室，青峰药业技术中心被认定为国家企业技术中心。已建成全省首个国家高层次人才产业园，成功引进 47 名高层次人才，落地 55 个高新技术项目。产业园拜澳泰克生物医学集团有限公司在 2021 年 1 月 27 日成功研发出新冠病毒快速诊断试剂盒。青峰药业百亿元现代医药生产项目试生产。

（四）特色农产品产业

赣州推进脐橙、蔬菜、油茶、烟叶等特色产业持续壮大，赣南脐橙种植面积世界第一、年产量世界第三，位居全国区域品牌（地理标志产品）百强榜第七、水果类第一。脐橙产业获习近平总书记批示肯定并成为全国典型案例；蔬菜产业发展势头强劲，新建规模蔬菜基地 867 个、25.9 万亩，钢架大棚突破 20 万亩，成功举办 2018 年中国蔬菜产业大会，建立与深圳等地长期合作和直供平台，加快成为江南重要的蔬菜生产基地和集散地；油茶产业势头良好，全市高产油茶面积达 135 万亩，赣南油茶成功获批地理标志证明商标，国家油茶产品质量监督检验中心获批筹建，赣州市成为全国油茶产业发展示范市。

三、平台功能逐步提升

（一）推进现代口岸体系建设

赣州市以赣州国际陆港为龙头，推进铁路口岸、黄金机场航空口岸以及龙南、瑞金、定南陆路口岸功能区的互联互通，加快推动赣深"港产城"一体化合作区建设，加快航空口岸建设，稳定运营国际航线，提升口岸物流发展水平，不断推动赣州建成连接"一带一路"的节点城市、国家商贸服务型物流枢纽和国际货物集散地。

2020 年 12 月，国家发展改革委支持农民工等人员返乡创业试点工作现场会召开，南康区作为全国 341 个试点区（县）之一，在会上进行典型经验推广。南康区获批返乡创业试点四年来，积极构建"产业支撑、平台孵化、政策扶持、环境提升"的返乡入乡创业生态圈，培育壮大家具全产业链。该区凭借原有的家具产业基础，吸引在外能人返乡创业，开展以商招商、建链、补链、强链，打造了国内家具制造行业最完善、链条最齐全、成本最低的产业基地，形成了居家产业发展与返乡创业互促互进的良性循环；在 15 个家具生产集聚区建设标准厂房，打造返乡创业园，开创性地建设了全国内陆第 8 个永久对外开放铁路口岸、全国内陆首个国检监管试验区——赣州国际陆港，高起点、高标准建设了南康家居小镇，建成首个在县级设立的省级工业设计基地，完善产业平台"筑巢引凤"；在落实省"财园信贷通""财政惠农信贷通"和市"小微信贷通""创业信贷通"等基础上，创新推出"家具产业信贷通"，着力为企业提供无抵押、低利率融资支持，区财政投入科研引导资金，用于企业创新创业孵化补助；成立返乡农民工就业创业工作专业服务队，对农民工返乡创业人员建立扶持档案，对企业投资项目实行网上备案制和全程代办制，推行证照免费寄递服务，极大地方便了企业、群众办事。

（二）深化开发区改革创新

赣州市推动开发区招大引强，深化开发区行政管理体制、建设运营体制等改革，加快推进基础设施建设，加强与发达地区开发区合作交流，推动国家级经开区结对共建取得实效。

2021 年 5 月 25 日，赣州市与北航投资有限公司在深圳签署人才合作协议。双方将在建设粤港澳大湾区人才服务站（人才孵化平台）、举办全球科创大赛、开展科技人才合作、设立创新孵化载体等方面结成战略合作伙伴，促进互惠共赢发展。这次签约，是赣州创新人才引进模式的一次有益探索，必将有力助推赣州招商引资、招才引智。赣州以此为契机，进一步创新人才工作机制，努力打造价值实现平台，以事业、环境和感情引才、育才、用才、聚才。人才服务站成立后，要为在粤港澳大湾区的赣籍人才提供专业化服务，让他们感受到家乡的关心，积极为"赣才回归""赣商回归"献策献力。

第二节　赣南老区高质量创新发展成效分析

赣州市牢固树立创新发展理念，以创新为引领，以科技创新为核心，大力实施创新驱动发展战略，不断加快新旧发展动能转换，推动区域性科技创新中心加快建设，助力企业转型升级，推动企业高质量发展取得实效，让赣州经济焕发勃勃生机。

一、创新环境不断优化

围绕全市重大科技需求，制定出台了推进科技兴园兴企、发展众创空间、推进科技协同创新、深化财政科技计划管理改革、加强校地合作、加快赣州高新技术产业开发区发展、加快高新技术企业培育、推动重大科研基础设施和大型科研仪器向社会开放等一系列政策文件，初步形成了以《关于加快推进创新驱动发展战略建设创新型赣州的实施意见》为总领的创新驱动"1+N"政策体系。同时，出台了《关于依靠科技创新加快赣南等原中央苏区振兴发展的意见》等支持赣南苏区振兴发展的文件，多方面确定了支持赣南等原中央苏区振兴发展的措施，为赣州市以科技创新促进振兴发展增添了动力。在科技计划项目管理、科技计划体系设置等方面，制定出台了一系列规范性文件，确保各级各类科技计划项目实施能够按计划任务要求进行。

二、科创水平逐渐提升

2019 年，江西省科技创新检测评价报告显示，在科技创新水平各级指标评价中，赣州市科技创新环境指标为 70.04，比 2018 年增长 9.52；科技活动投入指标为 57.58，比 2018 年增长 14.15；科技活动产出指标为 66.49，比 2018 年增长 15.42；高新技术产业化指标为 66.67，比 2018 年增长 1.56；科技促进社会经济发展指标为 77.6，比 2018 年增长 9.05。①

三、科研投入增长成效显著

2019 年，赣州全社会研发投入增长 38.8%，赣州市高新技术企业达 778 家，净增 277 家；获认定国家科技型中小企业 1615 家。其中，孚能科技被评为江西省首家独角兽企业，好朋友科技被评为全省 4 家种子独角兽企业之一，富尔特电子等 7 家企业入围全省瞪羚企业。2018 年，赣州市开始实施科技型企业梯次培育行动计划，积极推动政策、资金、项目、人才、成果等各类创新要素向企业倾斜，构建全链条、全周期服务体系，引导企业把发展重心、资源和空间聚焦到技术创新上。下一步，赣州市将继续加大科技型企业梯次培育力度，引导更多符合条件的企业进入国家科技型中小企业库，推动符合条件的企业到科创板上市发展，借力资本市场实现爆发式发展。

四、科创平台数量增长

《国务院关于支持赣南等原中央苏区振兴发展的若干意见》实施以来，赣州市获批建设国家离子型稀土资源高效开发利用工程技术研究中心、国家脐橙工程技术研究中心、青峰药业创新天然药物与中药注射剂国家重点实验室等国家级创新平台载体 19 个，"国字号"平台实现从无到有、从有到多的重大突破，引领效应不断显现。

五、区域科技创新体系初步形成

赣州市围绕优势特色产业发展和战略性新兴产业培育，通过政策引导，鼓励企业提高核心竞争力，推动企业成为科技创新的主体。全市在市级科技计划项目中注重产学研合作、科技成果转化、企业研发中心建设、人才团队建设的导向作用，初步建立起符合赣州市实际的科技计划体系，构建了"产学研"结合的从研发到应用的创新实践体系，以及"政金介"协调的从课题立项到成果转化的

---

① 资料来源：赣州市科学技术局.一图读懂 2019 江西省科技创新监测评价报告 [EB/OL].http：//kjj.ganzhou.gov.cn/gzskxjsj/c103481/202012/f6d182187e0341df9eae36077290ab1c.shtml，2020-10-16.

支持服务体系。积极引导龙头骨干企业"引进来、走出去",广泛开展各种类型的产学研科技创新合作。赣州市被中国产学研合作促进会认定为"中国(赣州)稀土产学研合作创新示范基地"。赣州经济技术开发区、赣县被列为省级科技金融服务入园试点单位,赣州市企业技术创新促进中心有限公司被科技部确定为江西省唯一一家"第三批国家技术转移示范机构",龙南国家发光材料及稀土应用高新技术产业化基地被科技部认定为国家高新技术产业化基地。

六、科技开放合作不断深化

积极推进赣州市企业与高校、科研院所开展科技合作,实现强强联手,优势互补,为产业发展提供强有力的技术支撑。促进一批龙头骨干企业与清华大学、中南大学等省内外重点高校和科研机构签订了战略合作协议,形成了产学研相结合的技术创新工作体系。在市级科技计划项目中专门设立产学研合作项目,推动产学研合作科技创新,通过企业、高校、院所产学研合作联合承担国家级、省级科技计划项目,取得了一批科技新成果,开发了一批新技术和新产品。分别召开了"赣南苏区振兴发展在线科技成果对接会""百家院校科技成果走基层"等大型科技成果对接活动,围绕钨和稀土、新能源汽车、电子信息、生物制药、绿色食品、智能制造等赣南特色优势产业,建立起"政府搭建平台、高校院所提供成果,企业负责转化"三位一体的科技成果对接机制,将高校院所的科技成果与企业的需求对接起来,推动科技资源向赣南苏区集聚,促进科技成果在赣南苏区转移转化,助推赣南苏区产业和经济结构发展升级,有效促进赣州市科技成果转移转化和产业转型升级。

第三节　赣南老区高质量创业发展成效分析

一、招商引资添动能

(一)14个"北斗+时空大数据"项目落户

2021年5月21日,数创智联科技园项目集中签约仪式在江西赣州举行,十余家企业分别与赣州市章贡区人民政府、蓉江新区管理委员会签署14个项目合作协议。这标志着以数创智联科技园为载体的北斗时空大数据产业在赣州这片红土地上"落地生根""开花结果"，赣州将在"北斗+"应用中率先布局，抢占数字经济发展"制高点"。

数创智联科技园是在我国著名地理学家、地理信息系统与遥感应用专家、中科院院士周成虎等的指导下，由数创智联团队负责建设运营。2020年以来，章贡区、蓉江新区以及赣州市大数据局、市国有资产投资集团有限公司等部门通力协作，项目招商引资和落地工作稳步推进。此次签约的项目，以数创智联科技园为依托，以"北斗+时空大数据+智能网联"等新技术为核心，以创新驱动、示范应用为抓手，将建设"一路、三院、三中心、N公司"在蓉江新区建设一条数字化、智能化、网络化的智慧交通示范路；创设北斗产业、时空大数据应用、智能产业研究院；创设"北斗+时空大数据+智能网联"新基建工程技术中心、城市北斗时空大数据资产中心和"数字孪生"城市运营服务中心；引进若干公司，创建和聚集数创智联产业生态圈。

赣州市深入实施数字经济"一号工程"，数字经济创新发展取得明显成效，"北斗+时空大数据"、区块链、信创等数字产业加速发展。卫星导航产业作为数字经济发展的重要基础之一，是当前最具创新性和生命力的新兴信息产业之一。赣州市高度重视北斗战略性新兴产业发展，要把时空大数据产业作为赣州的一个突破口来抓，紧跟时代大力发展，举赣州市之力推进。目前，数创智联科技园项目取得了阶段性进展，举办数创智联科技园项目集中签约仪式，对赣州北斗时空大数据产业发展具有开创作用。

数创智联科技园是赣州市落实发展时空大数据产业的核心项目，是精准掌握北斗战略性新兴产业发展机遇的重要抓手，通过导入北斗产业链企业，深层次推动北斗系统的科技创新与应用突破，将其打造成具有国际竞争力的新兴产业集群，有力推动赣州数字经济产业建设布局，带动区域经济迅速发展，提高城市竞争力，为赣州打造对接融入粤港澳大湾区桥头堡提供新动能。

（二）章贡区

2021年2月，江西省赣州市章贡区重大项目签约仪式举行，共签约项目12个，此次签约的12个项目主要以生物医药、电子信息、数字经济、文化旅游、商务金融及总部经济等项目为主，科技含量高、带动能力强、支撑作用明显，具有很强的引领性、创新性和成长性。近年来，章贡区围绕生物医药、数字经济等首位产业，推进以商招商、商会招商等招商方式，营造了招商安商的浓厚氛围。同时，强化"保姆式"跟踪服务，推行重大项目专班制度，对重大项目实行挂图作战，落实问题办理"周办周结"机制，点对点解决企业困难和问题，有效助推了企业高质量发展。

在招商引资过程中，章贡区坚持"一号工程""一把手工程"不动摇，进一步优化工作机制、创新工作思路、加大工作力度，紧紧围绕生物医药、电子信息等首位产业，提前谋划、自我加压、迅速行动，聚力招大引强选优，广泛开展线索收集、投资洽谈和项目签约工作。章贡区重点突出"大招商"，领导干部带头抓招商，以身作则，带头示范，尽锐出战抓招商，全区上下掀起了"人人都是招商主体、个个都是营商环境"的氛围，聚焦长三角、珠三角、粤港澳大湾区等重点区域，大力开展产业链招商、以商招商、办会招商，着力招引一批龙头型、基地型、旗舰型项目。值得一提的是，章贡区还专门组建了驻粤港澳大湾区招商队，选派精干招商力量在广州、深圳等地开展脱产驻点招商。同时，不断优化招商引资流程，对招商引资政策进行了梳理更新，制定了招商项目洽谈落地流程及项目评审办法，对招商项目洽谈、落地流程进行了明确规范。此外，章贡区还持续加大调度力度，并提升对落地项目的跟踪服务，打通项目服务绿色通道，推动解决项目在融资、报建、招工等方面的堵点、痛点、难点问题，确保项目早开工、早投产、早见效。

2021年3月1日上午，章贡区与深圳远致富海智能产业有限公司就家用医疗健康产品生产制造项目举行项目投资签约仪式。该项目的签约进一步延伸了章贡区大健康产业链条，并将加速章贡区医疗器械产业的集聚发展。

2021年3月，江西省赣州市章贡区人民政府与阿里巴巴（江西）有限公司于杭州阿里巴巴总部签订合作协议，决定在章贡区建设阿里巴巴（赣州）中心。这是章贡区深入实施数字经济"一号工程"，大力推进数字经济创新发展的新成果。阿里巴巴（赣州）中心是阿里巴巴集团百城项目首批24个重点城市之一，是江西省内唯一的非省会级阿里中心，于2021年6月入驻章贡区阳明国际办公，首年入驻员工达140人。阿里中心入驻后，将集聚阿里核心业务和生态企业，逐步引入蚂蚁区块链创新中心、智慧城市、普惠金融等项目，并发挥数字经济龙头企业带动优势，吸附阿里巴巴产业链上下游企业，吸引众多致力于互联网高科技行业的人才集聚章贡区，助力章贡区乃至赣州市数字经济产业转型升级和高质量发展。

2021年5月，江西省赣州市章贡区人民政府与海尔医疗科技有限公司合作签约仪式隆重举行，海尔医疗科技总部、研发及制造基地项目正式落户章贡区。海尔医疗科技有限公司隶属世界500强企业中国海尔集团。海尔医疗公司专注家庭医疗器械研发、制造，致力于为用户提供领先的家庭医疗产品、智能医疗平台，并提供覆盖家庭、社区医院、三甲医院全流程的健康管理解决方案，是国内医疗健康产业的领军企业。海尔医疗科技的落地，将形成又一龙头企业，对赣州市实施工业倍增升级战略、发展壮大生物医药首位产业，具有重大而深远的意义。

（三）赣州经济技术开发区

2021年2月，江西赣州经济技术开发区举行2021年第2批次招商引资项目集中签约仪式，现场签约项目9个，总投资126.8亿元。此次签约的项目聚焦新能源汽车和电子信息双首位产业50亿元项目1个，10亿元以上项目6个，其中粤港澳大湾区项目5个。此次集中签约的项目主要包括总投资为50亿元的赣州恒科产业园实业有限公司恒科环球企业中心项目，总投资16.5亿元的深圳市国盛卓越科技有限公司偏光片项目，总投资15亿元的深圳市龙腾显示技术有限公司显示屏及终端研发、生产、销售项目，总投资12.6亿元的圆通速递有限公司圆通速递（赣南）智创园项目，总投资12亿元的深圳市吉星达显示科技有限责任公司液晶显示触控模组及触摸屏玻璃盖板、整机生产、智能穿戴项目，总投资2.7亿元的江苏保利有色金属有限公司高性能稀土永磁新材料生产项目，总投资2亿元的佛山市怡辰宏焰能源科技有限公司新能源研发中心、新能源节能环保装备制造项目，总投资1亿元的赣州春盛进出口贸易有限公司跨境电商进出口供应链项目。

2021年3月13日，赣州市人民政府、赣州经济技术开发区管理委员会与吉利科技集团有限公司签订《投资合作协议》。吉利科技集团将在赣州经济技术开发区规划建设年产能42亿瓦时动力电池项目，总投资300亿元，其中，一期建设年产能12亿瓦时。吉利科技集团深入赣州市考察，并与赣州经济技术开发区签订动力电池项目合作协议，这是吉利科技集团积极响应党中央号召、倾情支持赣南老区的具体行动，也是赣州开展"项目大会战"、推进工业倍增升级的又一重大成果。这次吉利科技集团在赣州经开区规划建设年产能42亿瓦时动力电池项目，其中一期建设年产能12亿瓦时，这是赣州近年来单体投资规模最大的工业项目，必将有力提升赣州新能源汽车产业链现代化水平，引领带动赣州新能源汽车产业高质量、可持续发展。希望双方加快推进项目落地开工，争取项目早建成、早投产、早见效。赣州将举全市之力，积极推动协议事项落实，为项目建设和运营提供最优惠的政策、最优质的服务、最优良的环境，让企业在赣州放心投资、安心创业、顺心发展。

（四）信丰县

2021年1月30日，信丰县对接粤港澳大湾区产业推介暨重大项目举行集中签约仪式，共签约项目 14 个，投资总额 149.7 亿元，标志着该县 2021 年招商引资工作实现"开门红"，开局良好。信丰县通过视频签约、现场签约项目 14 个，涉及高端芯片、电子新材、智能装备、食品加工、农旅融合等诸多领域，既有高端科研人才的创新创业项目，也有聚焦首位和主导产业的强链补链项目。其中，"国家级高层次人才"项目 3 个，总投资 30 亿元的项目 2 个，总投资 25 亿元项目 1 个，总投资 20 亿元项目 1 个。① 这些项目质量高、科技创新含量高、带动能力强、支撑作用明显，既彰显了该县突出科技创新、工业倍增升级等主攻方向的坚定信心和担当作为，也必将为该县建设高质量发展示范先行区注入强大动力。

2021 年 4 月 29 日至 30 日，信丰县 2021 年对接融入粤港澳大湾区重大项目举行集中签约仪式，共签约项目 31 个，投资总额 517.2 亿元。此次现场签约项目涵盖智慧物联网、基础设施建设、康养小镇、天线芯片、智能设备制造、汽车导航、PCB 协同制造、5G 通信连接器、电子新材料、农产品深加工、智能数控、农机智能装备、存储物流、富硒农业、油茶产业等领域。其中，投资 100 亿元的项目 1 个，即智慧物联网科技产业园，投资内容为智能水表、智慧泵站、农业滴灌的研发和制造，特种水设备研发制造，雨污分流、水环境治理设计建设，智慧城市、智慧环保设计建设。投资 50 亿元（含以上）的项目 4 个，分别是投资 55.2 亿元的江西轨道交通基础设施科技产业基地项目、投资 55 亿元的信丰"神州·谷山仙境"康养小镇项目、投资 50 亿元的海视智慧终端（信丰）产业园项目、投资 50 亿元的中国（赣南）农机智能装备产业园项目。投资 30 亿元项目 2 个，即年产 360 万片天线芯片及封测项目、麦金地中央厨房项目。② 这批项目的签约，将进一步助推该县与粤港澳大湾区的经贸合作和深层次交流，对该县加快打造成为对接融入粤港澳大湾区桥头堡具有重大意义。

这些年，得益于持续践行"守信"二字，该县招商引资了一批大项目，培育了一批好企业。信丰县又着力打造"信得过"营商品牌，对标对表粤港澳大湾区，持续优化发展环境。信丰县重点在项目建设"事先承诺容缺办"，做到"拿地即发证、出证即开工、完工即验收"；项目落地"金牌保姆全程办"，做到"主动服务、无事不扰、随叫随到"；政策兑现"互不见面网上办"，做到"一键

① 资料来源：肖承洪，刘滨. 信丰：14 个重大项目集中签约投资总额 149.7 亿元［EB/OL］. 大江网（中国江西网），https：//jxgz.jxnews.com.cn/system/2021/01/30/019177912.shtml，2021-01-30.

② 资料来源：赣州市商务局. 信丰县举行对接融入粤港澳大湾区重大项目集中签约仪式［EB/OL］. http：//swj.ganzhou.gov.cn/gzsswj/c103279/202105/d88dcff7462946d9bb2adb784f737274.shtml，2020-05-06.

办、简化办、阳光办"三个方面为企业提供最优质、最便捷、最高效的服务。

（五）大余县

2021年2月27日，大余县举行对接融入粤港澳大湾区项目集中签约仪式，现场签约了龙晶微钻精密工具有限公司年产250万支硬质合金工具项目、东腾锂业新能源汽车动力电池项目等12个重大项目，总投资50.2亿元。此次签约项目聚焦汽车配件和钨及有色金属新材料"双首位产业"，其中20亿元项目1个。①2021年以来，大余县在建设对接融入粤港澳大湾区桥头堡先行区上持续发力，紧紧聚焦汽车配件和钨及有色金属新材料"双首位产业"，大力开展"招大引强突破年""营商环境提升突破年"等活动，组建了六个招商团队和五个招商小分队，坚持"蚂蚁大象一起抓"，通过以商招商、产业招商、大数据招商等方式，围绕首位产业引进一批产业链"链主"企业和专精特新小微企业，切实在加快打造承接大湾区汽车配件和钨及有色金属新材料产业基地上求突破。

大余县深入开展"千名干部帮千企"活动，安排县领导和单位部门深入走访全县133家重点工业企业，开展"降低企业成本优化发展环境"专项行动，深入了解企业生产经营状况、人才引进、发展思路等方面的信息及节后恢复生产情况，梳理企业存在的困难问题，并列出问题清单，协调推进办理，不断优化项目建设、企业运营全流程服务，持续提升投资建设便利度，推动企业增产增效，奋力实现全县新春"开门红"。

（六）全南县

全南县围绕以大项目带动大投入，以大投入推动大发展，全南县坚持项目为王，紧扣工业倍增升级要求和"三年再翻番"目标，持续推动电子信息产业集群集聚、龙头企业发展壮大、工业园区迭代升级，在实现产业基础高级化、产业链现代化上取得了重要突破。围绕更高水平打造服务大湾区重要旅游目的地，该县深入实施全域旅游"珍珠链"战略，全力推进景区景点建设、旅游要素配套、宣传营销推广，着力建设对接湾区、面向全国的休闲花园、康养秘境和重要旅游目的地。截至目前，该县成功创建了2个国家级AAAA景区、2个省AAAA级和3个省AAA级乡村旅游点，现代旅游实现从无到有、从小到大的爆发式发展。

同时，全南县大力推进"放管服"改革，牢固树立服务企业意识，出台、制定一系列政策措施，加大对企业的扶持力度，为招商引资项目提供更加贴心、

---

① 资料来源：客家新闻网．揽资50亿元！大余集中签约粤港澳大湾区项目［EB/OL］．https：//www.ncnews.com.cn/xwzx/dsxw/202103/t20210301_ 1677687.html，2021-03-01.

更加便捷、更加精准的服务，推动项目早开工、早运营、早见效。该县持续推动招大引强，出台了力度空前的招商引资奖励政策，对投资 100 亿元、50 亿元、20 亿元、10 亿元以上项目，分别奖励 100 万元、50 万元、20 万元、5 万元，吸引更多重大项目落户全南。全南县已有高新技术企业规模持续做大，产业链条不断拉长，产业雏形初具规模。

二、企业发展好势头

（一）新增 2 家"小巨人"企业

2021 年 1 月，工业和信息化部公布了第二批专精特新"小巨人"企业名单，赣州市的朝阳聚声泰（信丰）科技有限公司和赣州市豪鹏科技有限公司成功获认定。至此，赣州市国家专精特新"小巨人"企业增至 4 家。

近年来，赣州市大力实施中小企业成长工程，积极引导企业走专精特新发展之路。截至目前，赣州市有国家专精特新"小巨人"企业 4 家，省专业化小巨人企业 25 家。此次入选的朝阳聚声泰（信丰）科技有限公司是一家创新型高新技术企业，目前已具备年产 500 万套智能声学终端产品的研发制造能力。赣州市豪鹏科技有限公司是专业从事废旧锂电池回收、废旧动力电池梯次利用、资源化利用和绿色再生服务的高新技术企业，通过整合产业资源，形成了材料—电池—新能源整车制造—动力锂电池回收上下游企业联动的产业体系，走出了一条锂电行业优势互补、资源相互对接、企业共同发展的新路子。

（二）江西省首家独角兽企业

2019 年 2 月 22 日，由江西省科学技术厅主办的 2018 年度江西省独角兽、瞪羚企业榜单发布会在南昌举行，首次发布了经第三方机构评审认定的江西省独角兽、瞪羚企业榜单，评选出了江西首家独角兽企业：孚能科技（赣州）有限公司。

此外，赣州经开区的赣州好朋友科技有限公司获评江西省 4 家种子独角兽企业之一，赣州澳克泰工具技术有限公司、赣州富尔特电子股份有限公司、江西荧光磁业有限公司获评江西省瞪羚企业。为促进独角兽、瞪羚企业加快发展壮大，江西省人民政府办公厅对外发布了《加快独角兽、瞪羚企业发展十二条措施》。从构建遴选培育、政策扶持、平台支撑、人才引进、公共服务等方面明确了相关的支持政策。并提出建立评选发布机制，做到一年一评选，跟踪研究独角兽、瞪羚企业，培育企业发展态势，定期发布评选企业榜单和发展报告。其中，对于首次入选的江西省独角兽企业，将给予 400 万元的入选奖励，对于潜在独角兽企业、种子独角兽企业、瞪羚企业、潜在瞪羚企业，也将分别给予 150 万元、100 万元、20 万元、10 万元的一次性入选奖励。

2020 年 5 月，江西省推进创新型省份建设领导小组办公室公布了江西省 2019 年度独角兽（潜在、种子）和瞪羚（潜在）企业名单，赣州 14 家企业名列其中。在这 14 家企业中，赣州好朋友科技有限公司被评为"种子独角兽企业"；朝阳聚声泰（信丰）科技有限公司、江西荧光磁业有限公司、赣州富尔特电子股份有限公司、江西离子型稀土工程技术研究有限公司、科睿特软件集团股份有限公司、江西福格新能源传动技术有限公司、赣州天文磁业有限公司、江西绿萌分选设备有限公司、赣州市全标生物科技有限公司 9 家企业被评为"瞪羚企业"；赣州市瑞富特科技有限公司、江西省力速数控机械有限公司、赣州市超跃科技有限公司、松岩冶金材料（全南）有限公司 4 家企业被评为"潜在瞪羚企业"。

独角兽、瞪羚企业是知识经济时代最具活力与创造力的群体，现已成为拉动地方经济增长、推动创新创业的主力军以及衡量新经济发展水平的风向标。近年来，赣州市大力做好科技型企业梯次培育工作，积极推动政策、资金、项目、人才、成果等各类创新要素向企业倾斜，引导企业把发展重心、资源和空间聚焦到技术创新上来，科技型企业队伍不断发展壮大。

（三）新增 5 家省级企业技术中心

2020 年 11 月，赣州市科睿特软件集团股份有限公司、江西翔鹭钨业有限公司、赣州海创钨业有限公司、赣州市深联电路有限公司、赣州市同兴达电子科技有限公司 5 家企业技术中心，成功进入江西省工业和信息化厅最新公布的 2020 年第 23 批省级企业技术中心名单。至此，赣州市省级企业技术中心累计达到 45 家，认定总数位居全省前列。

江西省省级企业技术中心是由江西省工业和信息化厅联合江西省财政厅、国家税务总局江西省税务局认定的省级科技创新平台，旨在强化企业技术创新主体地位，发挥企业技术创新能力建设的示范作用，助力制造强省战略实施。认定为省级企业技术中心后，可享受税收、首台套重大技术装备优惠等相关政策支持，对增强企业科技创新能力、人才引进、企业上市等方面具有重要意义。

近年来，赣州市积极引导企业加大科研投入，攻克产业关键共性技术，不断提升创新研发能力。接下来，赣州市将继续加强对已获批省级企业技术中心的指导管理，择优推荐申报国家企业技术中心、国家技术示范企业。同时，积极谋划赣州市市级企业技术中心认定工作，争取将更多符合条件的企业纳入江西省省级企业技术中心培育项目库，培育创建更多的省级企业技术中心，全面助力赣州市工业经济高质量发展。

（四）"映山红行动"助力企业上市

赣州市委、市政府高度重视企业上市工作，出台《关于推动企业上市"映山红行动""123"计划的通知》等文件，明确工作目标、扶持政策等，持续推进企业规范化股份制改造，帮助企业建立现代企业制度，实现企业产权向股份制转变、管理向专业化转变、经营向规模化转变、融资向多元化转变，构建全市利用资本市场做大做强产业的工作机制。

赣州市大力推进企业上市"映山红行动"，用足用好政策红利，倾力做好相关服务，优化营商环境，助力企业尽早实现上市目标，推动全市经济高质量发展。据统计，全市现有境内外上市企业 11 家，率先在江西省实现企业境内 A 股主板、中小板、科创板和创业板的全覆盖。2020 年新增申报企业 2 家，现有在审企业 4 家，占全省 18%；新增辅导备案企业 2 家，辅导备案企业 5 家，占全省 20%；新增新三板挂牌企业 3 家，新三板挂牌企业累计 33 家；新增股改企业 3 家。此外，2020 年，赣州市纳入省上市后备库培育企业 34 家，纳入市库培育企业 94 家。①

（五）国家小型微型企业创业创新示范基地

2019 年 9 月，工业和信息化部公布了 2019 年度国家小型微型企业创业创新示范基地名单，全国共有 107 家基地入选，其中赣州市小微企业创业孵化基地作为全省四家之一、赣州市唯一一家单位上榜。

赣州市小微企业创业孵化基地位于赣州经济技术开发区金岭路北侧，是集人才、技术、资本、市场、管理、环境和政策保障等要素为一体的创业孵化平台，按照"孵化+加速+增值"的创新创业孵化链条发展模式，为入驻企业及创业人员提供创业辅导、专利技术、投融资、人员培训、财务代理、法务咨询、市场营销、管理咨询等全要素"保姆式"的创业孵化服务。

国家小型微型企业创业创新示范基地是经国家工业和信息化部公告的，聚集各类创业创新服务资源，为小微企业提供有效服务支撑的载体和场所，具有基础设施完备、运营管理规范、商业模式清晰、创新链完整、服务功能齐全、服务业绩突出、社会公信度高、示范带动作用强等特点。示范基地有效期为 2020 年 1 月 1 日至 2022 年 12 月 31 日。工业和信息化部将委托中介机构组织专家对示范

---

① 资料来源：赣州市人民政府．赣州力推企业上市"映山红行动"［EB/OL］．https：//www.gan-zhou.gov.cn/gzszf/c100022/202112/ba3ff93295d0423cb83fe715c7653edc.shtml，2021-12-25.

基地进行年度测评，对测评不合格的撤销示范基地称号。

（六）赣州经济技术开发区电子信息产业交出亮眼"成绩单"

2020年，江西省赣州经济技术开发区紧盯双首位产业，实施"2+N"多元化产业发展战略，电子信息产业板块战绩斐然。科技和立德电子营收双双突破50亿元大关，成为赣州经开区电子信息产业的"双子星"，也是赣州市营收首次突破50亿元的两家电子信息企业；金信诺电缆、柏瑞凯高端电阻、讯康电子磁性元器件等与华为加大合作力度；睿宁新材拥有20余项半导体材料核心制造技术国内外专利；鑫冠科技通过与歌尔声学合作，被美国苹果公司评为优质配件供应商；好朋友科技成功获评江西省首批种子独角兽企业，一批电子信息产业高端人才、高新技术、重大项目在赣州经开区结出累累硕果，为电子信息产业高质量发展再添活力，助力赣州经济技术开发区朝千亿元产业集群迈进。

（1）版图再扩张，撑起赣州电子信息产业带"半壁江山"。截至2020年底，赣州经济技术开发区共引进电子信息企业170余家，规模以上企业62家，电子信息产业全年营收突破250亿元。2019年以来，引进超10亿元电子信息项目31个，超50亿元项目7个，超100亿元项目3个。① 新项目为赣州经济技术开发区在新一轮科技革命和产业变革中积攒了强劲动能，为"十四五"开局铺垫了坚实基础。

（2）强链再发力，融入"双循环"新发展格局。赣州经济技术开发区大力实施延链、补链、强链战略，形成了"芯屏端网器"中高端电子产业体系。投产了睿宁新材等一大批拥有自主核心技术的高新企业。手机整机、液晶电视、显示模组、偏光片、背光源、5G滤波器、高端电容、精密电阻等上下游企业纷至沓来，全链条带动电子信息产业高质量发展。

（3）创新再加速，推动产业向中高端迈进。赣州经济技术开发区实施"人才+产业"计划，建有国家高层次人才产业园，引进了30位高层次人才和项目，培育一批"独角兽"企业和"瞪羚"企业。园区拥有电子信息产业省级以上创新平台27个，创新创业孵化平台13个，聚集了"双创"企业1000多家；有高新技术企业154家，高新技术产品占比超70%；拥有国内国际专利1948件，获得PCT专利89件；组建了50亿元规模的产业发展基金，支持重大项目、龙头企业发展。②

（4）平台再升级，抢占粤港澳大湾区合作先机。赣州经济技术开发区重点

①② 资料来源：中国青年网. 赣州经开区电子信息产业成绩亮眼［EB/OL］. http：//df. youth. cn/df-zl/202102/t20210209_ 12703233. htm, 2021-02-09.

规划建设 32.5 平方千米电子信息产业园，位置靠近机场、高铁站及高速、高架出入口，毗邻综合保税区，实现了建成范围水、电、路、通信等全覆盖，配套建设标准厂房、综合物流园及国家级科技企业孵化器，功能集生产生活、技术研发、创新孵化、物流配送于一体。

后 记

在"十四五"开局之年，《国务院关于新时代支持革命老区振兴发展的意见》对外公布，在这个特殊时间节点，开展新时代赣南老区高质量创新发展的研究意义重大。

2020年11月7日至8日，由中国社会科学院农村发展研究所、江西师范大学、福建社会科学院、龙岩学院共同主办的第四届全国原苏区振兴高峰论坛在龙岩学院举办，论坛期间江西师范大学党委书记、苏区振兴研究院名誉院长黄恩华与中国社会科学院农村发展研究所所长、苏区振兴研究院学术委员会主任魏后凯商讨了苏区振兴研究院"十四五"时期的科研工作，提出要围绕革命老区高质量发展主题，持续编著系列研究丛书，《革命老区赣南区域研究丛书》就是其中的一套。苏区振兴研究院按照"五位一体"新发展理念确定了丛书的主要研究内容。

本丛书的出版得到了江西师范大学党委委员、副校长周利生和董圣鸿的鼎力支持和倾心指导，学校研究生院给予了经费支持。

本书得以顺利出版要感谢经济管理出版社知言分社社长丁慧敏和她的团队的鼎力支持。

衷心感谢上述各位领导的关心和大力支持。

限于我们的学识和能力，本书肯定存在许多不足，在文责自负的同时，还要恳请各位读者批评指正。